Q A

この一冊で完全網羅！

ゼロからわかる 事業承継・M&A 90問90答

事業の健全性判断から
実務対応まで

公認会計士・税理士 **植木 康彦** 編著

弁護士 **髙井 章光**
税理士 **榑林 一典** 共著
M&Aコンサルタント **宇野 俊英**
公認会計士 **上原 久和**

税務研究会出版局

はしがき

　事業承継が喫緊の課題といわれております。

　中小企業者381万者のうち、数年内にその60％にあたる245万者が70歳の平均引退年齢を迎えるといわれ、事業承継待ったなしの状況です。しかしながら、さらにその50％にあたる127万人が後継者未定といった状態で、その最大の理由は、後継予定者がいないことにあります。

　事業承継の方法には、親族承継、役員・従業員承継・第三者承継（M&A）があります。順序としては、親族承継、役員・従業員承継・第三者承継（M&A）の順に検討するのが一般的です。

　2018年4月、10年間限定の措置として事業承継（相続や生前贈与）時の非上場株式に係る税金の納税を猶予する特例事業承継税制が創設されました。親族承継や役員・従業員承継で株式を無償譲渡するケースではこれ以上ない画期的な制度ですので、是非とも利用してほしいと思います。

　他方、親族や役員・従業員に後継者候補がいない場合には、外部後継者の選定まで至らずに、廃業を選択するケースが多いようです。財務状況が不健全な事業ならまだしも、健全な事業を廃業してしまうのは国家にとっても損失です。第三者承継はM&Aになりますが、中小企業のM&Aが進まない理由としては、①M&Aはコストが高いと認識されていること、②中小企業の良き相談役である会計事務所や法律事務所にM&Aの知見が乏しいことかと感じます。

　事業承継やM&Aのプレーヤーはまだまだ少なく、このままでは多くの中小企業が事業承継できずに廃業してしまうことが想定されます。そうならないためには、中小企業経営者の良き相談役である会計事務所や法律事務所が、もっともっとこの分野に関与することが期待されます。

　そういう願いを込めて、この分野の第一線で活躍するメンバーが集まり、

知見を惜しみなく投入して執筆したのが本書で、以下のような特徴を有しております。

(本書の特徴　その1)

　中小企業のM&Aの多くは、事業承継の流れで関与しますが、一般の事業承継本はM&Aに関するページが少ないといえます。本書は、事業承継時に想定される税務、法務、M&Aなどに関して、それぞれの分野の専門家が実務上起こりうる問題点を踏まえて執筆し、この1冊があれば、事業承継のアドバイザーとしての職務を遂行できるようにしております。

(本書の特徴　その2)

　事業承継の知見が乏しくても、アドバイザー業務がスムーズに遂行できるように、ベーシックな「事業承継の進め方」を示しました。実際には、ケースごとに対応の仕方は違ったとしても、まずはベーシックな方法で知見を養ってほしいと思います。また、困った案件に遭遇した際、Q&Aにより容易に検索できるようにしました。

(本書の特徴　その3)

　実務では不明点や疑問点が数多く発生します。各分野の実務家がそのような経験を踏まえて、実務で役立つフローチャート、チェックリスト、図解を多く取り入れました。

　本書が、会計事務所・法律事務所・M&Aアドバイザリー等に所属する皆様方の業務に少しでも役立つことを祈念しております。

　最後に、発刊に際して、叱咤激励と多くのアドバイスをいただいた税務研究会のチームに厚く御礼申し上げます。

2020年3月

Ginza会計事務所

有限会社GKコーポレートアドバイザリー

編著者代表　公認会計士・税理士　植木　康彦

目　次

第 1 章　概論

第 2 章　事業承継の進め方

第 3 章　事業が健全であるかを判定する

第 4 章　事業が不健全であると判定されたとき

第 5 章　事業承継の実務 ～親族に承継させるとき
##　　　　 ①特例事業承継税制の活用

第6章　事業承継の実務　～親族に承継させるとき ②会社規模が小さいとき

第7章　事業承継の実務　～従業員・役員に承継させるとき

第8章　事業承継の実務　～後継者が不在なとき

第 9 章　廃業を選択するとき

viii

```
┌──────────────── 凡　例 ────────────────┐
│                                        │
│  法法………法人税法                     │
│  法令………法人税法施行令               │
│  法基通……法人税基本通達               │
│  所法………所得税法                     │
│  所令………所得税法施行令               │
│  措法………租税特別措置法               │
│  措令………租税特別措置法施行令         │
│  措規………租税特別措置法施行規則       │
│  措通………租税特別措置法基本通達       │
│  相法………相続税法                     │
│  相基通……相続税法基本通達             │
│  財基通……財産評価基本通達             │
│  円滑化法…中小企業における経営の承継の円滑化に関する法律       │
│  円規………中小企業における経営の承継の円滑化に関する法律施行規則 │
│                                        │
└────────────────────────────────────────┘
```

(注)1　本書は、2020年2月29日現在の法令・通達等によっています。

(注)2　各設問の最後に各執筆担当者の名前を明示しております。

第 1 章

概　　論

Q1　なぜいま事業承継が問題となっているのか

Q　当社代表取締役は75歳を超えておりますが、身内の方は会社内にはおらず、また従業員の中に適任となる後継者もおりません。創業以来60年間経営を続けてきており、お取引先からも当社製品は評価を頂いておりますが、今後については見通しが立っていない状態です。最近、「事業承継」という言葉をよく聞きますが、どのような問題が生じているのでしょうか。

A　中小企業の経営者は高齢化しており、中小企業庁が公表している資料によりますと、2025年には、70歳以上の経営者が245万人に及ぶとされています。他方、これらの中小企業においては、全中小企業の約半分にあたる約127万人が後継者未定の状態となっていると言われています（Q2の図1参照）。すなわち、後継者不在で廃業の危機にある中小企業がかなり多くある状況です。

　後継者がいる企業においても、代替わりを円滑に進める必要があり、その障害となり得る税の問題や相続における遺留分の問題、さらには経営者保証の問題について重要な課題と認識され、政府においても対応策を打ち出しているところです。

　　　　　後継者がいる企業においては円滑な経営交代が求められ、
　　　　　後継者がいない企業においては事業の承継先を社外の第三者
　　　　　に求めねばならず、中小企業を対象としたM&Aを進めてい
　　　　　く必要が生じています。

1.　事業承継とは

　中小企業庁が公表する資料によれば、中小企業の経営者年齢の分布におい
て、一番多い年齢層は69歳に至っております（2019年版中小企業白書。図1
参照）。他方で、経営者の平均引退年齢はここ20年くらい変化なく70歳前
後で推移していますので、今後5年から10年で現在の中小企業の経営者の
かなりの割合が引退せざるを得ない状況になることが予想されます。ところ
が、2016年度調査報告によると約381万者の中小企業者のうち約127万人
の経営者において、現在、後継者が不在とされております。したがって、後
継者へ経営の承継ができずに廃業に至ってしまうリスクがかなり高まってい
る状況にあると言えます。実際、中小企業の休廃業・解散件数は2018年度
で既に4万6,000件を超えており、年々増加しております。

　このような状況において、多くの中小企業の経営者において高齢化のため
に後継者へ経営をどのように承継するかが大きな課題となっており、「事業
承継」問題として様々な対策が講じられています。

図1　年代別に見た中小企業の経営者年齢の分布

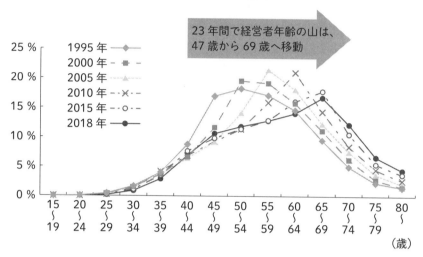

資料：（株）帝国データバンク「COSMOS2（企業概要ファイル）」再編加工
（注）　年齢区分が5歳刻みであるため山が、動いているように見えないが、2015
　　　年から2018年にかけて、経営者年齢のピークは3歳高齢化している
（参考）経営者年齢分布図【2019年版中小企業白書より】

2.　事業承継の3つの態様

　ひと口に事業承継といっても、後継者の有無、後継者の属性（親族か幹部
従業員かなど）によって、対応しなければならない問題は異なります。した
がって、事業承継を支援する場合には、その事業承継の態様を確認した上
で、それぞれにおいて生ずる問題を見極めて対応する必要があります。その
場合、現時点では特に問題となっていない場合であっても、例えば前経営者
が亡くなって相続が生じた場合に、経営を承継した相続人と他の相続人との
間で遺産分割や遺留分が問題となって紛争に至ってしまうなど、将来におい
て問題となりうる課題についても確認し、対策を講ずる必要があります。

(1)　親族承継

　社内に経営者の親族（子供、兄弟、甥姪等）がいる場合には、その後継者に対する教育、社内外に対する周知のほか、会社株式を贈与する場合には贈与税や、後々の相続が生じた場合の遺留分の問題が生ずることになり、また、株式が親戚に広く散らばっている場合には、それらを集中して次世代の後継者において円滑に経営を行う体制を整える必要があります。

(2)　従業員承継

　幹部従業員が経営を承継する場合には、株式をどのような形で承継させるのか、また社内の人事調整のほか、経営者保証（会社への金融機関の貸付に対する経営者の保証）を後継者が承継するのかなどが問題となります。

(3)　第三者承継

　社内に後継者がいない場合には、外部から経営者を招聘する必要がありますが、そのような人材をすぐに得ることは現実的には難しいと思われます。その場合には、会社又は事業を他の企業に譲渡することで、従業員の雇用を維持し、取引先や顧客への影響をできるだけ少なくするとともに、退任する経営者においてはその後の生活資金を得る機会となります。問題は、どのようにして譲渡先を探すのか、譲渡先候補が見つかった場合、円満に譲渡するためにはどのような条件交渉を行えば良いのかという点になります。

	「事業承継」において問題となりうる課題
親族承継	後継者教育、社内外認知、株式・会社資産贈与・相続における税務、相続における遺留分対応等
従業員承継	後継者教育、社内外認知・人事対応、株式承継に伴う資金調達・税務、（株式を承継しない場合）オーナーとの関係調整、経営者保証対応等
第三者承継	譲渡先探索・調査、仲介業者対応、反対株主対応、譲渡条件交渉、負債処理、経営者保証対応等

（髙井）

Q2 数字に見る
事業承継の実態

Q 　事業承継に取り組まねばならない中小企業はどのくらいあるのですか。また、その取り組み状況はどのようになっているのでしょうか。

A 　中小企業庁が公表した資料によりますと、約381万者の中小企業（2016年度調査）のうち、70歳以上の経営者は約245万人とされていますので、中小企業の約64％において事業承継が問題となっていると思われます（なお、2018年度調査では中小企業数は約358万者に減少しています）。

　事業承継においては、親族に承継する場合、幹部従業員に対して承継する場合のほか、社外の第三者に会社や事業を譲渡する方法が考えられます。後継者がいない企業は、最終的には社外の第三者へ譲渡する方法を検討することになりますが、上記約245万人のうち、約半数の約127万人において後継者が不在となっているようです（図1参照）。したがって、事業承継が必要な約245万者の半分以上がまだ事業承継の目途が立っていないものと思われます。

1. 経営者の高齢化と廃業の危機

　中小企業の経営者は年々高齢化しております。中小企業の経営者の年齢分布で一番多い年齢層は 69 歳となり、平均引退年齢である 70 歳に近づいています。2025 年における 70 歳以上の経営者は約 245 万人とされており、さらに、そのうちの約 127 万人が後継者未定の状態となっていると言われています（図 1 参照）。また、この 127 万人のうち、M&A により第三者へ承継する可能性がある中小企業経営者は約 60 万人といわれております。

　したがって、約 127 万人から、M&A の可能性のある約 60 万人を差し引いた残りの約 67 万人については、後継者はおらず、また第三者承継の可能性も低いことになるため、廃業の危機に現実的に面している状況にあるといえます。

図1　中小企業・小規模事業者の経営者の 2025 年における年齢

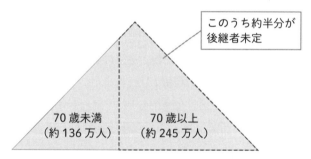

平成 28 年度総務省「個人企業経済調査」、平成 28 年度（株）帝国データバンクの企業概要ファイルから推計
（出典）　経済産業省 近畿経済産業局 中小企業課 中小企業・小規模事業者向け事業承継の集中支援について（平成 31 年 2 月）

図2　規模別・事業承継時期別の経営者の平均引退年齢の推移

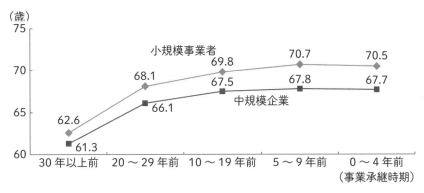

（出典）　中小企業庁委託調査「中小企業の事業承継に関するアンケート調査」
　　　　（2012年11月、（株）野村総合研究所）【2013年版中小企業白書より】

図3　後継者の決定状況について

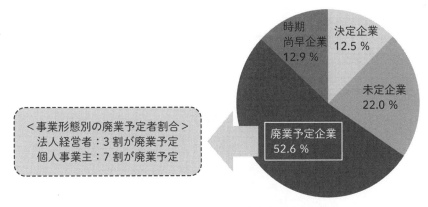

＜事業形態別の廃業予定者割合＞
法人経営者：3割が廃業予定
個人事業主：7割が廃業予定

（出典）　日本政策金融公庫総合研究所「中小企業の事業承継に関するインターネット調査（2019年調査）」（2020年1月）再編・加工

2．地方における深刻な高齢化

　この中小企業の経営者の高齢化は全国的な傾向となっており、特に大都市から離れた地方都市においてその傾向は顕著であり、深刻な問題となって

おります。図4においては、60歳以上の経営者割合について、秋田県では66.7％、島根県62.8％、佐賀県60.9％、北海道60.3％となっており、そのほかの地域においても色分けした分布図からすると、東北地方や九州、四国、中国地方において、高齢の経営者割合が極めて高くなっていることがわかります。このまま事業承継問題が解決できなければ、地方における中小企業は激減することとなり、その地域経済、地域住民の生活にその影響は直接に及ぶものになります。

　したがって、中小企業の事業承継問題は、特に地方都市における対応が重要課題となっていると言えます。

図4　特に地方において経営者の高齢化は深刻

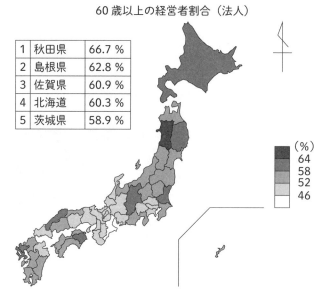

60歳以上の経営者割合（法人）

1	秋田県	66.7 %
2	島根県	62.8 %
3	佐賀県	60.9 %
4	北海道	60.3 %
5	茨城県	58.9 %

（出典）東京商工リサーチのデータを再編・加工
※3カ年以上財務情報があり、黒字の企業におけるデータ
（出典）　経済産業省　近畿経済産業局　中小企業課　中小企業・小規模事業者向け事業承継の集中支援について（平成31年2月）

（髙井）

Q3 増加を続ける 休廃業・解散

Q 事業承継の問題と中小企業の休廃業・解散の増加の問題はどのような関係にあるのですか。

A 現在、事業承継として問題となっている中小企業の半数以上は、後継者がおらず、後継者をどのようにして確保するかが最大の問題となっています。したがって、後継者を見つけることができない場合には、最終的には会社を他の企業に譲渡するか、譲渡先も見つからない場合には、廃業せざるを得ないことになります。このように、事業承継と廃業は密接不可分な関係にあります。

1. 事業承継の検討手順

　中小企業の経営者が高齢化した場合、後継者への承継を準備することになりますが、その場合、親族や幹部社員が後継者となっていれば、円滑に経営交代を実施し、事業承継を達成することができる可能性が高まりますが、そのような後継者がいない場合には、他の企業に会社や事業を譲渡するM&Aを検討することになります（図1参照）。

　ところが、第三者に事業や会社を円滑に譲渡できる保証は何もなく、場合によっては長期間かけても譲渡が達成できないこともあり得ます。そのた

め、譲渡先を早期段階から探し、また譲渡しやすい体制を早期から整えておく準備が必要となります。

図1 引退を決断した経営者の選択肢

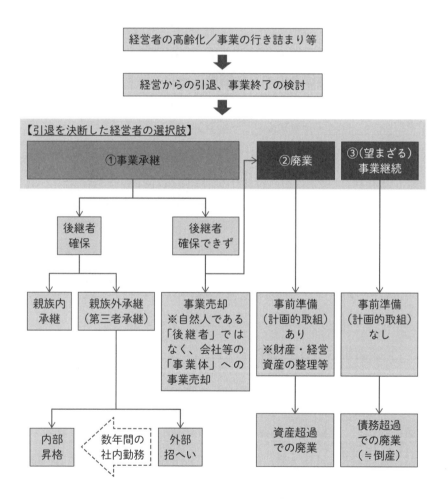

【2014年版中小企業白書より】

2.　中小企業の休廃業・解散の判断

　現在の中小企業の経営者の年齢分布で一番多い年齢層は約 69 歳となっており、平均引退年齢の約 70 歳に近づいていますので、事業承継を達成するまでにあまり時間がありません。ところが、後継者不在の企業は非常に多く、また小規模事業者・企業にとって経営環境はけっして良くないため、事業継続を諦める企業が増えつつあります。

　2019 年版中小企業白書における資料では、2018 年度の休廃業・解散件数は 4 万 6,000 件を超えており、また年々増加傾向となっています。

　したがって、事業承継対策を進めながらも、残念ながら事業承継が難しい状況が判明した場合には、その状況に応じて、円満な廃業手続に転換したり、事業資産を譲渡して従業員を独立させる第二創業の実施を目指すことも検討することになります。

　特に対策を講じないままに漫然と事業を継続した場合には、経営状況の悪化を招く危険もあるため、廃業への見極めも念頭に置きながら対応する必要があります。

図2 休廃業・解散件数の推移

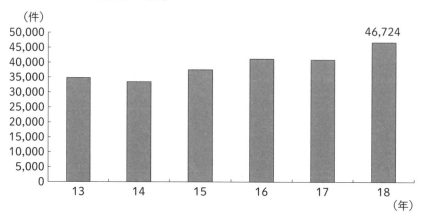

資料：（株）東京商工リサーチ「2018年「休廃業・解散企業」動向調査」
（注）1. 休廃業とは、特段の手続きをとらず、資産が負債を上回る資産超過状態
で事業を停止すること。
2. 解散とは、事業を停止し、企業の法人格を消滅させるために必要な清算
手続きに入った状態になること。基本的には、資産超過状態だが、解散
後に債務超過状態であることが判明し、倒産として再集計されることも
ある。

【2019年版中小企業白書より】

（髙井）

Q4 事業承継における M&A の役割

Q 　後継者への経営の承継が注目されている事業承継において、なぜ中小企業の M&A が重要な問題となっているのでしょうか。

A 　経営の承継が必要な高齢の経営者が経営する企業の半分以上において、後継者が不在となっています。後継者が見つからない場合には、会社の経営者が倒れてしまい、経営を継続できなくなってしまう危険が現実的なものになります。経営を継続できなくなってしまえば、従業員や取引先、顧客に多大な迷惑がかかってしまうことになるため、その回避策としては、他の企業に会社や事業を譲渡して、引き継いでもらうことが考えられます。

　したがって、これら多くの後継者不在企業が、どの程度、M&A を成功させるかが、当該企業の関係者や地域経済に与える悪影響を少なくする結果に直接的に結びついています。

1. 中小企業の M&A

　これまで M&A は、大企業や比較的事業規模の大きい中小企業において実施されて来ました。事業規模が大きい場合には、その譲渡価額も多額となり、

その取引に関わる関係者も多くなり、ノウハウや情報が蓄積され、M&A ビジネスは大きな利益を生む産業とも言うことができます。

　他方、中小企業においては、事業規模が小さいだけでなく、その事業内容も決して汎用性が高いものではなく、ニッチな事業であったり、さらに過大な負債をかかえていたり、株主名簿や会計帳簿など企業として必要とされる資料等が十分に整備されていないなどの状況であったため、M&A にあまりなじまない状況にありました。

　しかし、2025 年には日本の中小企業の 70 歳以上の経営者が、約 245 万人となり、その約半数の約 127 万人において、後継者がいない状況になると想定されており、時間的余裕はないことから、時間をかけて後継者を探し、又は育てるのではなく、高齢な経営者が活動できる状況において、早期に会社や事業ごと他の企業に譲渡することの必要性が高まっています。

　政府は各都道府県に「事業引継ぎ支援センター」を設置して、中小企業の M&A をサポートする体制を作るとともに、民間業者の利用を含め中小企業の M&A の手引きとして、「中小 M&A ガイドライン」（なお、従前は「事業引継ぎガイドライン」という名称でしたが、2020 年 3 月に改訂され、名称も変更しております。）を制定しています。

2.　事業承継における M&A の役割

　通常、M&A においては会社や事業を譲渡する側も、譲受けを希望する側もじっくりと条件交渉を行った上で、譲渡を実行することになりますが、事業承継においては、経営者の状況によっては高齢化が進み、交渉の時間を長くとることができず、一定の条件の範囲内であれば、むしろ時間を優先し、早期に実施する必要が高い場合も少なくありません。

　M&A を早期かつ円滑に進めるためには、当該企業の特徴や環境等を見極めた上で、例えば、事業価値が高く、時間的にも余裕があれば、仲介業者に

おいて広く譲渡先を募ってもらい、一番良い条件の交渉先に譲渡する方法をとることもありますが、ニッチな事業を行っており、事業用資産もあまりないような場合には、知人であったり、信頼できる取引先などに相談し、会社や事業を引き取ってもらうことをお願いするようなケースもあります。後者のような場合には事業価値はほとんどないため、優良な資産の対価をもって会社全体の譲渡対価とすることもあり、債務超過企業であれば、株式譲渡対価は１円などの備忘価格とした上で、負債ごと承継してもらうという場合もあり得ます。さらに、負債が過大な場合には、金融機関との調整が必要となるため、その調整下において、金融機関の了解のもと事業のみを譲渡することもあります。

中小企業の規模等	中小企業の M&A のパターン	譲渡価額
①事業価値が高い企業	仲介業者を利用して広く譲渡先を探す	高額となる可能性
②小規模事業	1.　知人・信頼できる取引先に相談 2.　事業引継ぎ支援センターに相談 3.　プラットフォーム（M&A 情報が掲載されている）の利用	それほど高額とならず、重要資産価値程度の場合も少なくない
③債務超過企業	1.　知人・信頼できる取引先に相談 2.　事業価値が大きい場合には仲介業者を利用する（ただし、負債処理のため弁護士の支援が必要）	１円など備忘価格での承継、又は負債と切り離し負債は私的整理等で整理

（髙井）

Q5 事業承継に対する対応としての新しいガイドラインの制定

Q 事業承継に関する問題への対応のため、様々なガイドラインが作られていますが、どのような内容のものなのでしょうか。また、どのように利用されているのでしょうか。

A 事業承継に関するガイドラインとしては、中小企業庁が制定した「事業承継ガイドライン」「中小 M&A ガイドライン」（旧名称「事業引継ぎガイドライン」）があり、また、経営者保証について、日本商工会議所と全国銀行協会にて策定した「経営者保証に関するガイドライン」において事業承継時における経営者保証の取扱いが規定されています。

また、2019 年 12 月に事業承継時における経営者保証の取扱いが重要であることが見直され、「経営者保証に関するガイドライン」の特則として、「事業承継時に焦点を当てた『経営者保証に関するガイドライン』の特則」が制定されています。

これらのガイドラインは、全国的規模で生じている中小企業の事業承継問題のため、その対応方法や問題解決のためのガイドラインとして、関係者が参考としてきましたので、一定の利用の成果がありました。しかしながら、前記のとおり

「特則」の策定や、「改訂作業」の実施がなされているように、まだまだ課題は多く残っており、対応方法について検討を重ねる必要があるものと思われます。

1. 事業承継ガイドライン

　事業承継ガイドラインは中小企業の事業承継の手順を中心として、2016年に制定されています。同時にその利用マニュアルである「経営者のための事業承継マニュアル」が中小企業庁により作成されており、いずれも中小企業庁のホームページに掲載されています。なお、中小企業基盤整備機構からは、毎年、事業承継ガイドラインを前提として、詳細なマニュアルが作成され公表されています。

【事業承継ガイドラインにおける「事業承継」の進め方】
▶《事業承継に向けた5ステップ》
① ステップ1　事業承継に向けた準備の必要性の認識
② ステップ2　経営状況・経営課題等の把握（見える化）
③ ステップ3　事業承継に向けた経営改善（磨き上げ）
④ ステップ4-1　事業承継計画の策定（親族内・従業員承継の場合）
　 ステップ4-2　M&A等のマッチング実施（社外への引継ぎの場合）
⑤ ステップ5　事業承継の実行
▶《ポスト事業承継》

2. 中小 M&A ガイドライン（事業引継ぎガイドライン）

　中小 M&A ガイドラインは、2020 年 3 月に M&A の手順を規定したガイドラインとして、中小企業庁にて制定されました。このガイドラインは、中小企業庁のホームページに掲載されています。

【中小 M&A ガイドラインにおける M&A の進め方】

▶仲介者・アドバイザーを活用する際の手続き

① 意思決定

② 仲介者・アドバイザーの選定・契約締結

③ バリュエーション（企業価値評価・事業価値評価）

④ 譲り受け企業の選定（マッチング）

⑤ 交渉

⑥ 基本合意の締結

⑦ デュー・デリジェンス（DD）

⑧ 最終契約締結

⑨ クロージング

⑩ クロージング後（ポスト M&A）

▶事業引継ぎ支援センターを活用する際の手続き

① 初期相談対応（一次対応）

② 登録機関等による M&A 支援（二次対応）

③ センターによる M&A 支援（三次対応）

▶事業引継ぎ支援センターの「後継者人材バンク」

▶事業引継ぎ支援センターの「経営資源の引継ぎ」

　この中小 M&A ガイドラインは、2019 年 11 月から旧版改訂のための委員会が中小企業庁内に設置され、多くの中小企業向け M&A 仲介業者が委員に加わり、改訂されました。

3. 事業承継時に焦点を当てた「経営者保証に関するガイドライン」の特則

　「経営者保証に関するガイドライン」は日本商工会議所と全国銀行協会が事務局となって、2013年12月に制定され、2014年2月から適用されています。これは中小企業に対する金融機関の融資がなされる際に、これまでは必ず経営者から個人保証をとり、さらに経営者以外の第三者からも個人保証をとっていた慣行を改め、必要な場合にのみに限るものとするなどを決めているものです。事業承継時における対応について「経営者保証に関するガイドライン」では、後継者に対して当然にそれまでの経営者保証を前任経営者から承継させるのではない、とされていましたが、その具体的内容については明確になっていなかったため、事業承継時においてはあまり活用されておらず、退任した前経営者の保証が残っていながら、後継者に対しても保証を求める、いわゆる経営者保証の「二重徴求」が多くなされていました。

　この経営者保証の承継について、特に従業員承継においてはこれを嫌って経営を引き継ぐことを拒むケースが少なくなかったことから、2019年12月に、「二重徴求」を原則禁ずることなどを明確にした、新たな事業承継時における「経営者保証に関するガイドライン」の特則が制定されました。

　「経営者保証に関するガイドライン」やその特則については、日本商工会議所や全国銀行協会、さらには中小企業庁や金融庁のホームページに掲載されています。

（髙井）

Column

日本全国における様々な形での事業承継

　事業承継は、経営者の高齢化が原因で問題が発生しますが、その経営者の高齢化は日本全国で生じています。事業承継への対応は、①まず後継者を探すこと、②後継者が見つかった場合に円滑に承継すること、という手順を踏むことになりますが、後継者が既にいるのかいないのか、また、その企業の状況や規模によっても対応は大きく異なります。

　後継者確保の順番は、親族、従業員・役員候補者への承継、候補者不在の場合は M&A となりますが、統計では、企業規模が小さくなるほど後継者候補は親族に偏る傾向があり、親族に後継者候補がいない場合には、廃業となってしまう傾向にあります。他方で、中規模以上の中小企業では、後継者については親族だけでなく、幹部従業員が候補となり、また積極的に M&A を進めることができる場合も少なくありません。

　さらに、後継者への円滑な承継を実施する際においては、企業の状況等によって生じる問題は異なり、例えば税務問題のほか、親族内相続の問題、会社法における経営体制に関する問題などが生じますので、早期に問題を見極め、それらに応じた専門家のサポートを行うことが重要となります。

　企業の規模や状況を見極めて早期な対応を実施することが円滑な事業承継対応のポイントです。

（髙井）

第２章

事業承継の進め方

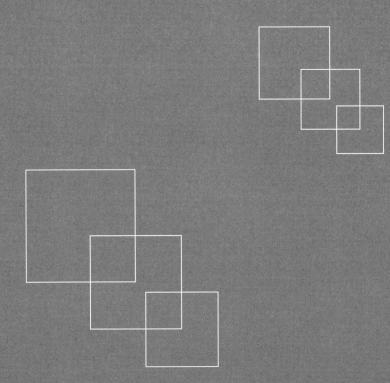

Q6　事業承継の進め方

Q 事業承継の進め方がよくわかりません。
後継者候補を決めるのが先か、会社が承継に適し
ているかを点検するのが先か、どのように進めたら
よいか、教えてください。

A 事業承継の進め方に絶対はありませんが、論理的に考える
と、まずは、事業が健全か否か（承継が可能か否か）を判断し、
次に事業承継の方法を検討する手順がよいと思います。そし
て、何よりも重要なのは、時間がかかることを考慮し、早め
に着手することです。

1.　事業が健全か否か

　その事業がバトンタッチして生き残る価値のある事業でなければ、承継の
荒波を乗り越えることはできないでしょうし、それ以前に承継してくれる者
はいないでしょう。

　したがって、まずはその事業が健全か否か判断します。

　健全度の判定はQ14で解説しますが、例えば営業利益や営業キャッシュ
フローが3年連続でプラスの場合は健全と言えます。

　健全な場合は、次の事業承継の方法に進みます。

　反面、不健全な場合は、磨き上げや事業再生によって健全になる可能性があるか否か検討し、健全になるポテンシャルを持っている場合には磨き上げコース又は事業再生コースに進み、無理な場合は廃業コースに進みます。

〈事業承継の進め方フローチャート〉

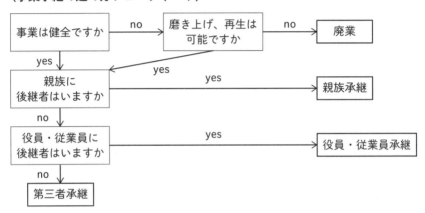

2. 事業承継の方法の検討

　事業が健全な場合、又は現状は不健全でも磨き上げや事業再生によって健全になるポテンシャルを持っている場合、事業承継の方法を検討します。

　事業承継の方法には、親族承継、役員・従業員承継、第三者承継があります。

　基本はやはり親族承継で、特例事業承継税制の利用により無税（相続税又は贈与税）での承継も期待できます。役員・従業員承継の場合、ネックと言われていた経営者保証についても最近では経営者保証のない融資が可能となってきているので徐々に件数は増えています。第三者承継はM&Aとなりますが、M&AアドバイザリーやM&Aプラットフォームの活況によりやはり増加傾向にあります。

3.　事業承継は早めに

　事業承継の手続には、それなりに時間がかかります。

　上記の健全か否かの判断、事業承継の方法の選定に際しても、親族内に後継者がいるかいないか、いたとして適任者かどうか、役員・従業員はどうかなどの見極めには時間を要します。進め方が決まったとしても、後述する阻害要因の拾い出しなど、事業のバトンタッチには年単位の時間がかかるのが普通です。

　先代経営者が、どれほどエネルギッシュであっても、加齢によって段々と気力・体力に支障が生ずることになるので、年齢で言えば 60 〜 65 歳になったら事業承継に着手するのがよいように思います。先代経営者はそこで引退するというよりも、後継者教育や指導・監督業務にシフトしていくのが理想的かと思います。

（植木）

Q7 後継者候補３類型の メリット・デメリット

 私も高齢になり、そろそろ事業承継を考えています。

最近は、子供への承継だけでなく、いろいろな方法があると聞いていますが、どういう方法があるのか、それぞれのメリット・デメリットなども教えてください。

 事業承継の方法には、親族承継、役員・従業員承継、第三者承継があります。

基本はやはり親族承継で、特例事業承継税制の利用により無税での承継も期待できます。役員・従業員承継の場合、最大のハードルであった経営者保証について、保証のない融資が可能となってきているので増加傾向にあります。第三者承継はM&Aですが、親族承継の減少に伴ってやはり増加傾向にあります。

事業承継の方法が多様化しています。

その理由は、従前当たり前だった“親族承継「親から子」”が当たり前でなくなったことにあるためと思います。

最近では伝統的な「親族に承継するケース」が減少し、「役員や従業員に

承継するケース」「M&Aによって第三者に承継するケース」が増えています。

　以下、ケースごとの特徴やメリット・デメリットについて見ていきたいと思います。

1.　親族承継ケース

　親族承継は従前から事業承継の王道です。

　従業員や取引先・金融機関の理解が得やすく、先代経営者からの帝王学教育も期待できます。また、基本的に無償での承継となるので、特例事業承継税制を利用すれば、一定の要件を満たす必要がありますが、相続税や贈与税が無税での承継も可能です。反面、血のつながりを優先した場合、不適格な後継者が誕生するおそれがあります。

2.　役員・従業員承継のケース

　役員・従業員承継は、親族承継の次に検討するのが一般的です。

　事業内容を知り尽くした役員や従業員は、事業承継の適任者と言えます。また、取引先や金融機関の理解が得やすいのもメリットです

　反面、役員・従業員承継の課題は、株式買取り資金の調達、使用人としての立場からの転換困難性、経営者保証です。

　従業員は資金力が比較的に乏しいので株式（事業）買取り資金で苦労するケースは多いと言えます。それから、使用人の立場が体に染み付いていると、使用人としては優秀でも経営者としてはそうでないケースも少なくありませ

ん。最大のハードルは、金融機関の経営者保証です。本人にやる気はあって
も、後継予定者家族の反対で後継者になれなかったという話は枚挙にいとま
がありません。しかし、経営者保証のない融資商品の利用により、事業承継
が可能になるケースも増えてきています。

3.　M&A によって第三者に承継するケース

　従前、M&A で事業を取得する者は、ファンドや事業会社が主役でした。
しかし、最近では、起業家が M&A の担い手となるケースが増えています。
ゼロから事業を始めるのに比べて、顧客や資産を承継できるため、事業を
軌道に乗せやすいこと、M&A プラットフォームの普及で安価に売り先を探
すことが可能になったことなどが背景としてあるものと思われます。M&A
マーケットの広がりにより、従来は事業承継をあきらめて廃業していたケー
スでも、事業意欲旺盛な起業家などに事業を承継することが可能となってお
り、我が国経済全体への影響から見ても好ましいことです。

　M&A による事業承継のメリットは、従業者の引継ぎができるケースが多
いこと、売主は株式（事業）売却の対価が得られることでしょう。

　反面、売却後に契約内容などを巡って争いが起こることもあるので、売買
に際しては多少のコストを負担しても専門家に関与してもらう用心が必要と
言えます。

　事業承継3つの方法について、主なメリット・デメリットを比較すると、
以下のとおりです。

〈承継方法ごとの主なメリット・デメリット〉

項目	親族承継	役員・従業員承継	M&A
対価	無償	有償又は無償	有償
従業員の引継ぎ	可	可	可又は不可
経営理念の承継	容易	同左	困難な場合も
後継者教育	時間をかけた教育が可能	同左	－
従業員・得意先の協力	心情的に受け入れやすい	理解得やすいが、社内で対立が生ずる場合も	廃業よりはまし
経営者の資質	資質欠如の場合も	能力ある者を選定	－
税制優遇	特例事業承継税制の利用で納税猶予	同左（無償の場合）	株式の譲渡所得税20％
留意点	遺留分問題など他の相続人との調整要	個人保証、買取り資金の問題	マッチングがポイント

（注）　あくまでも私見です。

（植木）

Q8 後継者候補ごとの対処法

Q 　後継者候補には、親族、役員・従業員、第三者の3タイプがあると聞きました。後継者候補選定の順番や方法についてどのように考えたらよいか、教えてください。

A 　事業承継の方法には、親族承継、役員・従業員承継、第三者承継があります。基本はやはり親族承継で、次に役員・従業員を検討し、両方とも候補者がいない場合に第三者承継という流れが一般的です。

　フローチャートを利用すると、シンプルに「後継者ごとの対処法」がわかるので、事業承継案件の経験が乏しい場合はまずはフローチャートにて対応してみてください。

　事業承継は、後継者候補の属性によって区分すると、親から子などへの「親族承継」、役員や従業員への「社内承継」、第三者に譲渡する「M&A」の3つの類型のいずれかになりますが、それぞれのケースにおいて何をしたらよいのか、よくわからないと言われます。

　そこで、本Qでは、どういうときに、どういう対処をしたらよいかを、シンプルに「後継者ごとの対処法」として整理してみました。

　単純化した分だけ、マッチしないケースもありえますが、どうしたらよい

かの基本形がわかりやすくなったかと思います。

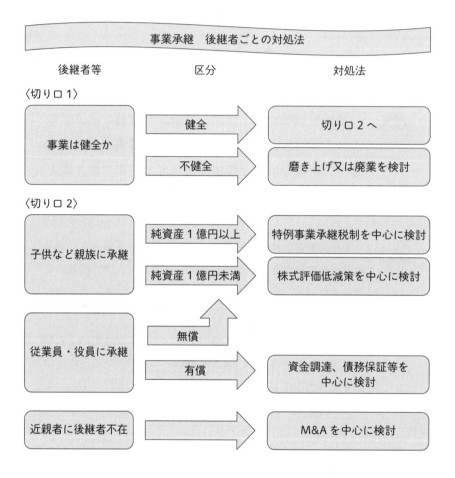

1.　切り口1

　後継者候補が誰であっても、まずは、事業の承継が可能か、可能でないか
を検討します。

　その際のメルクマールは、事業が健全か、健全でないかです（Q14参照）。

　いわゆる健全な事業とは、例えば、事業の営業利益、又は営業キャッシュフローが黒字かそうでないかによって判別します。仮にその時点の貸借対照表が債務超過であったとしても、数年（一般的には3年程度）で回収できるくらいの営業利益があれば、健全の範疇に入ると考えてもよいと思います。

　事業が健全であれば、後継者候補への承継やM&Aによる売却（切り口2）の検討をします。

　他方で、事業が健全でない場合は、事業磨き上げ（事業再生）によって健全化できないか、できない場合は廃業・清算を検討することになります（Q91〜93参照）。

　万が一、事業が健全でないと判断した場合でも、早期に判断することで無駄な赤字の垂れ流しを避けることができるので、このような分析を行うことには意味があります。

〈再生・清算の方法〉

事業再生	法的整理	民事再生
	私的整理	REVIC
		中小企業再生支援協議会
		その他

清算	法的清算	破産法
		会社法
	私的整理	REVIC（特定支援制度）
		特定調停スキーム

債務超過の場合　特別清算
資産超過の場合　普通清算（※）

（※）事前の債務免除により、資産超過になるケース含む

2. 切り口2

　事業が健全な場合、あるいは、現状は不健全でも磨き上げや事業再生によって健全になるポテンシャルを持っている場合、次に後継者候補の属性に従い、それぞれ次のような対処をします。

（1）親族承継

　子供や兄弟などの親族を後継者とする場合は、無償での承継、すなわち、贈与や相続によって承継するのが通常です。相続か贈与のどちらが適してるかというと、承継計画に沿った実行が可能な贈与の方が適していると思います。なぜかというと、事業承継のメインテーマは事業自体の円滑な承継にあるわけですが、承継すべき経営理念やコアコンピタンス（事業価値の源泉）の明確化、後継者教育、従業員や取引関係者・金融機関の協力取り付け、個人保証など多くの課題解決を同時並行的に進めるに際して、計画できない相続でなく、計画可能な贈与がマッチするためです。

　事業承継時の税金（相続税・贈与税）も課題のひとつなので、税負担を軽減するために株式に対する税金が無税となる特例事業承継税制を利用すべきでしょう。しかし、特例事業承継税制は手間とコストがかかるので、すべてのケースにおいて利用すべきとはいえません。個人的には純資産が1億円以上の規模で相続税や贈与税が数千万円かかるようなケースで利用すべきかと思います。他方で、それよりも規模が小さい場合は、持株会を使って対象株式数を抑えたり、株式評価の低減を図ったりといった税対策を中心に行った方がよいと思います。

（2）役員・従業員承継

　親族後継者がいない場合は、役員や従業員に後継者候補がいないかを探ることになります。

　役員・従業員承継の場合、通常は有償取引となるでしょうから、特例事業承継税制は利用できません。極めて稀でしょうが、無償で行う場合は、親族承継と同様に特例事業承継税制が利用できます。その場合、特例事業承継税制には、後継者は後継者の同族関係者（親族等）で過半数の議決権を有するという要件があるので、必要に応じて先代経営者と養子縁組するなどの対策が必要になる場合があります（後継者の同族関係者で議決権の過半数を所有できない場合）。

　役員・従業員承継の場合の最大の課題は、株式買取り代金の資金調達と金融機関借入金の個人保証、そして経営者としての適格性です。株式購入対価が高いと個人資金では足りず金融機関からの借入で賄う必要があります。また、金融機関借入金の個人保証に関しては後継者候補本人にやる気があっても家族の反対で破談になるケースはよく耳にします。さらに、従業員としては超がつくほど有能な方でも経営者として優秀とは限りません。

　このように役員・従業員承継はそれなりにハードルが高いので、現状ではそれほど成功例が多くないというのが現実です。

(3) 近親者に後継者不在

　親族や会社内部に後継者候補がいない場合は、M&A による売却を検討することになります。

　M&A で売却しようとする場合、M&A 仲介会社、M&A プラットフォーム、日本税理士会連合会、事業引継ぎ支援センターなど、どの機関を利用するかを検討します。

　その際の一番大きな問題は費用と言われます。

　M&A 仲介会社に依頼すると最低 500 万円かかりますが、M&A プラットフォームなら売り手数料がかからないなど大きな違いがあります。他方、M&A 仲介会社に頼めば仲介会社が有する豊富なマーケットが利用できますし、法務面や会計面の専門家も利用できますが、M&A プラットフォームは

自分自身で対応するのが基本です。

　このような違いを十分理解した上で、M&A を進めることになりますが、時間を優先したい場合は複数の機関を利用することも検討したらよいと思います。

〈M&A 機関の特徴〉

M&A 機関	規模感	最低報酬	提供業務	特徴
金融機関（銀行や証券会社）	売却価額10億円以上	－	相手先探し、交渉、助言、DD、価格算定など	主に FA 業務を担う
日本 M&A センターなど	売却価額数億円以上	500万円〜2,000万円		専門家を多数抱え、情報量を保有
日本税理士会連合会	売却価額数億円以下	サイト利用は無料	交渉、助言、DD、価格算定は別途	税理士を通じてマッチングの場を提供2018.10.1〜スタート
事業引継ぎ支援センター		センター相談料は無料		公的相談窓口、全国47都道府県に設置
民間のプラットフォーム		無料又は安価		基本的にマッチングの場を提供

（注）　あくまで私見です。

（植木）

Q9 事業（企業）規模による使い分けの必要性

Q 　銀行の融資担当者から特例事業承継税制の利用を進められております。

　当社は親族のみ３名が従事する小規模小売店ですが、特例事業承継税制を利用した方が本当に得なのでしょうか。

A 　特例事業承継税制は、株式に係る相続税又は贈与税が無税となる画期的な制度です。

　しかし、適用に際しては特例承継計画の提出、その後の申告や届出等、手続がかなり複雑かつ煩雑です。会計事務所など外部に委託する場合もそれなりの費用がかかるので、費用と効果を天秤にかけた上での判断が必要です。個人的には、純資産が１億円以上の会社規模の場合は特例事業承継税制の適用にメリットがあるように感じます。

1．優遇税制

　特例事業承継税制は、株式に係る相続税又は贈与税が無税となる画期的な制度です。

　適用に当たっては、あげる人（贈与者又は被相続人）、もらう人（受贈者

又は相続人等）、対象会社のそれぞれについて、適用要件を満たす必要があり、かつ、適用開始後においても税の免除を受ける（例えば、贈与者の死亡）まで事後要件（もらった人と対象会社それぞれ要件あり）がありますが、親族のみが従事する小規模小売店でも社会保険に加入していれば認められる余地があります。

　相続に際して高額な相続税がかかるので事業承継が進まないといった場合には、真っ先に検討した方がよいと思います。

　特例事業承継税制の要件については、Q28 を参照ください。

2.　重厚な手続

　特例事業承継税制が有利な制度であることに異論はないでしょう。しかしながら、適用に際しての要件や適用開始後における事後要件、適用を受ける際の特例承継計画の提出、都道府県知事や税務署への申請や申告など、手続はかなり複雑かつ煩雑といえます。

　もちろん、税金の納税猶予を認める制度なので手続に一定の厳格さは必要です。しかし、これらの手続を経営者個人や対象会社が行うには無理があり、会計事務所やコンサルティング会社に委託するのが普通です。

　したがって、特例事業承継税制を適用するにはそれなりの費用がかかるので、費用と効果を天秤にかけた上での判断が必要です。個人的には、純資産が1億円以上の会社規模の場合は特例事業承継税制の適用にメリットが得られるように感じます。

〈参考：贈与の場合の手続の流れ〉……相続でも利用できます。

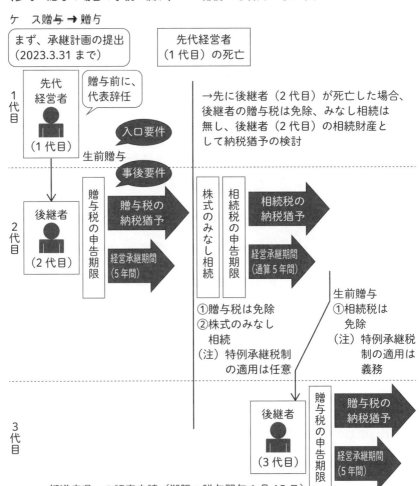

・都道府県への認定申請（期限：贈与翌年1月15日）
・税務署への贈与税申告（期限：贈与翌年3月15日）
　（経営承継期間中）・都道府県への年次報告（毎年3ケ月以内）
　　　　　　　　　　・税務署への届出（毎年5ケ月以内）
　（経営承継期間後）・都道府県への報告（不要）
　　　　　　　　　　・税務署への継続届出（3年ごと）
・都道府県への切替確認（期限：死亡翌日から8ケ月以内）
・税務署への相続税申告（期限：死亡翌日から10ケ月以内）

（植木）

Q10 税務上の株式評価方式と 特例事業承継税制との関係

Q 　税務上の株式の評価方式と特例事業承継税制との
関係について教えてください。当社の株主は、代表
取締役甲氏及び甲氏の親族グループと従業員持株会
です。

A 　少数株主の場合は、配当還元方式により株式評価額が低く
算出されるため特例事業承継税制の適用は不要です。甲氏及
び甲氏の親族グループは支配株主となるので、株式評価額が
高く算出される場合には特例事業承継税制の適用を検討すべ
きでしょう。

1. 税務上の株式評価方式

　税制上の非上場株式評価は、少数株主と支配株主とで異なります。少数株
主と支配株主の分岐点は端的に言えば、株主グループ（同族グループ）が有
する議決権ベースで30％又は50％より上か下かで判定します。上の株主
グループに属する株主は支配株主、それ以外は少数株主となります（50％
超グループがある場合はそのグループのみ支配株主）。

〈同族株主がいる場合〉

株主の態様				評価方式
同族株主	取得後の議決権割合が 5 ％以上の株主			原則的評価方式
	取得後の議決権割合が 5 ％未満の株主	中心的な同族株主がいない場合		
		中心的な同族株主がいる場合	中心的な同族株主	
			役員	
			その他の株主	特例的評価方式
同族株主以外の株主				

注 1 ）同族株主：株主＋同族関係者（親族＋支配法人）の議決権割合が 30 ％以上のグループに属する株主。50 ％超グループがある場合はそのグループに属する株主
注 2 ）中心的な同族株主：株主＋配偶者＋直系血族、兄弟姉妹、一親等姻族の議決権割合が 25 ％以上である場合のその株主

〈同族株主がいない場合〉

株主の態様				評価方式
議決権割合 15 ％以上のグループに属する株主	取得後の議決権割合が 5 ％以上の株主			原則的評価方式
	取得後の議決権割合が 5 ％未満の株主	中心的な株主がいない場合		
		中心的な株主がいる場合	役員	
			その他の株主	特例的評価方式
15 ％未満のグループに属する株主				

注 3 ）中心的な株主：同族株主がいない会社の株主で、株主＋同族関係者の議決権割合が 15 ％以上であるグループの単独で 10 ％以上を有している株主

　支配株主の税制上の非上場会社の株式評価方式は、会社規模によって、規模が小さい場合は主として所有している資産から評価する"時価純資産方式"、規模が大きい場合は主として上場している類似業種の株価から評価する"類似業種比準方式"となります。主としてというのは、両方式を併用するケースがあるためです。

　従業員持株会などの少数株主の税制上の非上場会社の株式評価方式は、配当還元方式で評価されます。配当還元方式によれば、無配の場合の会社の株式は旧額面金額の50％で評価されます。

〈税法上の株式評価方式（概略）〉

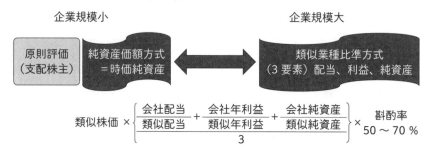

会社規模は以下のとおり判定する。
1. 従業員数が70人以上の会社は全て「大会社」とする。
2. 従業員数が70人未満の会社は、①取引高基準②従業員数を加味した総資産基準のいずれか大きい方とする。

※株式保有特定会社（50％以上）、土地保有特定会社（50～70％以上）は、原則「純資産価額方式」

$$\dfrac{\text{配当金（最低2.5円）}}{10\%}$$

2．事業承継税制の射程範囲

　非上場企業の株式は、この評価額に応じて贈与税や相続税が課せられますが、通常は株式の換金が困難なので多くのケースで納税資金に困ります。そこで税対策が必要となりますが、従前の事業承継税制は使い勝手が悪いと言われ、対象株式数を少なくする持株会の活用、株式評価額の低減を目的として生命保険、持株会社方式の活用等の代替的な税制が利用されてきたという経緯があります。ちなみに、従前の事業承継税制は誕生後約10年でわずか2,000件弱しか利用されなかったようです。

　2018年4月に導入された特例事業承継税制は、株式に係る贈与税又は相続税を無税とする画期的な制度です。

　しかしながら、そもそも対象株式に価値がなければ、例えば債務超過の会社の株式の場合は税の心配は要りません。また、従業員持株会などの少数株主は配当還元方式によって評価されるので、特例事業承継税制等の税対策はほぼ不要でしょう。したがって、支配株主で、株価がそれなりに高い場合が特例事業承継税制を検討する場面といえます。

3．御社の場合

　御社の場合、甲氏及び甲氏の親族グループは支配株主となるので、株式評価額が高く算出される場合には特例事業承継税制の適用を検討すべきでしょう。

　他方、従業員持株会の構成員は配当還元方式で評価されるので、特別な対策は不要と思われます。

4.　他の制度の利用

　2018年に事業承継税制がリニュアルされる前の相続税対策としては、主として対象となる株式数対策、株式の評価減対策が行われておりました。現在でもこれら株式対策が有効なケースは多く、企業規模が小さい場合には手続が煩雑となる特例事業承継税制よりもメリットが大きいことがあります。

　また、特例事業承継税制を適用する場合でも、全体の課税価額を低くする対策は有効であり、株式対策は決して不要となったわけではありません（Q56参照）。

（植木）

Q11　事業承継の視点

Q　父（現経営者）は、税金が安くなるからという理由で、特例事業承継税制要件に適合するように会社組織を変えようとしていますが、私（後継予定者）はそれに違和感を感じています。事業承継に際しては税以外の視点も重要だと思うのですが、事業承継に際して留意すべき視点について教えてください。

A　税制改正によって創設された特例事業承継税制に注目が集まっていますが、事業承継は税制に注力するだけではうまくいかないことがあります。

　事業承継に際しては、4つの視点、すなわち、税制面に加えて、ビジネス面、法制面、金融面の視点からの総合的アプローチが重要です。

1.　ビジネス面

　ビジネス面は最も重要です。

　税制は株式の移転時点という点における価値課税問題ですが、事業は過去から未来に脈々と継続していく線として捉える必要があるからです。

　事業承継の対象となる事業の価値源泉は何か、技術力なのか、営業力なの

か、ノウハウなのか、それとも経営力なのか、またその価値は誰に帰属しているか、経営者なのか、それ以外の誰か、あるいは組織なのかなどを把握し、把握した事業価値の源泉を前提として承継するための仕組みづくりや環境づくりなど、課題を拾い出し、ひとつひとつ解決策を考え対応策を講じる計画を立てるのが承継計画で、この事業承継に関する承継計画に沿って、事業承継を進めるのが基本です。

　また、親族承継が難しい場合には、役員や従業員への承継、M&Aによる売却を検討することになります。

2.　法制面

　法制面は他の親族との間の遺留分問題や経営者・後継者の調整の場面などで検討します。

　特に、遺留分問題は後継者に兄弟姉妹がいる場合には大きな問題になるおそれがあります。

　事業承継は承継計画に基づき贈与によって始めるのがセオリーですが、後継者が頑張って企業価値を高めたとしても高めた分だけ遺留分が大きくなっては頑張り甲斐が失われることでしょう。

　遺留分問題の解決に民法特例（固定合意、除外合意）を用い、後継者にインセンティブを付与することで事業承継がスムーズにいく場合もあります（Q48参照）。

3.　金融面

　金融面は、従業員や役員に承継してもらう場合の株式買取り資金の調達問題、経営者保証の引継ぎ問題などがあります。

　株式購入対価が高いと個人資金では足りず金融機関からの借入で賄う必要

があります。また、金融機関借入金の個人保証に関しては後継者候補本人に
やる気があっても家族の反対で破談になるケースはよく耳にします。最近で
は個人保証のない融資制度もあり、これら融資制度の活用によって後継対象
者の幅が広がります。

4. 税制面

　税制面は、いわずもがな特例事業承継税制が中心になりますが、一方で株
価対策を無視するわけにはいきません。事後要件（贈与・相続後も遵守すべ
き要件）に抵触して猶予された税金の納付が発生した場合や相続税の計算方
法の問題（相続税は累進課税で計算されるため、株価が高いと株式以外の税
額が増加する）などがあり、株価はできるだけ安くしておいた方が有利です。

〈主な課題〉

ビジネス面	コアコンピタンス（事業価値の源泉）は何か、それは経営者又は組織内の誰かに帰属しているか突き止め、承継が可能か否か、可能な場合の仕組みづくり、親族承継が可能な場合に後継者への円滑な承継の環境づくり、親族承継が難しい場合の MBO や M&A の検討など
法務面	民法特例（固定合意、除外合意）、遺留分、遺言、民事信託、親族間調整、経営者・後継者とのディスカッションなど
金融面	事業承継にかかる資金（株式買取り資金など）の融資、経営者保証の扱い（経営者保証ガイドライン）など
税制面	特例事業承継税制、関連税制など

（植木）

Q12 課題の拾い出しと対応

Q 　父からの事業承継を準備しています。父はいわゆるワンマン社長で何でも自分で決める人でした。ところが、最近は体力と気力が弱わりつつあり、ワンマン経営の弱さが露呈しています。今後、どのように対応したらよいか、教えてください。

A 　ワンマン経営から組織経営へと経営体制を転換する必要があります。項目ごとに課題を拾い出し、それぞれの課題について解決方針を起案し、対応する方法があります。

1. 課題の拾い出し

　高度経済成長時代の経営者にはワンマン経営者が多いと言われます。

　先代経営者の色に染まった会社や事業を見直すのは大変なことですが、会社や事業の弱点や時代にそぐわない点はこの機会に見直すべきなのでしょう。弱点の拾い出しには SWOT 分析（Q17 参照）などが有効です。

〈主な検討項目〉

---

① 会社の経営資源の状況

競争力分析と将来見通し、経営組織と役員構成、従業員の状況、主な資産負債（簿価、時価）、C/F分析、事業計画の作成、KPI（キーパフォーマンスインディケーター）

② 会社の経営リスクの状況

金融機関借入金と返済能力、担保提供・個人保証、簿外債務・簿外保証、退職金債務、生保損保の加入状況、人事労務リスク

③ 株主の状況

筆頭株主、株主グループごとの持株数、後継者の持株数、自己株式有無、持株会有無、非友好株主の有無、名義株有無

④ 定款、社内規程の状況

譲渡制限の有無、相続人等に対する売渡請求条項、種類株式（拒否権付株式等）の有無、社内規程の整備状況

⑤ 現経営者の状況

事業承継の意識、事業への想いと意向、財産の保有状況、事業用資産の保有形態、個人財産との区別、財産評価と相続税試算、納税資金対策

⑥ 関係者の状況

経営者家族の希望、遺言と遺留分、役員・従業員の協力、得意先・仕入先との関係、金融機関との信頼関係、相談役等の存在

（参考）事業承継支援マニュアル（日本公認会計士協会）

（1）　経営資源の状況

　中小企業は、オーナー経営者が多く、経営組織もワンマン型・トップダウン型が多いと言えます。この点は、先代経営者の時代には強みであったとし

ても、事業承継に際しては弱みになります。

　二代目後継者がカリスマ性を有していたり、経営能力が他と比べて抜きん出ている場合は別ですが、そうでない場合は、平均的な経営者を意識した対策が必要で、属人型から組織型へと経営組織を転換し、経営の継続性が保てる形態にする必要があります。

　取締役会、組織構成（機能別組織や事業部制組織など（注））、機関設計等を点検し、組織体として経営意思決定ができるか否かの観点から課題を拾い出します。

　また、経営成績や財務状況・キャッシュフローの状況等の数値情報については、TKC経営指標やCRD経営自己分析システムなどを用いて他社と比較することにより、強みと弱みを分析し、課題を拾い出します。

（注）　機能別組織：経営陣の下層に、営業部、総務部、経営企画部などの機能別部署を配置する組織で、専門性が高く、知見が得やすい。
　　　　事業部制組織：経営陣の下層に、A事業部、B事業部などの事業単位を配置する組織で、事業中心の組織が構築でき、目標や成果も測定しやすい。

（2）　経営リスク

　中小企業にとって最も重要な視点は、円滑な資金繰りです。資金繰りは会社の血液であり生命線ですが、潤沢な資金を有する会社は稀でしょうから、金融機関との円満な関係にあるかが重要です。資金計画の存否、安定した融資実行の有無、担保・保証の状況、借入条件などを点検し課題を拾い出します。金融機関借入金について経営者保証がある場合は、保証をどうするかは大きな課題となります。

　また、最近は人事労務リスクに注目が集まっています。労働基準法を順守しているか、残業計算は適法かなどを点検し、課題を拾い出します。

（3）　株主

　安定した株主の存在も重要です。

　商法時代に設立された会社は株主が7名以上必要だったため、名義株主がいる場合があります。また、同族関係者で固めていたとしても、相続等で分散化するリスクがありますし、そもそも対立する株主グループが存在することもあります。株主名簿や株主の推移等から課題を拾い出します。

（4）　現経営者

　現経営者の問題としては、個人財産との区別が適切になされているか、退職金の支給有無・支給予定がある場合は時期と金額の見積りと財源、相続時の納税資金の見積りと事業承継税制の活用等から課題を拾い出します。

（5）　関係者

　事業承継は、先代経営者と後継者だけの問題ではありません。経営者親族は協力的か、そもそも人間関係は良好か、従業員・金融機関・取引先との関係などにつき、課題を拾い出します。

2.　対応の仕方

　課題の拾い出しの次は、先代経営者・後継予定者・コンサルタントで課題を共有し、課題の解決方針を作成します。

　課題の解決に際しては、下記のような工程表（スケジューリング）を作成し、ゴール設定を明確にします。

　また、月に1回は定期的にディスカッションの機会を持ち、計画の進捗状況を確認し、計画の変更がある場合は早めの軌道修正を行います。

〈工程表の例〉

〈事業承継検討項目　作業工程〉

No.	検討事項	項目	10月	11月	12月	1月
1	個人保証の取扱い	金融機関ごとの個人保証、担保提供個人資産の拾い出し	⇒			
		経営者保証ガイドライン利用の検討				
		経営者、後継予定者とのミーティング				
		対策案の検討				
2	経営者退職金試算と財源確保	退職金支給額の見積り				
		退職時期、支給時期、支給方法の検討				
		支給財源の検討				
3	特例事業承継税制利用の検討	相続税額の試算				
		非上場株式の贈与税の納税猶予制度の利用検討				
		メリット・デメリットの提示				
4	個人所有資産の会社移管	個人所有財産・債務のリスト作成				
		財産・債務の評価				
		移管方法のメリット・デメリット、必要資金、税影響検討				

（注）主な項目を抽出

（植木）

Q13 事業承継計画の作成

Q 　事業承継は、事業承継計画に沿って計画的に進めると管理しやすいと言われました。事業承継計画の作成ポイントや事業承継計画の作成方法について教えてください。

A 　事業承継は単なる株式承継ではなく事業自体の承継です。事業承継に際しては、検討の上拾い出した項目を「事業承継計画」に落とし込み、解決・対応方針を明確にし、計画に沿って実行していきます。

1. 事業承継計画の進め方

　事業承継に際しては、Q12 で拾い出した「事業承継上の課題」、すなわち検討事項を「事業承継計画」に落とし込み、解決・対応方針を明確にし、計画に沿って実行していきます。

2. 事業承継計画作成のポイント

　事業承継計画作成のポイントは、以下のとおりです。

①　経営者、後継者の関与

　経営者、後継者の主体的な関与なくして事業承継はうまくいきません。会計事務所やコンサルタントが経営計画や承継計画を形式的に作文する例が見受けます。しかしながら、作文による承継計画は意味がないばかりか、阻害要因と言えます。会計事務所の役割は、参謀役としてしっかりとクライアントの課題を認識し、対応方針の作成をサポートしてあげることと思います。

②　工程表の作成

　承継計画の作成に関して工程表（スケジューリング）があると進捗管理に役立ちます。また、各項目の工数を予定することで会計事務所やコンサルタントにおける「見積明細書」にもなります。全体の工程期間としては、通常数年間になります（工程表は Q12 参照）。

③　定期的なミーティング機会

　月に1回は定期的に、経営者・後継者とディスカッションの機会を持ち、進捗状況を共有しましょう。また、計画の変更がある場合は早めに軌道修正します。

④　関係者の協力

　後継者問題は親族間でも関心事であり、法定相続人にとって株式は主要な相続財産のため強い関心があります。事業の遂行には法定相続人をはじめとした親族の協力が不可欠であり、早めの家族会議や親族会議による対話が必要です。

⑤　中期目標の設定

　対象会社の経営成績や財政状態について、5年後、10年後の具体的な中期目標を設定しましょう。

　売上高、営業利益、純資産、借入金、従業員数など目標とする数値を KPI（key performance indicator）として設定しましょう。

　（注）　KPI とは、目標とする指標のことをいいます。

3.　事業承継計画の記入方法

　事業承継計画のフォームを文末に示しましたが、その記入方法は以下のとおりです。

(1)　期間

　表左が現在で、目標年度を数年後（例えば5年後）に設定します。全体としては10年間くらい先までの予定を設定します。

(2)　会社

　売上高～借入金残高について、マイルストーン（＊年後）ごとの数値目標を設定します。組織全体の目標設定も大事ですが、部署やチームごとに目標設定すると、各人の自己管理・意識変化を促すことになるため有用です。

　また、資本政策に関するイベント、株価と株式数、主要株主の株数の推移計画等を記入します。役員の異動計画についても記入します。

(3)　現経営者

　現経営者の基本情報や事業承継対策イベント、所有株式の推移計画等を記入します。株式以外の財産の所有状況を把握することで、相続税の予定額、納税資金の有無、遺留分対応の可否が把握できます。

(4)　後継予定者

　後継予定者の基本情報、段階的な教育方法、役職のステップアップ計画、所有株式数等の計画を記入します。

(5)　主な課題

　Q12で拾い出した課題を記入し、いつまでに解決するかそれぞれの達成時期を示します。

事業承継計画

商号：A株式会社（業種：＊＊小売業）

	検討事項		平成31年	令和2年	令和3年	令和4年	令和5年
会社	売上高	1	500	520	540	560	580
	営業利益 10%⇒15%	2	50	52	54	56	58
	経常利益 5%⇒7%	3	25	26	27	28	29
	借入金残高	4	200	180	160	140	120
	資本政策	5	従業員持株会導入	相続人に対する売渡請求制度の導入、生前贈与	B氏から持株会へ。経営者から生前贈与	C氏から持株会へ。経営者から生前贈与	その他から持株会へ。経営者から生前贈与
	役員変更	6			取締役甲退任 1,000万円	乙取締役就任	
自社株	株価（円）	7	200,000				
	株数	8	1,000株	1,000	1,000	1,000	1,000
	評価額	9	200				
主要株主	現経営者	10	800株	790	780	770	760
	後継予定者	11	100株	110	120	130	140
	B氏	12	30株	30	0	0	0
	C氏	13	20株	20	20	0	0
	その他	14	50株	50	50	50	
	持株会	15	0		30	50	100
資本金		16	50				

令和1年＊月＊日 作成（単位：百万円）

令和6年	令和7年	令和8年	令和9年	令和10年	令和11年	令和12年	令和13年
600	640	680	720	760	800	850	900
60	96	102	108	114	120	128	135
30	45	48	50	53	56	60	63
100	80	60	40	20	0	0	0
特例事業承継税制利用							
役員刷新							
1,000	1,000	1,000	1,000	1,000	1,000	1,000	1,000
0	0	0	0	0	0	0	0
900	900	900	900	900	900	900	900
0	0	0	0	0	0	0	0
0	0	0	0	0	0	0	0
100	100	100	100	100	100	100	100

検討事項			平成31年	令和2年	令和3年	令和4年	令和5年
	従業員数	17	名				
現経営者（＊＊太郎）	年齢	18	60歳	61歳	62歳	63歳	64歳
	役職	19	代表取締役	⇒	⇒	⇒	⇒
	経営承継対策	20	事業承継基本方針の確認と決意	遺留分対策	後継者教育	⇒	最終確認
	経営承継円滑化法	21		民法特例	都道府県に承継計画書の提出		
	対策 社内・外	22			社内に公表		社外に公表
	家族	23	家族会議	公正証書遺言の作成			
	株式 持株割合	24	90％	79％	78％	77％	76％
	評価額	25	180				
	財産承継対策	26	長男に自社株、次男に他財産を応分に承継（生前贈与の活用）				
	その他の財産 現金・有価証券	27					
	土地・家屋	28					
	その他	29					
	生命保険等	30					

令和6年	令和7年	令和8年	令和9年	令和10年	令和11年	令和12年	令和13年
65歳	66歳	67歳	68歳	69歳	70歳	71歳	71歳
会長 （代表権無）	⇒	会長退任 （退職金支給）	相談役	⇒	引退		
特例事業承継税制	後継者見守り						
都道府県に届出							
交代セレモニー							
0％	0％	0％	0％	0％	0％	0％	0％

	検討事項		平成31年	令和2年	令和3年	令和4年	令和5年
		借入金	31					
		差し引き合計	32					
	贈与税		33					
	相続税試算額（納税猶予適用後）		34					
	納税資金		35					
後継予定者（＊＊一）	年齢		36	35歳	36歳	37歳	38歳	39歳
	役職		37	一般社員	⇒	取締役	⇒	専務取締役
	担当業務		38	営業担当	営業総括	総務担当	経理財務担当	総括
	社内教育		39	営業部門	⇒	本社管理部門	⇒	⇒
	社外教育		40	取引先修行	外部研修受講			
	承継財産	持株割合	41	10 %	11 %	12 %	13 %	14 %
			42					
			43					
	借入金残高		44					
主な課題	経営交代		45					
	事業計画		46					
	資本政策		47					
	経営組織		48					
	個人保証の扱い		49					

令和6年	令和7年	令和8年	令和9年	令和10年	令和11年	令和12年	令和13年
40歳	41歳	42歳	43歳	44歳	45歳	46歳	46歳
代表取締役	⇒	⇒	⇒	⇒	⇒	⇒	⇒
⇒	⇒	⇒	⇒	⇒	⇒	⇒	⇒
90 %	90 %	90 %	90 %	90 %	90 %	90 %	90 %

	検討事項		平成 31年	令和 2年	令和 3年	令和 4年	令和 5年
	経営者 退職金試算と 財源確保	50					
		51					
	特例事業承継 税制の利用検 討	52					
	個人所有の 事業用資産の 会社移管	53					
	相続（遺留分） 対策	54					
		55					
備考	＊＊久美子 （妻）	56	専務 取締役	⇒	⇒	⇒	退任 （退職金 支給）
		57					

令和 6年	令和 7年	令和 8年	令和 9年	令和 10年	令和 11年	令和 12年	令和 13年

（参考）中小企業基盤整備機構　事業計画をアレンジ

（植木）

| Column |

仕組みづくりのポイント

　事業承継を円滑に進めるためのポイントは、以下のとおりです。

①経営理念の承継

　経営者が創業しあるいは承継し、関係者とともに今日まで繋いできた想いを、後継者や従業員に浸透させることが重要で、この想いの伝承なくして事業承継はうまくいかないと思います。

②人材育成と権限委譲

　人の成長に権限委譲は欠かせませんし、責任を持ってもらうことで人は成長します。

③経営の組織化

　中小零細企業には多くの人材がいるわけではありませんが、事業の持続期間を延ばすためには、経営タイプを属人型から組織型に転換する必要があります。

（植木）

第３章

事業が健全であるかを
判定する

Q14 事業が健全かそうでないかの判別

Q　　長男に事業を承継する予定ですが、長男から「お父さんの事業は健全なの？」と聞かれています。事業の健全性は、どのように判定したらよろしいのでしょうか。

....

A　　事業承継に際して、その事業が健全か否かはとても重要です。

　　健全性の判定に際しては、数値分析（経営分析）と非数値情報分析を組み合わせるなどして判断します。

　健全性の判定に正解はありませんので、あくまでも一例を示します。

1. 経営分析（ファイナンシャルステートメント分析）

　経営分析を行い、営業キャッシュフロー、収益性、安全性、成長性、効率性などの観点から対象会社を評価します。例えば、営業キャッシュフロー（営業利益）が3年連続でプラスの場合は健全と言えます。それぞれの指標にはおおよその目安があるので、その目安をクリアーしている場合は健全と言えます。

　また、対象会社と同業他社を比べてみることも重要です。

　比較することにより、対象会社のポジションを把握でき、良い点、悪い点が明確になります。

　同業他社との比較には TKC 会員であれば TKC 経営指標 BAST（バスト）、非会員なら中小企業基盤整備機構の経営自己診断システム（Q15 参照）、経済産業省のローカルベンチマーク（ロカベン）を用いる方法があります（自己診断、ロカベンは無償でネットから誰でも利用できます）。

2. 非数値情報分析

　次に、数値情報以外の項目の分析ですが、最も重要なのは対象会社のコアコンピタンス（事業価値の源泉）の状況です。事業承継の鍵はコアコンピタンスが存在し、承継できるか、しやすいか否かにかかっていると言えます。

　コアコンピタンスは、言い方を変えれば、"競争力"です。例えば企画力、技術力、ノウハウ、営業力、生産能力、ブランド、あるいはそれら複合的なものです。多くの中小零細企業では、経営者に帰属している例が多いと思いますが、経営者以外の誰かに帰属している場合や組織に帰属している場合もあります。この機会に自社のコアコンピタンスを探求し、他に誇れるものか、事業承継が可能かについて、検討してみましょう。

3. チェックリストによる健全性チェック

　チェックリストの例を以下に示しました。

　20 項目のうち過半の 10 項目以上が○であれば健全と言えます。

　なお、チェックリストの実施によって、対象会社の強みと弱みが明確になります。強みは伸ばし弱みは克服すべき課題として位置づけ、○又は×の理由を分析し、経営にフィードバックすることも有用です。

〈健全性チェックリスト〉

	項目	内容
1	C/F	営業キャッシュフロー（営業利益）が3期連続黒字である
2	収益性	総資産経常利益率は5％以上である
3	安全性	流動比率は150％以上である
4	成長性	増収、増益が2期以上続いている
5	効率性	在庫は平均売上高の1か月分以下である
6	設備投資	減価償却費以上の設備投資をしている
7	教育投資	教育訓練費が売上高の3％以上である
8	有利子負債	会社の有利子負債は月商の3か月以下である
9	債務保証	会社若しくは現経営者は第三者の債務保証等をしていない
10	オーナー債権	代表者に対する貸付金が資本金を超えていない
11	競争力	他社にない「企画力、技術力、営業力、ノウハウ等」がある
12	競争力	他に誇れる顧客と従業員を持っている
13	支配状況	取締役会の過半数はオーナー一族で支配できている
14	支配状況	株主名簿は明確であり、オーナー一族で2/3超を支配できている
15	経営理念	経営理念を有し、社内に浸透している
16	管理会計	事業計画を策定し、予実管理ができている
17	ファイナンス	メイン銀行から安定した借入をしている
18	業歴	業歴20年以上である
19	従業員	安定しており、平均在職年数は15年以上である
20	税務申告	適正申告に努めており、過去5年内に重加算税を課されたことはない

（植木）

Q15 経営分析の方法

 　事業が健全か否かの分析に際して経営分析が有用と聞きました。

　経営分析はどのようにしたらよいか、教えてください。

 　経営分析は、貸借対照表と損益計算書を用いて、収益性、効率性、生産性、安全性、成長性の5つの側面から企業の主に財務状態を分析します。

　経営分析は「経営自己診断システム」を用いると簡単に行うことができます。

1. 経営分析とは

　経営分析によって、対象会社の経営ポジションを把握し、良い点、悪い点が明確になります。

　経営分析は、貸借対照表と損益計算書を用いて、収益性、効率性、生産性、安全性、成長性の5つの側面から企業の主に財務状態を分析します。

　インターネット環境があれば、誰でも入手可能な中小企業基盤整備機構の「経営自己診断システム」を参考にして解説します。

2．5つの側面

（1）　収益性

　企業活動によって、どれだけの収益を獲得したかを見る指標です。

　売上高に対する各種利益（粗利益、営業利益、経常利益、税引き後利益）や総資本や自己資本に対する各種利益（営業利益や経常利益）との関係から企業の収益性を測定します。

　総資本に対する経常利益の割合を（ROA：Return On Assets）と呼びます。

（2）　効率性

　企業が資産（資本）をどれだけ効率的に活用しているかを見る指標です。

　総資本と売上高との関係や、売上高に対する売掛金の大きさ、売上高に対する在庫の大きさから企業の効率性を測定します。

（3）　生産性

　投入した経営資源（ヒトやモノ）に対して生み出した利益を見る指標です。1人当たりの売上高や1人当たり有形固定資産によって測定します。

（4）　安全性

　企業の倒産リスクや支払能力を評価する指標です。

　短期的な当座比率、流動比率（流動資産で流動負債を支払うことができるか）、長期的な負債比率（他人資本と自己資本の関係）により測定します。

（5）　成長性

　企業の成長性を見る指標です。

　当期と前期との売上高比較、各種利益の比較によって、対象会社が成長過程にあるのかそうでないかの測定をします。

3.　経営自己診断システムによる分析

　経営分析は「経営自己診断システム」を用いると簡単に行うことができます。

　経営自己診断システムは、中小企業信用リスク情報データベース（CRD）に蓄積された中小企業 200 万社のビッグデータを用いて、対象会社と同業種との比較診断結果（上記 5 側面の指標）が瞬時に得られます。

　健全か否かの判断は、下記「健全性チェックリスト」に照らしてください。

〈健全性チェックリスト〉

	項目	内容	Check 欄 〇か×
1	C/F	営業キャッシュフロー（営業利益）が 3 期連続黒字である	
2	収益性	総資産経常利益率は 5 ％以上である	
3	安全性	流動比率は 150 ％以上である	
4	成長性	増収、増益が 2 期以上続いている	
5	効率性	在庫は平均売上高の 1 か月分以下である	
6	設備投資	減価償却費以上の設備投資をしている	
7	教育投資	教育訓練費が売上高の 3 ％以上である	
8	有利子負債	会社の有利子負債は月商の 3 か月以下である	
9	債務保証	会社若しくは現経営者は第三者の債務保証等をしていない	
10	オーナー債権	代表者に対する貸付金が資本金を超えていない	
11	競争力	他社にない「企画力、技術力、営業力、ノウハウ等」がある	
12	競争力	他に誇れる顧客と従業員を持っている	
13	支配状況	取締役会の過半数はオーナー一族で支配できている	
14	支配状況	株主名簿は明確であり、オーナー一族で 2/3 超を支配できている	
15	経営理念	経営理念を有し、社内に浸透している	
16	管理会計	事業計画を策定し、予実管理ができている	
17	ファイナンス	メイン銀行から安定した借入をしている	
18	業歴	業歴 20 年以上である	
19	従業員	安定しており、平均在職年数は 15 年以上である	
20	税務申告	適正申告に努めており、過去 5 年内に重加算税を課されたことはない	

（参考）経営自己診断システム
　　　http://k-sindan.smrj.go.jp/crd/servlet/diagnosis.CRD_0100

決算書項目内容入力

～　貴社の決算書から診断に必要な下記の項目を入力してください。　～

業種選択　小売業　⇒　織物・衣服・身の回り品小売業
金額単位　円

貸借対照表

流動資産合計	334,047,048	流動負債合計	822,501,110
現金・預金	34,238,810	短期借入金	0
受取手形（割引分除く）	0	長期借入金・社債	359,834,000
売掛金	53,602,660	純資産合計	−648,582,908
棚卸資産	271,404,579		
固定資産合計	199,705,154	**脚注項目他**	
有形固定資産合計	53,145,117	受取手形割引高	0
土地	266,451	受取手形裏書譲渡高	0
資産合計	533,752,202	期末従業員数	43

損益計算書

売上高	1,014,676,742	支払利息割引料	1,129,960
売上総利益	470,850,942	経常利益	6,817,064
営業利益	7,426,001	減価償却実施額	5,436,966
受取利息配当金	500		

前期決算書入力項目

□ 前期決算書入力項目を入力しない
　（前期項目を入力しない場合は、成長性指標を算出いたしません）

前期資産合計	587,188,925
前期純資産合計	−653,948,685
前期売上高	1,057,533,124

総合診断結果

～　貴社の総合診断結果と、貴社の個別指標のワースト3を表示します。　～

| 業種名 | 織物・衣服・身の回り品小売業 | サンプル数 | 32,076 社 |

診断項目	平均得点
収益性	6.1
効率性	4.3
生産性	6.0
安全性	4.1
成長性	5.3

※ワースト3は個別指標の得点が低い順から3つまでが表示されます。なお、同得点の指標が複数ある場合は、3つ以上の指標が表示されることがあります。

ワースト	診断項目	指標名	得点	指標値	中央値
1	安全性	固定長期適合率	0	％	54.00 ％

解説

【固定長期適合率】
◆算出式
（固定資産合計 ÷（資産合計－流動負債合計））×100
◆指標の意味
自己資本と固定負債によって固定資産がどの程度賄われているかを示す。この数値が低いほど経営安全性は高い。土地や建物などの固定資産を短期借入金などの流動資産で賄うと金融逼迫時に借換えができないなど資金繰りが不安定になる。
◆対策・判断基準
この数値が100％を超えると、長期資金で賄うべき固定資産が短期の支払いを要する流動負債により賄われていることになり、資金の調達が不安定な状態の可能性があります。流動負債を固定負債に振り替える、または不要固定資産を減らす、などの対策を検討する必要があります。

個別指標診断結果

～　貴社の個別指標診断結果を表示します。　～

診断項目	指標名	貴社の得点
収益性	売上高総利益率	
	売上高営業利益率	
	売上高経常利益率	
	総資本営業利益率	
	総資本経常利益率	
	総資本償却前経常利益率	
	インタレスト・カバレッジレシオ	
	債務償還年数	
効率性	総資本回転率	
	売上債権回転日数	
	棚卸資産回転日数	
生産性	一人当り売上高	
	一人当り有形固定資産額	
	一人当り経常利益	
安全性	自己資本比率	
	流動比率	
	当座比率	
	固定長期適合率	
	減価償却率	
	手元現金預金比率	
	借入金月商倍率	
	借入金依存度	
	預借率	
	売上高支払利息割引料率	
成長性	前年比増収率	
	総資本回転率増減	
	自己資本比率増減	
		0　　　　5　　　　10

※5点が業界標準です。

指標の意味　▲：指標値が高い程よい　▼：指標値が低い程よい

指標の意味	指標値	業界基準値	
		中央値	上位 30 ％値
▲	46.40 %	42.83 %	51.10 %
▲	0.73 %	− 0.75 %	1.48 %
▲	0.67 %	− 0.10 %	1.20 %
▲	1.39 %	− 1.00 %	2.00 %
▲	1.28 %	− 0.10 %	1.60 %
▲	2.30 %	0.76 %	3.92 %
▲	6.57 倍	− 0.60 倍	1.50 倍
▼	27.97 年	15.20 年	7.50 年
▲	1.90 回	1.43 回	2.20 回
▼	19.28 日	14.80 日	5.50 日
▼	97.63 日	63.81 日	34.51 日
▲	23,597 千円	16,350 千円	25,491 千円
▲	1,236 千円	1,651 千円	4,363 千円
▼	159 千円	3 千円	212 千円
▲	− 121.51 %	− 6.70 %	11.93 %
▲	40.61 %	130.08 %	227.41 %
▲	10.68 %	40.16 %	86.12 %
▼	%	54.00 %	30.40 %
▲	9.32 %	11.04 %	19.93 %
▲	3.37 %	4.51 %	8.96 %
▼	4.26 ヶ月	7.66 ヶ月	4.07 ヶ月
▼	67.42 %	82.18 %	59.50 %
▲	9.52 %	6.85 %	18.31 %
▼	0.11 %	0.73 %	0.31 %
▲	− 4.05 %	− 5.65 %	1.42 %
▲	0.10 回	− 0.02 回	0.08 回
▲	− 10.14 %	− 1.24 %	1.53 %

（植木）

Q16　コアコンピタンスの認識

> **Q**　事業承継のスタートは自社のコアコンピタンスを認識することと言われたことがあります。コアコンピタンスとは何でしょうか。認識する方法を教えてください。
>
> ....
>
> **A**　コアコンピタンスは、「他社に真似できない核となる能力」と言われ、SWOT分析（強み、弱み、機会、脅威）等の分析ツールを用いて認識します。

1.　コアコンピタンスとは

　事業承継のスタートは、自社のコアコンピタンス（事業価値の源泉）を認識することから始めると言われます。

　競争力あるいは収益力を有する事業には、必ずコアコンピタンスがあるはずです。コアコンピタンスは、G・ハメルとC・K・プラハラードによって広められた概念で、「他社に真似できない核となる能力」と言われますが、例えば企画力、技術力、生産能力、営業力、ブランド、ノウハウあるいはそれら複合的なものです。

　事業承継の鍵はこのコアコンピタンスが存続し承継できるかにかかっていると言えます。その理由は、コアコンピタンスを核とした事業を磨き上げる

ことによって、事業の永続や環境変化への柔軟な対応が可能となるからです。

　多くの中小零細企業では、コアコンピタンスが存続しても経営者に帰属している例が多いと思います。特に、カリスマやワンマンと呼称される経営者が存在する会社は、その経営者がいてこその場合が多いと思います。他方で、コアコンピタンスが経営者以外の者に帰属している場合や更に進んで組織に帰属している場合もあります。

　事業承継に際しては、改めて、自社のコアコンピタンスは何か、それは誰に帰属しているか、承継は可能かについて検討します。

2. コアコンピタンスの認識方法

　コアコンピタンスを認識するためのツールとしては、SWOT分析（強み、弱み、機会、脅威）や3C分析（自社 company、顧客 customer、競合他社 competitor）等がありますが、必ず特定のツールを用いないといけないというものではありません。

　あえて分析を加えなくても、実感として認識できる場合も少なくないと思いますが、重要なことは分析のプロセスを経営者と後継者で共有することです。

　経営者と後継者あるいは社内の責任者が、膝を突き合わせて、自社の状況を分析することで、自社の現況、将来像、課題等が共有できます。

　また、SWOT分析について後継者や従業員を巻き込んでやると面白いことが起こります。それは、経営者が思っている以上に後継者や従業員は別の事を考えていたりして、例えば、経営者が会社の強みと思っていることも後継者や従業員は弱みと認識していたりすることがあるので、お互いが胸襟を開いてディスカッションするのは重要です。

　SWOT分析の方法は、Q17を参照ください。

3.　コアコンピタンスの組織化

　自社のコアコンピタンスを認識し、帰属者を明確にしたら、次は事業承継の可能性を考えます。

　例えば、コアコンピタンスが技術力にあり、経営者の個人的な能力に依存している場合、その承継は簡単にはいきません。後継者の教育や育成によって移管する方法、あるいは、その技術を会社全体で共有できるような仕組みづくりが必要となります。中小企業は人材が多いわけではありませんが、次世代に事業を承継していくには、コアコンピタンスを社内で共有し、会社組織として維持できる仕組みづくりが重要です。

（植木）

Q17 SWOT 分析の例

Q 　事業承継に際しては、SWOT 分析によって自社の強み、弱みを分析することが役立つと聞きました。
　SWOT 分析について、教えてください。

A 　「自社の強み」と「弱み」、「機会」と「脅威」の4つの面から分析する方法が SWOT 分析です。さらに SWOT 分析で得られた4面情報を縦と横に配置し、各項目を掛け合わせることでクロス SWOT 分析をします。クロス SWOT 分析により戦略の整理が可能となります。

1. SWOT 分析

　SWOT 分析は、「強み」と「弱み」、「機会」と「脅威」の4つの面から自社を分析する戦略ツールです。

　強みと弱みは相対的なものですし、機会や脅威といった外部環境もそういえます。例えば、特定の業務に特化していることは、専門的な強みといえますが、他方で他の業務に弱いと見ることもできます。したがって、分析に際しては、具体的な顧客層や競合他社をイメージします。そうすることにより、特定業務に特化していることが強みか弱みか判別できます。つまり、SWOT 分析は分析対象が 3C 分析（自社 company、顧客 customer、競合他社

competitor の分析）と同じといえます。

　また、SWOT 分析は、可能な限り意見は排除した上で、客観的な事実で整理・分類します。

〈SWOT 分析〉

自社の強み	Strengths
自社の弱み	Weaknesses
機会	Opportunities
脅威	Threats

〈SWOT〉

	内部環境	外部環境
プラス面	Strengths	Opportunities
マイナス面	Weaknesses	Threats

2.　ある会計事務所の SWOT 分析例

　ある会計事務所の SWOT 分析をしてみます。

　あくまでも架空の会計事務所ですが、事業承継や組織再編・事業再生に強みを持つ少数精鋭型で、法律事務所を主要な顧客とする会計事務所のようです。

　まずは、主な経営資源ごとに、強みと弱みを拾い出し、あわせて外部環境（機会と脅威）も拾い出します。

内部環境……コントロール可能

経営資源 （主なもの）	S 強み	W 弱み
ビジネス モデル	事業承継や再編・再生などの専門能力に優れ、機動力を有し、独立性を有する	一部業務の知見が不足している
社員 （ヒト）	個性の強い専門家の存在と小規模ならではのアットホームな雰囲気	人員が少ない
財務 （カネ）		資金力が弱い
提供業務 （モノ）	「経営分析」や「事業承継」などのサービス品質が高く、大手事務所よりもコストパフォーマンスが良い	担当者により、サービス品質にバラツキがある
営業 チャネル	弁護士からの信頼が厚く、相談が多い	金融機関などからの紹介は少ない

外部環境……コントロール不可能

環境要因	O 機会	T 脅威
業界（市場）、 顧客の動向	大手税理士法人と格安税理士事務所に顧客が分離	AI による業務消失の懸念
競合他社の 動き	業務の専門化が進み、総合力を有する専門家が少ない	事業承継や M&A 分野は、コンサル会社の進出が激しい
その他 （経済的要因、政治的要因、社会文化的要因など）	記帳代行主体の会計事務所の信頼度は高くない	政府の政策を受け、ゾンビ企業が蔓延し倒産に至らないので、倒産事件（再生事件）が少ない

3.　クロスSWOT分析への発展

　SWOT分析で得られた4つの情報（強みと弱み、機会と脅威）を縦と横に配置し、各情報を掛け合わせることで戦略を検討します。

　また、SWOT分析のときとは違い、クロスSWOT分析は客観的な分析よりも主観的な分析が重要です。

　クロスSWOT分析で最も重要なセルは「強み」×「機会」のセルです。自社の強みと環境の機会がマッチしているなら、絶対活用すべきで、このセルはビジネスチャンスを意味します。本例では、「専門能力に裏付けられた高品質サービスを機動的・迅速に大手法人よりも安価に提供する」ことが中心的な戦略となります。

　逆に、「弱み」×「脅威」のセルは、防衛策の選択を意味し、危機をどうやって回避できるかを考えます。本例では、少ない人員で効率的な運営をするため「記帳代行業務のアウトソーシングを進め、限られた人材を高付加価値業務に集中する」戦略をとることが望まれます。

　このように、クロスSWOT分析によって、SWOT項目の戦略的な整理が可能となります。

　クロスSWOTは、次ページを参照ください。

4.　コアコンンピタンスの認識

　本例におけるコアコンピタンスは、秀逸な専門能力の存在、法律事務所との特別な関係といえます。

　事業承継に際しては、このコアコンピタンスが誰に帰属し、承継が可能か、そのためにどうすべきかを検討します。

事例）ある会計事務所　クロス SWOT

	O 機会	I 脅威
	大手税理士法人と格安税理士事務所に顧客が分離	AI による業務消失の懸念
	業務の専門化が進み、総合力を有する専門家が少ない	事業承継や M&A 分野は、コンサル会社の進出が激しい
	記帳代行主体の会計事務所の信頼度は高くない	
S 強み	（ビジネスチャンス） ・追い風を生かし積極的攻勢に出る ・迅速に行動し初戦に勝つ ・余剰資金をすべてつぎ込む 事業承継や再編・再生などの専門能力に裏付けられた高品質サービスを機動的に迅速にをモットーに、主に弁護士紹介顧客向けに、大手法人よりも安価に提供する	（脅威の回避） ・差別的戦略をとる ・顧客価値を掘り下げる ・独自の品質を作り出す 専門会計事務所ならではのタックスプランニング、ストラテジーを提供し、コンサル会社との違いを打ち出す
事業承継や再編・再生などの専門能力に優れ、機動力を有し、独立性を有する		
個性の強い専門家の存在と小規模ならではのアットホームな雰囲気		
「経営分析」や「事業承継」などのサービス品質が高く、大手事務所よりもコストパフォーマンスが良い		
弁護士からの信頼が厚く、相談が多い		
W 弱み	（弱点の強化） ・段階的施策をとる ・弱みの克服策を立てる ・外部委託の検討 品質の平準化、高品質サービスの標準化を図り、新規の紹介チャネルを開拓する	（防衛策の選択） やらないことを決める！ ・大きな損失の回避 ・期限を設け徐々に撤退 ・発想の転換を行う 記帳代行業務のアウトソースを進め、人材を高付加価値業務に集中する
人員が少ない		
資金力が弱い		
担当者により、サービス品質にバラツキがある		
金融機関などからの紹介は少ない		

（植木）

Q18 債務超過でも健全とみられるケース

Q 最近の業績は営業利益を計上していますが、過去に兼営していた事業の負債が残っていて、貸借対照表上は依然として債務超過です。このような場合、当社の営む事業は健全の範疇に入るのでしょうか。

A 債務超過であっても、営業利益や営業キャッシュフローが黒字であれば、健全とみられる可能性があります。おおよそ3年間の営業利益や営業キャッシュフローで債務超過が解消できる場合は、健全とみてもよいと思います。

1. 債務超過で営業利益を上げている会社とは

債務超過で営業利益を上げている会社とは、どのような会社でしょうか。

過去に事業に失敗し過大な債務を背負ってしまったケース、あるいは、高値取得した不動産の処分損で債務が完済できなかったケースが典型例で、昭和末期のバブル経済崩壊直後には多くの例が散見されました。下図でいうと、左上のセル（P/L 営業黒字 × B/S 債務超過）に位置する会社です。このセルの会社は、利益を積み上げることで右上のセル、つまり P/L 営業黒字 × B/S 資産超過に移行することが可能になります。

〈方向性の検討〉

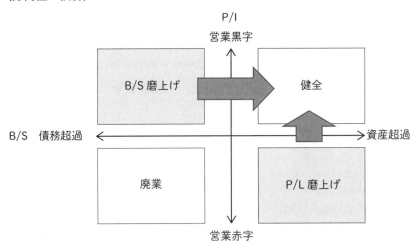

2. 健全とみられる範囲

　利益を積み上げることで右上のセル（P/L営業黒字×B/S資産超過）に移行可能といっても莫大な債務がある場合は、どうなのでしょうか。あるいは、債務超過の原因も関係するのでしょうか。

　この点、債務超過となった原因が明確で、債務超過の解消が数年内に計画されている、あるいは、見通せる場合には健全とみてもよいと思います。

①　債務超過の原因は明確か

　債務超過に至った原因が明確かそうでないかは、重要です。

　何だかわからないが、債務が積み上がってしまったというのでは、その原因がいつ再発するか、わかりません。

　債務超過に至った原因が明白であればこそ、その除去や対策の方法が検討できるというものです。

②　債務超過の解消年数

　きちんと債務超過の解消年数が計画されていることが重要ですが、2001年9月、私的整理に関するガイドライン研究会の「私的整理に関するガイドライン」に3年以内と示されたこともあり、一般的な債務超過解消年数は、営業キャッシュフロー（おおよそ営業利益＋減価償却費）の3年以内と言われています。

（参考）

平成13年9月、私的整理に関するガイドライン研究会

「私的整理に関するガイドライン」一部抜粋（太字は筆者による）

7．再建計画案の内容

再建計画案は次の内容を含むものでなければならない。

(1)　事業計画案

　　　事業計画は債務者の自助努力が十分に反映されたものであるとともに、以下の事項を含む内容を記載することを原則とする。

①　経営が困難になった原因。

②　事業再構築計画の具体的内容（経営困難に陥った原因の除去を含む）。

③　新資本の投入による支援や債務の株式化（デットエクイティスワップ）などを含む自己資本の増強策。

④　資産・負債・損益の今後の見通し（10年間程度）。

⑤　資金調達計画。

⑥　債務弁済計画等。

(2)　実質的に債務超過であるときは、再建計画成立後に最初に到来する事業年度開始の日から3年以内を目処に実質的な債務超過を解消することを内容とする。

（植木）

Q19 債務超過だが事業が健全な場合の債務超過解消方法

Q 　当社は、事業は順調であり、毎年収支はトントンであるか、少し利益が出る年もあります。しかしながら、先代社長の時代に事業投資で失敗したことによって生じた多額の金融負債があり、金融機関に対しては、わずかな元本と利息の返済を行っている状況であり、完済の目途は到底立ちません。今後、事業承継を検討するにおいて、第三者へ事業を譲渡することも検討しており、この過大な金融負債が悩みの種となっております。解決方法を教えてください。

A 　事業活動は健全であって、営業利益も出ている状況であれば、その営業利益の範囲内で返済できる金額まで金融負債を圧縮することを検討することになります。全額返済はできませんので、金融機関と協議の上で、債務免除を求めることになります。

　金融負債の債務免除を実施する方法としては、金融機関と協議の上で進める私的整理と、債権者平等の下で、金融機関のみならず取引先への買掛債務も含めて対応する法的整理がありますが、事業活動への影響を考えると、まずは金融負債

の免除のみを金融機関との協議で実施することを目指す私的整理を検討することになります。

　私的整理を進める場合には、その調整を行う場所として、各都道府県の商工会議所等に設置されている中小企業再生支援協議会を利用したり、弁護士が中心となって協議を進めた上で、最終的に簡易裁判所において調停委員の仲介でまとめる特定調停手続があります。

1.　債務超過解消方法の選択

　債務超過を解消する場合、まず最初に、その債務の内容を吟味することになります。租税公課については債務免除に応じてくれませんので、租税公課が多い場合には、そのほかの負債を圧縮することで正常化できるかを検討します。通常は金融機関からの借入が多く残ってしまっていることが多く、金融負債を圧縮することができれば正常化できる場合が多いのですが、大口取引先との長年にわたって生じている多額の未払金が債務の中心となっている場合もあります。

　金融負債を圧縮する方法としては、金融機関と協議によって債務の一部免除を受ける私的整理を検討することになります。金融負債のみでは債務超過解消ができない場合には、特定調停等によって、一般取引先を含めた私的整理を進めることができるかを検討することになりますが、そのような一般取引先の数が多い場合には全体での協議はまとまりにくく、かえって混乱を生じさせてしまう危険が高いため、民事再生手続などの法的整理手続を選択せざるを得ません。

2. 私的整理

　私的整理の特徴は関係者全員と協議しながら、全員の合意をもって決定していく点です。各都道府県の商工会議所等に設置されている中小企業再生支援協議会を利用する場合や、弁護士に依頼して各金融機関の調整を図った上で、簡易裁判所の特定調停手続を利用して債務免除を受ける方法があります。債務超過を実現する手続として、そのまま金融債務をカットしてもらう場合もありますが、金融機関としては、現在の会社の事業を一旦別の会社に移した上で、その事業譲渡代金をもって返済に充て、事業譲渡後の会社を清算（特別清算等）した上で残金を免除する方法が好まれる傾向にあります。この事業譲渡を行った上で債務免除を受ける方法は「第二会社方式」と呼ばれています。

　中小企業再生支援協議会は地域金融機関の OB がスタッフとなっていることが多く、金融機関に対して一定の調整力が期待できます。地域によって運用方法に差がありますので、特に支払方法の変更（リスケジュール）ではなく、債務免除を求める場合（「抜本再生」といいます）には、事前に協議会事務局にどのような手続で進めることになるのか確認をしておくと良いと思います。なお、支援対象となる中小企業の業種や規模に制約があります。さらに、金融機関以外の債権者を対象とすることはできず、また廃業となる場合には支援ができないことがあります。

　特定調停手続は、弁護士に依頼して金融機関と協議を進めた上で、最終的に債務免除を伴う弁済案の承認を得るため、各地域にある簡易裁判所において、調停を申し立て、その調停手続にて解決を図る手続です。この手続も各裁判所において運用が異なる部分があり、利用する前に問い合わせて確認しておく必要があります。特定調停においては、金融機関だけでなく過剰な負債となってしまった取引先をも含めて対応したり、廃業を行う場合の処理としても利用可能です。

3. 法的手続（民事再生手続）

　中小企業の再生のための法的手続としては民事再生手続があります。破産
や会社更生と異なり、管財人が選任されるわけではなく、従前の経営者がそ
のまま経営を継続しながら、再建をはかることができます。ただし、金融負
債だけでなく全ての負債を対象としないといけないこととなっているため、
取引先に対する影響が生じることになります。他方、多数決にて決議を行う
ため、全員一致にて手続を進める私的整理がうまくいかなった場合でも民事
再生手続で解決できることもあります。

（再生支援協議会の手続の流れ）

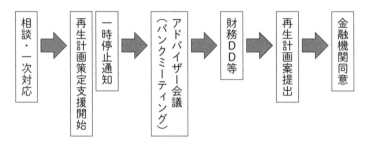

（特定調停手続の流れ）

（民事再生手続の流れ）

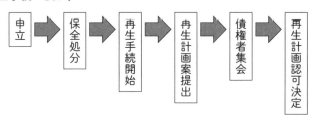

申立 ➡ 保全処分 ➡ 再生手続開始 ➡ 再生計画案提出 ➡ 債権者集会 ➡ 再生計画認可決定

（髙井）

|Column|

節税と健全性について考える

　会社の決算が大きな黒字になりそうな場合、保険に加入する、中古車を買う、損金（経費）になる買い物をたくさんするなど、節税本によく紹介されている決算対策があります。

　しかしながら、これらの方法は税金以上のキャッシュアウトを伴います。

　もちろん福利厚生等の面から必要な保険であったり、必要な車や物であれば、異論はないでしょう。

　でも、そうではなくて、税金を安くすることが主たる目的である場合は、決して健全な方法とはいえません。かかる行為の積み重ねが会社の財務を蝕み、事業承継を阻害する要因になる危険性もあります。むしろ、必要な税金は納め、トータルのキャッシュアウトを抑える方が健全といえるでしょう。

（植木）

第４章

事業が不健全であると
判定されたとき

Q20　磨き上げとは、その方法は

Q　当社は今年に入り、事業承継の準備に入っています。後継者は経営者の長女ですが、長女からは事あるごとに会社を磨き上げてほしいと言われています。会社の経営状況を磨き上げるには、どのようにしたらよいでのしょうか。

A　磨き上げとは、会社の財務状況や経営状況をより良くすることで、磨き上げに決まった方法があるわけではありません。ひとつの方法としては、健全性チェックリストで×となった項目について、○になるように対策を立て実施する方法があります。

　Q14の健全性チェックリストで、20のチェック項目を示しました。チェックリストによって、自社の強みと弱みが明確になり、強みは伸ばし弱みは磨き上げの課題として位置づけます。

　以下、主なチェック項目について、解説します。

1.　営業キャッシュフローや営業利益が赤字

（対策）

　一過性の赤字の場合には、黒字化の事業計画を立て、計画と実績を月次で管理しながら営業黒字化に導きましょう。

　恒常的な赤字の場合、事業構造の見直しが必要となる場合が多いと思います。ビジネスモデルの見直し、費用構造の見直し等によって、営業黒字化を図りましょう。

2.　総資産経常利益率が低い場合

（意味）

　総資産経常利益率（ROA）は、総資産（投資）に対するリターンを意味します。この数値が低いということは、投資額が大きすぎるか、売上の回転が悪いか、利益率が低いかによります。会社全体の状態を見る上で、最も重要な指標のひとつです。

（対策）

　総資産の圧縮、回転率の増加、収益拡大、費用の見直しによって、ROA向上を図りましょう。

3.　流動比率が低い場合

（意味）

　流動比率は、流動資産（短期資産）と流動負債（短期債務）の比較によって、短期的な支払能力を見る指標です。この数値が低いということは、短期債務の支払のための短期資産が十分でないことを意味します。また、固定資産投資を短期債務で調達した場合も数値が低くなります。

（対策）

　継続的な利益の計上や短期債務の長期債務化、又は増資による流動資産の増加、流動負債の減少が必要です。

5.　在庫が大きい場合

（意味）

　在庫金額が大きいということは、通常備えるべき量を超えていることによる不良化、滞留化が懸念されます。また、資金がその分寝ているため、負債が大きくなっている場合があります。

（対策）

　セールや処分による在庫の圧縮、売れないデッドストックは廃棄が必要です。

11.　12.　競争力が乏しい

　Q16 のコアコンピタンス、Q17 の SWOT 分析を参照ください。

15.　経営理念がない、又は浸透していない

　Q63 の経営理念の浸透を参照ください。

16.　管理会計面が弱い

（意味）

　中小零細企業では、せっかくの決算が経営に生かされず、税務申告くらいにしか利用されていない場合が多いようです。

（対策）

　せっかく時間と費用をかけて作成した決算書を税務申告だけにしか利用しない手はありません。

　簡単な利用法としては、下図のとおり、①事業計画を作成し、②事業計画を数値に落とし込んだ月次予算を作成し、③月次試算表の実績と予算を比較し、④予算と実績の差異につき、原因を探求、判明した原因は関係部署内で共有し、必要に応じて事業計画を修正するなどして、経営に役立てましょう。

　この一連の流れをPDCAサイクル（Plan計画・Do実行・Check評価・Action改善）により繰り返すことで、継続的な改善活動となり、決算情報がより有効活用できます。

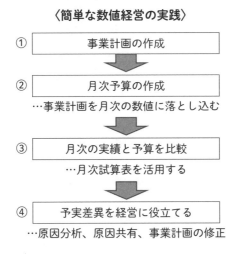

〈簡単な数値経営の実践〉

① 事業計画の作成

② 月次予算の作成
…事業計画を月次の数値に落とし込む

③ 月次の実績と予算を比較
…月次試算表を活用する

④ 予実差異を経営に役立てる
…原因分析、原因共有、事業計画の修正

　また、チェックリスト項目ごとに、B/S磨き上げ、P/L磨き上げの区別、目標例を示してみましたので、参考にしてください。

〈健全性チェックリスト〉

	項目	内容	Check欄○か×	数値	非数値	B/S磨き上げ	P/L磨き上げ	目標
1	C/F	営業キャッシュフロー（営業利益）が3期連続黒字である		■			■	事業構造の転換
2	収益性	総資産経常利益率は5％以上である		■		■		収益性、効率性の向上
3	安全性	流動比率は150％以上である		■		■		財務の健全化
4	成長性	増収、増益が2期以上続いている		■			■	収益性の向上
5	効率性	在庫は平均売上高の1か月分以下である		■		■		財務の健全化
6	設備投資	減価償却費以上の設備投資をしている		■		■		新規投資
7	教育投資	教育訓練費が売上高の3％以上である		■			■	情熱を持った学習と教育
8	有利子負債	会社の有利子負債は月商の3か月以下である		■		■		債務の圧縮
9	債務保証	会社若しくは現経営者は第三者の債務保証等をしていない			■	■		簿外債務の解消
10	オーナー債権	代表者に対する貸付金が資本金を超えていない		■		■		公私の明確化
11	競争力	他社にない「企画力、技術力、営業力、ノウハウ等」がある			■		■	コアコンピタンスの獲得

	項目	内容	Check欄○か×	数値	非数値	B/S磨き上げ	P/L磨き上げ	目標
12	競争力	他に誇れる顧客と従業員を持っている			■		■	コアコンピタンスの獲得
13	支配状況	取締役会の過半数はオーナー一族で支配できている			■			支配の確保
14	支配状況	株主名簿は明確であり、オーナー一族で2/3超を支配できている			■			支配の確保
15	経営理念	経営理念を有し、社内に浸透している			■			経営理念の浸透
16	管理会計	事業計画を策定し、予実管理ができている			■			数値経営の導入
17	ファイナンス	メイン銀行から安定した借入をしている		■		■		財務の健全化
18	業歴	業歴20年以上である			■			安定した経営
19	従業員	安定しており、平均在職年数は15年以上である			■			働き易い職場
20	税務申告	適正申告に努めており、過去5年内に重加算税を課されたことはない			■			適正申告の推進

（植木）

Q21 B/S のスリム化と P/L の改善

Q 　当社の貸借対照表は過去に取得した遊休資産の金額などが大きく、利益と比べて見栄えが悪いと銀行の担当者に言われました。決算書の見栄えをよくするには、どうしたらよいでしょうか。

A 　会社の業績の良し悪しは、総合的には総資産に対する利益の割合（ROA 注 1）によって評価されます。
　そこで、貸借対照表 B/S はスリム化し、損益計算書 P/L は事業の見直しや固定費の削減によって磨き上げます。

　事業を次の世代に円滑に承継するためには、営業赤字や債務超過の会社では誰も承継してくれないので、前段階として"事業の磨き上げ"が必要です。
　磨き上げに定型的な方法はありませんが、決算書の磨き上げの観点から言うと、上図のように貸借対照表＝ B/S の磨き上げと損益計算書＝ P/L の磨き上げの方法があります。貸借対照表＝ B/S と損益計算書＝ P/L を磨き上げによって、会社の財務状況を可能な限り右上の健全セル（純資産プラス×営業利益）に誘導します。

〈方向性の検討〉

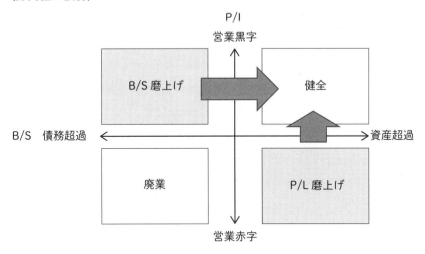

1.　貸借対照表 = B/S の磨き上げ

　御社の場合、過去に取得した遊休資産があるとのことですので、まずはその処分が課題となります。固定資産は、総資産に占めるウエイトが大きいので、遊休資産のように収益を生まない場合には計算式の分母のみが大きくなって、総資産経常利益率（ROA 注1）は著しく悪化します。資産処分によって、ROA は改善しますが、将来的な利用計画がある場合は、タイムズのような臨時駐車場にする方法でも改善できます。

　また、リース会計基準の適用によって、オフバランスが難しい場合を除き、中小企業ではリース取引を利用することで、総資産を増やさず利益を獲得する方法もあります。

　売掛金の適正化としては、不良債権については回収促進と回収不能な場合は損失処理、正常債権であっても回収サイトが長期化している取引先について取引条件の見直しによる回収サイトの短縮化があります。

　在庫については、取引ロットや流通経路を見直すことによって圧縮できな

いかを検討しますが、保管場所を縮減するだけで在庫が減少できることもま
まあります。

　さらに大規模な磨き上げの方法として、不採算事業の整理・撤退がありま
す。複数の事業を営み一部事業が赤字で他の事業とのシナジーが期待できな
い場合などです。不採算事業の整理・撤退によって得た資金は、優良事業の
拡大、事業ポートフォリオの見直しに向けられます。

　また、純資産が債務超過であったり、自己資本比率（注2）が低い場合、
増資により純資産を厚くする方法もあります。

　上記のような総資産のスリム化や純資産の増強によって企業体質は強化さ
れますが、通常は一連の対応により固定費も削減されるため、P/L 改善も伴
うことが多いと思います。

　（注1）ROA
　総資産経常利益率（ROA）は、総資産（投資）に対するリターンの割合を意味
します。この数値が低いということは、投資額が大きすぎるか、売上の回転が悪
いか、利益率が低いかによります。会社全体の総合的な状態を見る上で、最も重
要な指標のひとつです。

　（注2）自己資本比率
　総資産に対する自己資本（純資産）の占める割合を言います。この割合が高い
ほど財務の安定性が高いと評価されます。

2.　損益計算書＝P/L の磨き上げ

　B/S の磨き上げに比べて P/L の磨き上げは難しいと言われます。

　通常、無駄な経費（主には変動費）の削減は恒常的に実施しているでしょ
うから、磨き上げの対象となるのは固定費の削減です。固定費の代表格は、
人件費と家賃ですが、これらの固定費を削減する意味としては、事業の見直
しです。不採算の事業や収益率が低い事業について、廃業や売却、内容の見
直しを行い、経営体質の強化を図ります。

〈磨き上げのイメージ〉

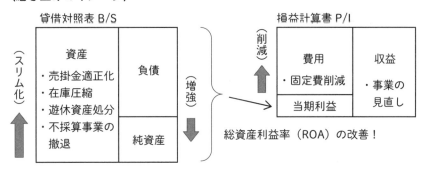

　しかしながら、得意先ごとの粗利益率分析（粗利益率 ABC 分析）をする
だけで、高い利益率になっている得意先（ランク AB の得意先）と低い利益
率の得意先（ランク C の得意先）が明確又は発見することができ、粗利益
率改善のための対応（値上げや取引終了など）をするだけで、利益率や利益
額が改善できるケースもあります。特に利益率が上位 50 ％より低いランク
C の得意先について、見直し対象とします。なお、ABC 格付けはあくまで一
例ですので、対象会社の実情に応じて格付けしてください。

〈粗利益率 ABC 分析〉

得意先名	売上	売上原価	粗利益	粗利益率	ランク	対応策
甲社					A	
乙社					B	
丙社					A	
丁社					C	
・						
・						

注）ランク A は粗利益率上位 20 ％、B は 20 ％〜 50 ％、C はそれ以外
　　特にランク C については速やかな対応を要する

　磨き上げによって、事業をより良い状態に仕上げ、後継者にバトンを引き継ぐことが可能となります。事業承継は経営者の交代を伴うので、前経営者において先送りされてきた経営課題の実行や事業内容の見直し等を行うチャンスといえます。

　　　　　　　　　　　　　　　　　　　　　　　　　　　　　（植木）

Q22 債務超過の場合の金融機関交渉・対策

 当社は、債務超過が解消できない状況にありますが、その原因は、10年以上前に実施した新事業への投資失敗により、そのときに借りた金融機関からの借入金が返済できずに残ってしまっているものです。息子に会社経営を譲ろうと考えていますが、この債務超過の状況を解消してあげないと、新規の融資ももらえず、今後の経営がうまくいかないため、そろそろ債務超過を解消したいと思っています。金融機関にはどのような方法で交渉したらよいでしょうか。

 債務超過の主な原因が金融機関からの借入である場合には、金融機関と交渉の上で、金融負債の圧縮を図ることになります。この交渉方法としては、私的整理手続と言われる金融機関との協議を主体として調整する手続をとることが考えられます。

　私的整理手続としては、各都道府県の商工会議所等に設置されている中小企業再生支援協議会の利用や、弁護士が中心となって協議を進めた上で、最終的に簡易裁判所において調停委員の仲介でまとめる特定調停手続があります。

1.　債務超過解消のための金融機関との交渉方法

　債務超過の原因が過大な金融負債である場合には、金融機関と交渉して債務圧縮を図ることになりますが、金融機関としても単なる1対1の交渉のみで債務圧縮に応じてくれることはありません。

　したがって、金融機関が債務圧縮を図るための手続をとる必要があり、その手続として私的整理と法的整理があります。ただし、民事再生などの法的整理は一般債権者をも対象としなければならないため、取引に多大な影響を与えてしまうことになりますので、第一選択としては私的整理となります。

　私的整理には、全国に設置されている中小企業再生支援協議会を利用する方法と、弁護士が中心となって金融機関と調整をある程度図った上で、最終調整を簡易裁判所の調停手続にて行う特定調停があります。

2.　金融機関との交渉方法

　金融機関との交渉については、その対応を専門としている弁護士に依頼することが一番良い方法と思いますが、近くにそのような弁護士がいない場合には、会社の代表者と会社において金融機関の窓口となっている方とで、協議を金融機関に持ちかけることになります。

　債務圧縮を行う場合、金融機関は自らのみで対応することは許容できず、必ず全金融機関が同じ条件にて対応する形を求めます。金融債務というカテゴリーにおいて債権者平等原則を守る必要があります。そして、複数の金融機関から借入を行っている場合には、金融機関同士では、どの金融機関が「メインバンク」であるかを認識していることが多く、会社としても、債権額が一番多い「メインバンク」から説明して協議を進めることになります。「メインバンク」と話し合いが進むような状況になれば、他の金融機関とも協議を開始し、最終的には全金融機関同一の条件での同意を取得することを目指します。

　債権カットできる債権は、担保でカバーされていない部分ですので、担保評価を行う必要があります。この無担保部分において、弁済率等の条件を全金融機関同一にすることになります。

　金融機関として、債権をカットすることは支援の内容としては一番ハードルが高いものですので、会社においては、債権カットをしなければならない必要性と、債権カットの内容の合理性、さらに債権カット後の再建策について資料を活用しながら説得することになります。

3. 債務免除の方法

　全金融機関との協議が進む状況となった場合であっても、金融機関としては何らかの私的整理において内容を取り決めることを求めて来ますので、中小企業再生支援協議会や特定調停か、又は事業を別の会社（第二会社）に移した上で、事業がなくなった元の会社を特別清算にて清算する際に免除を受けるなどの方法を検討することになります。中小企業再生支援協議会に申し込む場合は、メインバンクの協力が必要不可欠となります。特定調停や特別清算については弁護士が代理人として手続を行うことになります。

［債務免除を受けるための方法］

私的整理	対象先	特徴
中小企業再生支援協議会	金融機関	地域により運用が異なり、場合によっては、債務免除対応が難しい場合がある
特定調停	金融機関や一部の取引債権者	弁護士による手続であり、金融機関によっては慣れていない場合がある
法的整理	対象先	特徴
民事再生	全債権者	多数決にて再生計画案成立

（髙井）

Q23 債務超過の場合の経営者保証の取扱い

Q 　当社は債務超過であるため、金融機関と交渉して債務超過を解消しようと思っています。ところが、その金融機関に対して、社長である私は保証を入れています。私の保証はどのように取り扱われるのでしょうか。

A 　私的整理を利用するなどして金融債務の免除を受け、債務超過を解消したとしても、保証債務はそのまま残ることになり、保証人は金融機関から保証債務履行の請求を受けることになります。したがって、会社の債務超過を解消させる際には、その保証の処理についても同時に検討する必要があります。

　保証債務の対処方法としては、保証金額が多額であって到底履行できない場合には、保証人について自己破産手続を実施するほか、民事再生手続（個人民事再生手続を含む）を利用したり、又は「経営者保証ガイドライン」を利用して、特定調停において保証債務免除を求める方法があります。

1.　保証債務処理の必要性

　過大な金融負債によって会社が債務超過となっており、その金融負債の一部をカットして再建を図る場合、金融機関は保証人に対してカットした部分を含めて支払請求することになります。したがって、会社の債務超過対策を実施すれば、必ず保証債務の処理が問題となるため、予め保証債務の処理方針についても検討しておく必要があります。

　保証債務の金額が多額でなければ、分割して支払う等の条件を金融機関と協議して決めて履行することもできますが、経営者は金融債務のほとんど全てについて保証していることが多く、その金額は到底支払できないほど多額となっていることの方が多いと思われます。そうすると全額の支払は困難であるため、支払の免除を求める手続を検討することになります。

　以前は、会社において金融債務のカットを行えば、その請求が保証人に対してなされ、保証人が支払えなければ、自己破産するしかありませんでした。現在でもそのような対応しかできず、自己破産となる場合もあり得ます。しかしながら、例えば親戚から100万円ほどの支援を得て、その支援金を原資として弁済する条件にて、民事再生手続を利用したり、保証債務の総額が5,000万円以下であれば個人民事再生の手続を利用することが考えられます。

　さらには、近年、「経営者保証ガイドライン」により特定調停等の私的整理によって保証人の保証債務の免除を求めることも多くなされています。

2.　保証債務の処理方法

（1）　経営者保証ガイドラインの利用

　「経営者保証ガイドライン」は、日本商工会議所と全国銀行協会が事務局となって制定したガイドラインであり、金融機関による融資の際の経営者等への個人保証のあり方について規定しています。このガイドラインにおいて

は、主債務者たる会社において、金融債務を支払うことができなくなり、保証人に対して保証履行請求がなされる場合に、保証人によってその全資産の開示を行った上で、破産した場合であっても手元に残すことができる資産（「自由財産」といいます）のほか、条件によっては、華美でない自宅や将来の生計費を手元に残した上で、それ以外の資産は処分して弁済に充て、保証債務の残債務は全て免除を受けることができるとされています。このガイドラインの適用を受ける場合には、専門の弁護士に依頼した上で、保証債務についての私的整理（特定調停等）を実施して、その手続内にて保証債務免除を受けることになります。

(2)　個人民事再生

　個人民事再生は、会社の再建を主な目的とする裁判所における民事再生手続と比べて、消費者金融などの負債処理のため、個人が利用する簡易な民事再生手続です。ただし、住宅ローンを除いて負債は総額5,000万円以内でないと利用できません。この手続では、破産の場合よりは多く弁済しなければなりませんが、3年から5年間にて一定額を弁済することで残債務は免除を受けることができます。専門の弁護士に依頼して手続の申立てを行うことになります。

(3)　（通常）民事再生

　会社再建のための民事再生手続は、個人の負債であっても活用することができるため、例えば、親戚から100万円ほどの支援を得て、その100万円を一括して支払うことで残債務の免除を受けることを検討することができます。破産の場合よりは多く弁済することが条件です。

　この手続も専門の弁護士に依頼する必要があります。

（4）　自己破産

　住所地の地方裁判所に対して申立てを行います。一定の資産があって破産管財人が換価処分する必要があったり、会社との関係が複雑で調査する必要がある場合などには、裁判所は第三者の弁護士を破産管財人に選任して、財産調査や財産換価処分を行わせます。なお、破産の場合であっても、今後の生活等のため、99万円までの現金は手元に残すことができます（これを「自由財産」といいます）。

　破産手続が終了すれば、残債務について裁判所は免責の決定を出すことで保証債務が免除されます。

手続	結果
「経営者保証ガイドライン」の利用（特定調停等）	現金99万円以下の自由財産や、条件によっては華美でない自宅・将来の生計費を残すことができる。その他の資産は処分して弁済に充て、残債務の免除を受ける
個人民事再生	全資産の中から自由財産を除いた金額か、法律に定められた金額の高い方を3年から5年間で分割弁済し、残債務は免除を受ける
（通常）民事再生	全資産の中から自由財産を除いた金額以上を弁済し、残債務は免除を受ける
破産	全財産の中から自由財産を除いた金額を弁済し、残債務は免除を受ける

（髙井）

Q24 債務超過の場合の優良事業のみ承継させる方法

Q 　当社は債務超過であるため、事業承継をあきらめていましたが、最近、一部の事業について承継を検討したいという企業が現れました。どのようにすれば、一部事業のみを承継させることができますか。また、一部事業承継後の会社の処理はどのようにすればよいでしょうか。

A 　事業の一部を他の企業に承継させる方法としては、事業を譲渡する方法と、会社を分割して承継させる方法があります（Q39、40、87参照）。許認可やライセンス契約を承継させる必要がある場合には会社分割を検討することになりますが、通常は簡便な手続である事業譲渡の手続が取られています。ここで注意しなくてはならないのは、債務超過の場合に、優良事業を第三者に譲渡すると、金融機関等の債権者からすれば優良事業を逃したように思われ、詐害行為として問題となることになります。もし、その後に譲渡後の会社が破産すれば、破産管財人は否認権を行使して、当該事業譲渡先に事業の返還を求めたり、事業の適正な対価の支払を求めて裁判を提起することも考えられます。

　そこで、金融機関等の債権者に説明し、理解を得ながら事

業譲渡を進める必要があります。

1.　優良事業の承継方法

　いくつかの事業を営んでいる場合に、優良事業を第三者へ承継させる方法としては、事業譲渡と会社分割があります。事業譲渡とは、事業を譲渡する会社と譲り受ける会社間において契約を締結し、各個別の資産の所有名義移転手続を実施し、従業員の退職と入社の手続を行うことになります。その事業の取引先に対しては、譲渡後においては事業譲受会社にて引き続き事業を継続する旨の説明を行うことになります。会社分割においては、事業を営む会社から優良事業を運営する新しい会社を設立して分離する手続を行うことになります。事業用資産の名義変更や取引先への挨拶は事業譲渡と同様であり、従業員については、従業員に説明した上で、そのまま新会社が引き継ぐことが可能となります。

　手続としては、事業譲渡が簡便であるため、比較的多く利用されていますが、許認可やライセンス契約を承継しようとする場合には、会社分割の方が、従前の会社の地位をそのまま承継した形となるため、許認可やライセンスを承継しやすい場合があります。

2.　債務超過の場合の一部事業承継の手続

　金融機関は、債務超過企業の優良資産が廉価にて流出し、回収可能性がさらに低くなってしまうことにならないかを、非常に気にしています。したがって、優良事業を第三者に承継する場合においても、金融機関に対してその承継手続を取ることの必要性や譲渡価格の妥当性、さらに譲渡後の事業運営方針や弁済方針について説明する必要があります。このような説明なく、

事業を第三者に譲渡してしまえば、金融機関は会社に対して不審感を持ち、当該事業譲渡が金融機関の請求から免れようとする行為ではないか、詐害行為ではないか、と疑ってくることになります。

　そこで、一部事業を譲渡する場合には、金融機関に対して事前に説明し、その了解をとった上で手続を進めることになります。

3.　優良事業譲渡後の処理

　優良事業を譲渡した後において、残った事業を継続し、その事業による利益から金融負債を完済できればよいのですが、残った事業では利益がほとんどないなどの理由により、金融負債完済の目途が立たない場合には、金融機関に対して債務免除を求め、又は残った事業は廃業して清算することを検討せざるを得ません。

　優良事業を譲渡する場合に、一定額の譲渡代金を得ることができれば、その資金を金融負債への弁済原資として弁済することを提案することができますので、その際に、残債務については免除してもらうことを提案してみる方法もあるかと思います。その場合、金融機関が残った事業がそのまま事業活動を続けていくことに難色を示す場合もあり、その場合には、残った事業を廃業し、会社を清算させるか、又は、残った事業についても別の会社に譲渡した上で、事業が全てなくなった状態の会社を清算させる対応などを検討することになります。金融機関とのハードな交渉となりますので、専門の弁護士を代理人として対応する必要があります。

事業譲渡

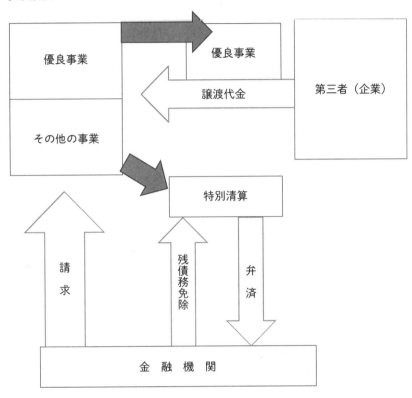

（高井）

Q25　事業再生手続の選択（自主再建の場合）

Q　当社は債務超過となっていますが、経営者の息子も成長し、次期社長としての器もできてきました。そこで、思い切って、債務超過を解消し、経営も世代交代しようと思っていますが、債務超過解消のためにはどのような方法があるのでしょうか。

A　過大な負債を抱えてはいるものの事業自体は利益が生じ、又は利益が生じる可能性がある場合、過大負債の債務免除を受けることができれば、安定した経営を行うことが可能です。

債務免除を受けることで会社を再建させる方法としては、民事再生手続の法的整理と、中小企業再生支援協議会や特定調停など金融債務のみについて金融機関との協議を行う私的整理があります。

1.　自主再建による債務超過解消方法

　企業を再建させる方法には、自らの経営努力のみで再建をめざす自主再建の場合と、第三者から資金等の支援を受け、さらに出資を受けたり、株式を譲渡するなどによって、スポンサー支援を受けて再建をめざす場合がありま

す。

　中小企業は社長が株式のほとんど全てを所有し、強いリーダーシップで経営を引っ張っていくケースが多いため、第三者による支援でなく、自らの力での再建を第一に考えます。自主再建が可能と判断した場合には、その前提にて債務超過を解消する方法を検討することになります。債務超過を解消する方法としては、民事再生のほか、金融機関との協議によって進めていく私的整理として、中小企業再生支援協議会や特定調停などがあります。

　自主再建の場合には、遊休資産の処分や毎年の利益から弁済を実施するため、長期分割弁済を前提として、一定額の債務免除を受けることを求めることになります。弁済できる金額には限界がありますが、弁済期間を長くすれば弁済額が大きくなるため、金融機関において短期間で少額の弁済を受けるより、長期間の弁済で弁済総額を最大化する条件を好むことになり、なかなか条件の合意に至らない場合もあります。

　自主再建の必要性と可能性をきちんと説明し、弁済条件については、将来の事業計画に合理性を持たせながら、毎年の利益からの弁済原資を算出し、さらに弁済期間について再建のためには一定期間とすることが望ましいことを説明し、説得することになります。

2.　自主再建の場合の手続選択

　前記のとおり、弁済条件については明確な基準を打ち立てにくく、金融機関からは弁済期間を長期化することによって弁済総額を多くすることが求められ、他方、会社としては、長期間の弁済を継続する場合には、新しい事業への投資等を行うことができず、経営の支障になりかねません。特に財務体力が強くない地方の信用金庫や信用組合は30〜40年かかっても長期間でできるだけの弁済を受けたいという意見を出してくることもあります。私的整理では、金融機関の一つでも反対すれば、賛同している金融機関との関係

においても債務免除を受けることはできませんので、金融機関との協議が行き詰まってしまうことも考えられます。

そのような場合には、多数決にて弁済条件を決める民事再生にて再建を図ることを検討せざるを得ません。民事再生では、対象となる債権者の過半数から同意を受け、かつ、総債権額の50％以上の債権者から同意を得る必要がありますが、全員一致で賛成しなければ成立しない私的整理よりは成立する可能性は高くなります。しかしながら、民事再生においては金融負債のみでなく、一般債権者も対象とすることになるため、取引先に大きな影響を与えることになり、事業活動に影響が及ぶことになります。

なお、私的整理にて自主再建を認める可能性がある場合には、当該企業の企業価値をDCF法などで算出し、その企業価値を前提として金融債権者への弁済総額を算出し、分割弁済案を策定することになります。この場合、新会社を設立して事業を移転し、その事業譲渡対価を企業価値評価額として、新会社の毎年の利益をもって事業譲渡代金を分割して支払い、その支払金をもって、金融債務への弁済を実施する方法（第二会社方式）を採用することを金融機関から求められることもあります。

（第二会社方式での自主再建）

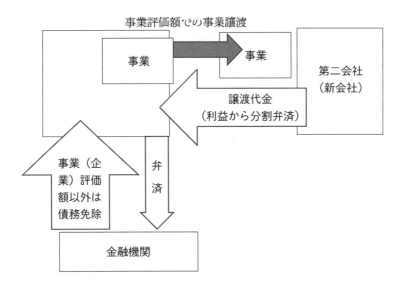

（髙井）

Q26 事業再生手続の選択（スポンサー支援の場合）

Q 　当社は債務超過である上に、今後の設備投資のためにも一定額の資金を必要とし、とても自力で再建することは困難です。跡継ぎもいないことであるので、他の企業からの資金的にも経営資源においても支援を受けたいと思っています。最近、知人の紹介で資金面及び経営面で支援してくれる企業が現れました。このような場合、債務超過解消のためにはどのような方法があるのでしょうか。

A 　過大な負債を抱え、経営的にも自力で再建することが困難な場合には、資金面のほか経営面での支援も受けられるスポンサーの支援による再建が望ましいことになります。しかし、過剰な負債が残る場合には、スポンサーが資金支援をしても過剰な負債への返済に回ってしまうだけであるため、適正な債務額まで負債を圧縮する必要があります。

　スポンサー支援を前提とする再建策を提案しながら、民事再生や私的整理によって、債権者から債務免除を受けることになります。

1.　スポンサー支援による再建策

　自力で再建が難しい場合などにおいては、スポンサーからの支援を受けての再建を検討することになります。スポンサー企業に事業の全てを譲渡し、経営の一切を任せる方法もありますし、企業再生ファンドによる支援のように、あくまでスポンサー企業は資金支援のみであって、経営は従前の経営者が担う場合もあります。

　スポンサー支援を受けられる場合には、事業価値を評価した上で、当該評価額をもって、債権者に一括にて弁済を行って、残債務の免除を受ける内容で債務超過解消を図ることができる可能性があります。債権者も、不安定な長期間の弁済よりも、一定額を一括にて弁済を受ける方が、弁済総額が少なくなったとしても受け入れやすい場合があります。この場合、債権者にとって関心があるのは、当該企業の事業再建計画よりも一括弁済を受ける金額の合理性であることが多く、資料をもって弁済額の妥当性を説明することになります。

　スポンサー支援を受ける場合であっても、一括弁済でなく一定期間における分割弁済の場合は、しっかりとした再建策（事業計画）を立ててその実現可能性を説明し、スポンサー支援によるメリットを説明することになります。スポンサー企業次第ですが、分割弁済額について当該スポンサー企業が債権者に対して保証すればさらに債権者の理解は深まるものと思います。

　スポンサーが再生支援ファンドの場合には3年〜5年程度で支援金の償還期限が来る場合があり、当該企業にて他のスポンサー企業を探して支援金の肩代わりをしてもらうなどしないと、当該ファンドにて他の企業に当該企業への出資金（株式）が譲渡されてしまう場合がありますので、支援を受ける前に償還期限や条件について確認しておく必要があります。

2.　スポンサー支援の場合の手続選択

　スポンサーからの支援金によって一括弁済を行う場合であっても、私的整理の場合には、債務免除を受けるためには、事業をスポンサー企業又はスポンサー企業が用意した新会社に譲渡し、その譲渡対価をもって弁済する形（第二会社方式）の方が金融機関からは好まれます。

　民事再生の場合は、対象となる債権者の過半数から同意を受け、かつ、総債権額の 50 ％以上の債権者から同意を得る必要がありますが、第二会社方式ではなく、当該会社にスポンサー企業が出資又は貸付を行い、当該会社が一括金を支払った上で残債権の免除を受ける方式でまとまることも少なくありません。ただし、民事再生においては金融負債のみでなく、一般債権者も対象とすることになるため、取引先に大きな影響を与えることになり、事業活動に影響が及ぶことになります。

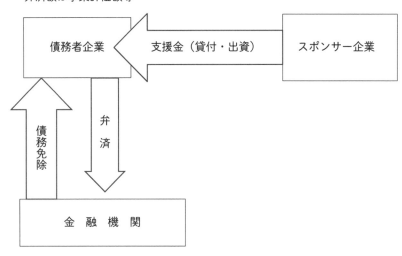

弁済額は事業評価額等

債務者企業　←　支援金（貸付・出資）　←　スポンサー企業

債務免除　／　弁済

金　融　機　関

（髙井）

Column

債務超過と経営赤字

　債務超過であるが収益は計上できている場合や、バランスシートは健全であるが、ここ数年間赤字が続いている場合など、「不健全」であったとしても企業の状況は様々です。したがって、単に債務超過であるから事業承継は無理だとか、赤字経営だから事業承継先はないという判断をするのではなく、実態を見ながら将来に向けて経営継続が可能か否か、そのためにはどうしたらよいかを見極める必要があります。

　このように状況は様々ですが、大幅な債務超過の場合には、外科的手術たる事業再生手法（倒産手続の利用）によって債務を適正状態にするとともに、事業を次の世代や、第三者に引き継ぐことを検討しなければなりません。

　自力でどこまで「健全化」できるかを見極め、自力では経営継続が困難である場合、過大負債が原因であれば金融機関交渉（私的整理）での対応となり、赤字解消ができなければ事業の優良部門を切り出す対応を検討することになります。これらの作業において、第三者にスポンサーとして資金提供をしてもらえるのか否かも重要なポイントとなります。

（髙井）

Column

事業停止の判断は早めに

　営業赤字が継続し資産超過から債務超過に転落しそうな場合など、いわゆる経営状況が不健全な場合には、いたずらな延命策はノーグッドです。

　そうちょくちょく神風は吹きませんし、債務超過になると清算のために個人資産を注入するか、あるいは債権者に免除してもらう面倒な手続が必要になるためです。

　このような場合は、分配できる財産があるうちに、早めに事業を停止し、残余財産を出資者に分配するのが良いように思います。

（植木）

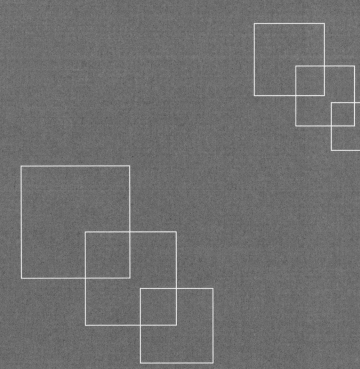

第5章

事業承継の実務
～親族に承継させるとき
①特例事業承継税制の活用

Q27 無税で株式相続又は贈与ができる方法は

　　　私が創業した事業を長男が承継してくれることになりました。

　　　特例事業承継税制を利用すると、贈与税や相続税がかからないと聞きましたが、税制の概略を教えてください。

　　特例事業承継税制を利用すると、株式に対する贈与税や相続税がかからずに事業承継が可能になるので、株式評価額が高額となる場合は検討すべき制度です。

　　しかしながら、遺産が未分割の場合は、特例事業承継税制が使えないので、あらかじめ生前贈与するか、遺言を用意しておくか、いずれかの方法で準備することが肝心です。

1. 税制の利用の仕方は

　事業承継には、親から子などへの「親族承継」、役員や従業員への「社内承継」、第三者に譲渡する「M&A」の3つの類型がありますが、このうち、「親族承継」の場合には特例事業承継税制の利用を検討すべきでしょう。その理由は、特例事業承継税制の利用によって、株式の相続や贈与に係る税金が無税にできるためですが、無償の取引でないと利用できないので、通常は

親族への贈与や相続が対象になります。言い方を変えると、役員・従業員、M&A でも無償取引であれば特例事業承継税制の対象になります。

事業承継
→ 親族承継
→ 役員・従業員承継
→ M&A

2.　その方法は

　特例事業承継税制は、無償の贈与か相続で利用できます。

　特例事業承継税制の適用要件の詳細は Q28 以降で解説しますが、贈与の場合も相続の場合も後継者が決まっていないと利用できません。

（1）　贈与の場合

　贈与の場合は、生前贈与日 = Xday を決めておいて、その日に先代経営者から後継者に対象株式を生前贈与します。贈与の際に、先代経営者から後継者に筆頭株主の地位が移転します。また、贈与前に先代経営者は代表者を退任し、後継者が代表者に就任しておきます（措法 70 の 7 の 5）。

（2）　相続の場合

　相続は事前に Xday（相続開始日）を決められないため、相続開始日に先代経営者は代表者であっても構いません。相続開始日から 5 か月以内に後継者は代表者になれば OK です。しかし、株式は相続開始日に先代経営者から後継者に筆頭株主の地位が移らなければなりません。そこで、遺言か遺産分割協議で後継者に株式が相続されるようにする必要があります（措法 70 の 7 の 6）。

　もし、遺産が未分割になるおそれがある場合は、特例事業承継税制が使えないので、あらかじめ生前贈与するか、遺言を用意しておくか、いずれかの方法で準備することが肝心です。

〈特例事業承継税制の適否〉

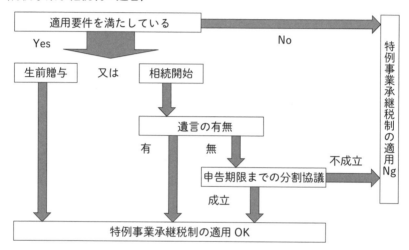

（植木）

Q28 特例事業承継税制の要件（入口要件と事後要件）

 私が創業した会社の株式を後継者である長女に生前贈与しようと思います。特例事業承継税制を利用すると、贈与税や相続税がかからないと聞きましたが、特例事業承継税制の要件を教えてください。

 特例事業承継税制は、前提として無償取引である必要があります。

また、特例事業承継税制の要件としては、適用を受ける際の「入口要件」と適用を受けた後その税が免除されるまで（あげた人の死亡等まで）の期間中遵守しなければならない「事後要件」があります。

　2018年4月に生まれ変わった特例事業承継税制は、対象株式に係る相続税又は贈与税が無税（あくまで猶予です）となる画期的な制度です。

　株式や出資が対象ですが、あらかじめ個人所有資産を会社に移管してしまえば、その資産も株式に包含される形で対象にすることができます（移管には一定の制約があります）。

　特例事業承継税制の要件としては、適用を受ける際の「入口要件」と適用を受けた後その税が免除されるまで（死亡等まで）の期間中遵守しなければならない「事後要件」によって構成されます（措法70の7の5、70の7の6）。

1.　入口要件

特例事業承継税制の適用を受けるためには、適用を受ける際に 3 つの要件、すなわち、先代経営者の要件、後継者の要件、対象会社の要件のすべてを満たす必要があります。簡単に言うと、あげる人、もらう人、その対象となる会社、の 3 要件です。

計画が可能な贈与ケースにおけるそれぞれの主な要件は下図のとおりです。

入口要件の詳細は Q29 〜 31 を参照ください。

贈与ケース　サマリー

	要件	要件の概要
入口要件	1 先代経営者	・会社の先代代表者（贈与前に退任要）で、同族関係者の中で筆頭株主（議決権ベース）であること ・他の同族関係者と合わせて議決権過半数を有すること ※　贈与者が複数の場合、先代経営者以外の贈与者による贈与は、先代経営者の贈与以後に行うこと
	2 後継者	・会社の代表者であること ・他の同族関係者と合わせて議決権過半数を有すること ・同族関係者の中で筆頭株主（議決権ベース）であること ※　後継者が複数の場合には、総議決権数の 10 ％以上の議決権数を保有し、かつ、後継者と特別な関係がある者（他の後継者を除く）の中で上位 2、3 位の議決権数を保有することとなること ・贈与の場合、3 年以上役員で、かつ、贈与の日時点で 20 歳以上であること
	3 会社	・会社及び会社の特定特別関係会社が、中小企業者で、かつ、上場会社・風俗営業に該当しないこと （※　特定特別関係会社…特別関係会社（代表者及び同族関係者が議決権の 50 ％超を保有する会社）のうち、代表者及び生計を一にする親族が議決権の 50 ％超を保有する会社） ・資産管理会社でないこと。ただし、3 年以上商品販売業等を営み、親族外従業員の数が常時 5 名以上であり、事務所等を有する場合は OK

2.　事後要件

　特例事業承継税制は、税がいきなり免除されるわけでなく、納税の猶予からスタートします。それではいつ免除されるかと言うと、先代経営者（贈与者）が死亡した時、又は後継者（受贈者）が死亡した時で、その時点で後継者が猶予されていた贈与税が免除されます（措法70の7の5⑪）。

　あくまでも納税の猶予制度ですから、猶予期間の間、守らなければならない要件、すなわち「事後要件」があり、申告期限から5年間守らなければならない要件と、5年経過後も守らなければならない要件によって構成されます。

　当然のことながら最初の5年間の方が厳しく、代表者であり続けること、株式を継続保有し続けることなどを守る必要があります。対象株式を一株でも売ると、猶予されていた贈与税の全額を納付しなければならなくなる厳しい要件です。

　5年経過後は、代表者を退任すること、株式を売却することも可能ですが、株式を売却した場合には売却分に応じた猶予税の納付をしなければなりません。なお、経営環境変化事由に該当する場合はその時点での税の再計算が認められています。

　事後要件の詳細はQ34を参照ください。

要件	要件の概要
事後要件　4　経営承継期間（申告期限翌日から5年）	・後継者は代表者であり続けること ・後継者は株式を保有し続けること ・会社の雇用を平均80％以上維持すること（満たせない理由書提出で猶予継続） ・資産管理会社に該当せず、上場会社・風俗営業会社に該当せず、売上はゼロ円超、資本金・準備金を減少せず、解散せず、種類株式（黄金株）を後継者以外の者が保有していないこと
事後要件　5　経営承継期間経過後	・株式を保有し続けること（全部又は一部）なお、経営環境変化（過去3年のうち2年以上赤字など）に該当する場合、売却・合併・解散OK ・社長退任OK、雇用維持要件不要　上場会社・風俗会社の制限なし ・資産管理会社に該当せず、売上はゼロ円超、資本金・準備金を減少せず、解散していないこと（経営環境変化ある場合解散OK）

（植木）

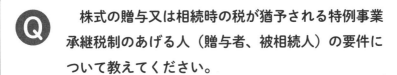

Q29 あげる人の要件を考える

Q 株式の贈与又は相続時の税が猶予される特例事業承継税制のあげる人（贈与者、被相続人）の要件について教えてください。

A あげる人（贈与者、被相続人）の要件は、代表者であったこと、同族関係者で議決権の過半数を有し、同族グループの中で筆頭株主（議決権ベース）であることを要しますが、贈与と相続では要件が少し相違します。

1. 贈与の場合

　生前贈与は計画を立てて実行することができるので、一般的に利用されます。

　要件の第一は、代表者要件です。

　贈与者は会社の先代代表者で、贈与前に代表者を退任する必要があります（措令 40 の 8 の 5 ①一ハ）。退任は代表者としての地位のみでよく、役員として会社に留まり、役員給与の支給を受けることも可能です。なお、いくら株式を有していても代表者としての経験がないと承継税制の要件は満たしません。

　要件の第二は、株式数要件です。

　贈与者は贈与の直前において、同族グループ（親族）合わせて議決権の過半数を有し、同族グループの中で筆頭株主（議決権ベース）である必要があります（措令40の8の5①一イ、ロ）。筆頭株主要件は、同族グループの中に限ったものなので、同族グループ外に筆頭株主がいても他の要件を満たす限り認められます。なお、贈与者が贈与の直前において代表権を有していない場合、代表権を有していた期間のいずれかの時及び贈与の直前において、同族グループ（親族）合わせて議決権の過半数を有している必要があります。

　また、上記原則パターンに加えて複数の株主、例えば先代経営者の妻などが有する株式の贈与も承継税制の対象となります（措令40の8の5①二）。この場合、先代経営者からの贈与（原則パターン）後、経営承継期間の末日（贈与税申告期限の翌日から5年間）までに贈与税申告書の提出期限が到来する日までに贈与しないと適用できない点に注意が必要です（措法70の7の5①）。

1　先代経営者（贈与者）の要件

Check

①	代表権保有要件	贈与者が、会社の代表権を有していたこと（贈与前に退任要）	
②	議決権保有要件1	贈与者が、贈与の直前において、（贈与直前において代表権を有していないときは、代表権を有していた期間内のいずれかの時、及び、贈与の直前において、）同族関係者と合わせて、総株主等議決権の過半数を有していること	
③	議決権保有要件2	贈与者が、上記において同族関係者（後継者を除く）の中で筆頭株主（議決権ベース）であること	
④	代表権喪失要件	贈与の時において、会社の代表権を有していないこと	

※　贈与者が複数の場合、先代経営者以外の贈与者による贈与は、先代経営者の贈与以後に行うこと

〈先代経営者の要件フローチャート〉

贈与（1回目）のケース

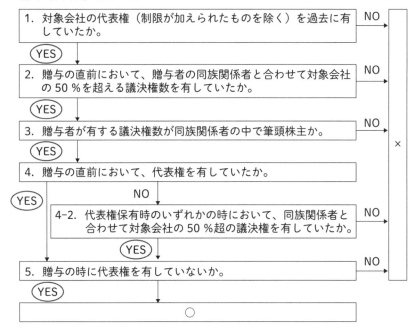

1. 対象会社の代表権（制限が加えられたものを除く）を過去に有していたか。　→ NO

　YES

2. 贈与の直前において、贈与者の同族関係者と合わせて対象会社の50％を超える議決権数を有していたか。　→ NO

　YES

3. 贈与者が有する議決権数が同族関係者の中で筆頭株主か。　→ NO

　YES

4. 贈与の直前において、代表権を有していたか。

　　　　　　　　　NO

　　4-2. 代表権保有時のいずれかの時において、同族関係者と合わせて対象会社の50％超の議決権を有していたか。　→ NO

YES　　　　　　　YES

5. 贈与の時に代表権を有していないか。　→ NO

　YES

　　　　　　　　　　　　　○

　　　　　　　　　　　　　×

2.　相続の場合

　生前贈与の場合と基本的に同じ要件構成で、要件の第一は、代表者要件です。

　被相続人は会社の代表者であればよく、相続開始日に代表者を退任する必要はありません（措令40の8の6①）。もちろん退任していてもよく、退任後役員として会社に留まり、役員給与の支給を受けていることも可能です。これは相続の場合、贈与と異なり相続開始日を計画できないため、事前の退任まで求めていないものと考えられます。

　なお、いくら株式を持っていても代表者としての経験がないと特例事業承

継税制の要件は満たさない点は、贈与と同じです。

　要件の第二は、株式数要件です。

　被相続人は相続開始の直前において、同族グループ（親族）合わせて議決権の過半数を有し、同族グループの中で筆頭株主（議決権ベース）である必要があります（措令40の8の6①一イ、ロ）。筆頭株主要件は、同族グループの中に限ったものなので、同族グループ外に筆頭株主がいても他の要件を満たす限り認められます。なお、被相続人が相続開始の直前において代表権を有していない場合、代表権を有していた期間のいずれかの時及び相続開始の直前において、同族グループ（親族）合わせて議決権の過半数を有している必要があります。

　また、上記原則パターンに加えて複数の株主、例えば被相続人の妻などが有する株式も承継税制の対象となります（措令40の8の6①二）。この場合、被相続人からの相続（原則パターン）後、経営承継期間の末日（相続税申告期限の翌日から5年間）までに相続税申告書の提出期限が到来する日までに相続しないと適用できない点に注意が必要です（措法70の7の6①）。

1　先代経営者（被相続人）の要件

Check

①	代表権保有要件	先代経営者が、生前のいずれかの時点で、会社の代表権を有していたこと （相続直前、代表である必要なし）	
②	議決権保有要件1	先代経営者が、相続開始の直前において、代表権を有している場合 （相続開始直前において代表権を有していないときは、代表権を有していた期間内のいずれかの時、及び、相続開始直前において、） 同族関係者と合わせて、総株主等議決権の過半数を有していること	
③	議決権保有要件2	先代経営者が、上記において同族関係者（後継者を除く）の中で筆頭株主（議決権ベース）であること	

〈先代経営者の要件フローチャート〉

相続・遺贈（1回目）のケース

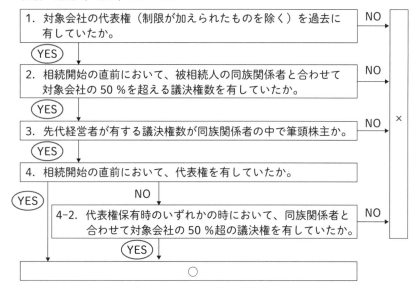

（植木）

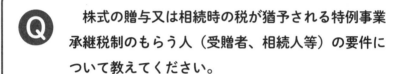

 　　株式の贈与又は相続時の税が猶予される特例事業承継税制のもらう人（受贈者、相続人等）の要件について教えてください。

　　もらう人（受贈者、相続人等）の要件は、代表者であること、同族関係者で議決権の過半数を有し、同族グループの中で筆頭株主（議決権ベース）であることを要しますが、贈与と相続では要件が少し相違します。

1. 贈与の場合

　生前贈与は計画を立てて実行することができるので、一般的に利用されます。

　要件の第一は、代表者要件です（措法 70 の 7 の 5 ②六イ、ロ）。

　受贈者は贈与時に会社の代表者である必要があります。また、贈与の日まで引き続き 3 年以上役員（取締役、監査役、会計参与でも可）で、かつ 20 歳以上（2022 年 4 月 1 日以降の贈与は 18 歳以上）であることが必要です。

　要件の第二は、株式数要件です（措法 70 の 7 の 5 ②六ハ）。

　受贈者は贈与日において、同族グループ（親族）合わせて議決権の過半数を有し、同族グループの中で筆頭株主（議決権ベース）である必要がありま

す。筆頭株主要件は、同族グループの中に限ったものなので、同族グループ外に筆頭株主がいても他の要件を満たす限り認められます。

　また、贈与の場合に限り、取得する株式の数及び議決権の数に係る要件もありますので、受贈者が1人の場合と複数の場合に分けて解説します（措法70の7の5②六ニ）。

イ．受贈者が1人の場合

　　受贈者と特別な関係がある者の中で最も多くの議決権数を取得する必要があります。また、以下の株式数を取得する必要があります。

　(1) a ≧ b × 2/3 － c の場合…「b × 2/3 － c」以上の株数

　(2) (1)以外の場合…「a」の全ての株数（一括贈与）

　　a：贈与の直前において先代経営者等が有していた会社の非上場株式等の数

　　b：贈与の直前の会社の発行済株式等（議決権に制限がないものに限る）の総数

　　c：受贈者が贈与の直前において有していた会社の非上場株式等の数

ロ．受贈者が複数の場合

　　総議決権数の10％以上の議決権数を保有し、かつ、受贈者と特別な関係がある者（他の受贈者を除く）の中で最も多くの議決権数を保有する必要があります。また、以下の全ての要件を満たす必要があります。

　(1) d ≧ b × 1/10

　(2) d ＞ 贈与後における先代経営者等の有する会社の非上場株式等の数

　　b：贈与の直前の会社の発行済株式等（議決権に制限がないものに限る）の総数

　　d：贈与後における受贈者の有する会社の非上場株式等の数

　その他、後継者が従前の事業承継税制の適用を受けていないこと、及び中小企業における経営の承継の円滑化に関する法律（以下、「円滑化法」という）の確認を受けた特例後継者であることが必要です。

　なお、特例事業承継税制では、受贈者は最大 3 名まで認められることになった（議決権 10 ％以上で上位者がいない者）（措法 70 の 7 の 5 ②六）ので、実際に使うかどうかは別ですが、対象会社について集団指導体制の設計も可能となりました。

2　後継者（経営承継受贈者）の要件

Check

①	1 人又は複数要件	後継者である受贈者は、1 つの会社につき、1 人であること ⇒ 2018 年改正後は、上位 3 名まで OK（同族関係者で 50 ％超、議決権 10 ％以上の者に限る）	
②	代表権保有要件	贈与時において、会社の代表権を有していること	
③	議決権保有要件 1	贈与時において、同族関係者と合わせて、総株主等議決権数の過半数の議決権を有していること	
④	議決権保有要件 2	贈与時において、同族関係者の中で筆頭株主（議決権ベース）であること	
⑤	株式等保有要件	贈与時から贈与税の申告書の提出期限まで、引き続き当該株式等の全部を有していること	
⑥	役員要件	経営承継受贈者が、贈与の日まで引き続き 3 年以上にわたり 会社の役員（役員であれば同一の地位でなくても良い）の地位を継続して有していること	
⑦	年齢要件	贈与時において、20 歳以上であること ※ 2022 年 4 月 1 日以降の贈与は 18 歳以上	

〈後継者の要件フローチャート〉

贈与（後継者1名）のケース

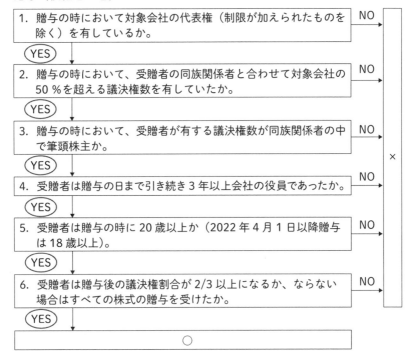

1. 贈与の時において対象会社の代表権（制限が加えられたものを除く）を有しているか。　NO

YES

2. 贈与の時において、受贈者の同族関係者と合わせて対象会社の50％を超える議決権数を有していたか。　NO

YES

3. 贈与の時において、受贈者が有する議決権数が同族関係者の中で筆頭株主か。　NO

YES

4. 受贈者は贈与の日まで引き続き3年以上会社の役員であったか。　NO

YES

5. 受贈者は贈与の時に20歳以上か（2022年4月1日以降贈与は18歳以上）。　NO

YES

6. 受贈者は贈与後の議決権割合が2/3以上になるか、ならない場合はすべての株式の贈与を受けたか。　NO

×

YES

○

2. 相続の場合

　贈与の場合と基本的に同じ要件構成で、要件の第一は、代表者要件です（措法70の7の6②七イ）。

　相続人等（以下、受遺者含む）は相続開始日の翌日から5か月以内に会社の代表者である必要があります。贈与のように前3年以上役員要件はありませんが、先代経営者が60歳未満で死亡した場合を除き相続開始の直前において役員であることが必要です。

　要件の第二は、株式数要件です（措法70の7の6②七ロ、ハ）。

　相続人等は相続開始時において、同族グループ（親族）合わせて議決権の過半数を有し、同族グループの中で筆頭株主（議決権ベース）である必要があります。筆頭株主要件は、同族グループの中に限ったものなので、同族グループ外に筆頭株主がいても他の要件を満たす限り認められます。

　取得する株式の数及び議決権の数の要件は、贈与と異なり相続の場合は縛りがありません。

　その他、後継者が従前の事業承継税制の適用を受けていないこと、及び円滑化法の確認を受けた特例後継者であることが必要です。

　また、相続人等は最大3名まで認められることになった（議決権10％以上で上位者がいない者）点は贈与と同じです（措法70の7の6②七、八）。

2　後継者（経営承継相続人等）の要件

Check

①	1人又は複数要件	後継者である相続人等は、1つの会社につき、1人であること ⇒ 2018年改正後は、上位3名までOK（同族関係者で50％超、議決権10％以上の者に限る）	
②	代表権保有要件	相続開始の日の翌日から5か月を経過する日において、会社の代表権を有していること	
③	議決権保有要件1	相続開始時において、同族関係者と合わせて、総株主等議決権数の過半数の議決権を有していること	
④	議決権保有要件2	相続開始の時において、同族関係者の中で筆頭株主（議決権ベース）であること	
⑤	株式等保有要件	先代経営者の相続開始の日から相続税の申告書の提出期限まで、引き続き当該株式等の全部を有していること	
⑥	役員要件	相続開始の直前において、会社の役員であること （先代経営者が60歳未満で死亡した場合は、この限りでない）	
⑦	年齢要件	なし	

〈後継者の要件フローチャート〉

相続（後継者1名）のケース

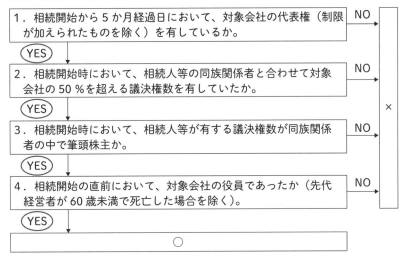

（植木）

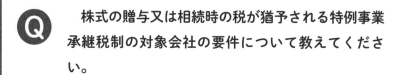

Q31　会社の要件を考える

Q 株式の贈与又は相続時の税が猶予される特例事業承継税制の対象会社の要件について教えてください。

....

A 対象会社の要件としては、中小企業者で、上場会社・風俗営業会社に該当せず、主たる事業の売上高がゼロ円超で、常時使用する従業員（社保加入）が1名以上おり、黄金株を後継者以外のものが所有せず、資産管理会社に該当しないことが必要です。

特例事業承継税制の対象会社の要件は、相続でも贈与でも同じです。

要件1（措法70の7の5②一、二、70の7の6②一、二）

　要件の第一は、会社自身が、中小企業者であることです。中小企業者は業種ごとに資本金と従業者数で決まります。該当要件は以下の表のとおりで、業種ごとに資本金要件か従業員数要件のいずれかを満たせば中小企業者となりますが、端的に言えば、どのような業種であっても資本金が5,000万円以下であれば中小企業者に該当します。

〈特例事業承継税制の対象となる中小企業〉

いずれかを満たせば OK

業種	資本金 ⟷	従業員数
製造業その他	3 億円以下	300 人以下
卸売業	1 億円以下	100 人以下
小売業	5,000 万円以下	50 人以下
サービス業	5,000 万円以下	100 人以下
ゴム製品製造業	3 億円以下	900 人以下
ソフトウエア業又は情報処理サービス業	3 億円以下	300 人以下
旅館業	5,000 万円以下	200 人以下

適用対象となる会社は、株式会社、特例有限会社、合同会社、合資会社、合名会社等。
医療法人、社会福祉法人等は対象外

要件2（措法70の7の5②一ハ二、70の7の6②一ハ二）

　要件の第二は、上場会社・風俗営業を行う会社に該当しないことです。上場会社が除かれた理由は、株式市場での資金調達が可能であり、納税猶予制度の趣旨とはなじまないためと考えられます。また、風俗営業を行う会社は社会政策的な見地から適用範囲から除かれています。

　この要件は、対象会社の特定特別関係会社も同様に守らなければなりません。特定特別関係会社とは、特別関係会社（代表者及び同族関係者が議決権の50％超を保有する会社）のうち、代表者及び生計を一にする親族が議決権の50％超を保有する会社のことをいいます。したがって、経営者が議決権の過半数を有する上場会社や風俗営業会社を有している場合は、他の要件を満たす会社についても適用が認められません。

要件3（措法70の7の5②一ヘ、70の7の6②一ヘ）

　要件の第三は、円滑な事業運営要件で、直前事業年度の主たる事業の売上がゼロ円超であること、常時使用する従業員（社保加入）が1名以上いること、黄金株を後継者以外のものが有していないことです。前2要件は事業を普通に営んでいれば問題なさそうですが、純粋持株会社や不動産所有会社は親族役員だけの場合もあるので、そのままでは要件を満たせません。黄金株は、事業承継税制が後継者への経営権の委譲を前提とした制度なので、後継者以外の者が拒否権株式である黄金株を所有することは認めておりませんが、種類株式すべてを否定しているわけでもありません。

要件4（円規20③）

　要件の第四は、雇用維持要件ですが、仮に抵触したとしても、「認定経営革新等支援機関の所見」が記載された報告書を都道府県知事に提出することで足りるため、あまり心配する必要はないように思います。

要件5（措法70の7の5②一ロ、70の7の6②一ロ）

　最後に、資産管理会社要件は、一番気を付ける必要がある要件です。

　資産管理会社、すなわち、資産保有型会社や資産運用型会社に該当する場合は特例事業承継税制の対象外となります。資産保有型会社とは、一定の有価証券、自ら使用していない不動産、現金預金等、これら資産を特定資産といい、特定資産の保有割合が総資産簿価の70％以上の会社をいいます。資産運用型会社は特定資産の運用収入、例えば特定資産の賃料収入や譲渡収入などの総収入に占める割合が75％以上の会社をいいます。このような会社はある意味で事業を営んでいるとはいえないため対象外とされていますが、

詳細は Q32 を参照ください。

〈贈与ケース〉

3　認定対象となる会社の要件

贈与時において、
ただし③は直前事業年度開始日以降継続して、
④は直前事業年度以降継続して

Check

①	中小企業者要件	当該会社が、中小企業者に該当すること	
②	非上場株式等要件	当該会社及び特定特別関係会社（代表＋生計一親族等が議決権 50 ％超所有）が、上場会社等又は風俗営業会社に該当しないこと	
③	資産管理会社非該当要件 1	※ 1）資産保有型会社に該当しないこと	
④	資産管理会社非該当要件 2	※ 2）資産運用型会社に該当しないこと	
⑤	円滑な事業運営要件 1	・直前の事業年度における主たる事業活動からの収入金額（営業外収益及び特別利益を除く）がゼロ円を超えること ・常時使用する従業員の数が 1 人以上いること	
⑥	円滑な事業運営要件 2	会社が拒否権付種類株式（黄金株）を発行している場合で、その株式を経営承継相続人等以外の者が有していないこと	
⑦	雇用維持要件	定められた基準日において、贈与時における常時使用する従業員の数の 80 ％以上を維持していること ⇒満たせない理由書提出で猶予継続	

※ 1　有価証券、自ら使用していない不動産、現預金等の特定の資産の保有割合が、B/S 上に計上されている帳簿価額の総額の 70 ％以上の会社（一日でも満たすと、該当することになります）

※ 2　上記の特定の資産からの運用収入が、総収入金額の 75 ％以上の会社

〈相続ケース〉

3　認定対象となる会社の要件

相続開始日において、
ただし③は直前事業年度開始日以降継続して、
④は直前事業年度以降継続して

Check

①	中小企業者要件	当該会社が、中小企業者に該当すること	
②	非上場株式等要件	当該会社及び特定特別関係会社（代表＋生計一親族等が議決権50％超所有）が、上場会社等又は風俗営業会社に該当しないこと	
③	資産管理会社非該当要件1	※1）資産保有型会社に該当しないこと	
④	資産管理会社非該当要件2	※2）資産運用型会社に該当しないこと	
⑤	円滑な事業運営要件1	・直前の事業年度における主たる事業活動からの収入金額（営業外収益及び特別利益を除く）がゼロ円を超えること ・常時使用する従業員の数が1人以上いること	
⑥	円滑な事業運営要件2	会社が拒否権付種類株式（黄金株）を発行している場合で、その株式を経営承継相続人等以外の者が有していないこと	
⑦	雇用維持要件	定められた基準日において、相続開始の時における常時使用する従業員の数の80％以上を維持していること ⇒満たせない理由書提出で猶予継続	

※1　有価証券、自ら使用していない不動産、現預金等の特定の資産の保有割合が、B/S上に計上されている帳簿価額の総額の70％以上の会社（一日でも満たすと、該当することになります）
※2　上記の特定の資産からの運用収入が、総収入金額の75％以上の会社

（植木）

Q32 資産管理会社に気を付ける

Q 特例事業承継税制は、資産管理会社が適用対象外とされていますが、特定資産が多い不動産所有会社、不動産賃貸会社、純粋持株会社は適用対象外なのでしょうか、資産管理会社の要件について教えてください。

A 特例事業承継税制は、資産管理会社を適用対象外としております。

しかしながら、不動産所有会社、不動産賃貸会社、純粋持株会社だからすべて対象外というわけではありません。

資産管理会社に該当するか否かは、それぞれの対象会社について「資産保有型会社」「資産運用型会社」に該当するか、しないかで判定し、該当せずに他の要件を満たす場合は特例事業承継税制の適用が認められます。

「資産管理会社」は、業種によっては、特例事業承継税制を受けるための最も高いハードルとなっています。

特例事業承継税制は、「資産管理会社」を適用対象としていないので、不動産所有会社や不動産賃貸会社、純粋持株会社は適用対象外のように思われています。実際、これらの業種は資産管理会社に該当する例が多いと思いま

す。しかしながら、特定資産の総資産に占める割合が 70 ％に満たない場合（原則判定）や生計一親族外の従業員が常時 5 名以上いる会社（例外判定）は、「資産管理会社」に該当しないケースがあります。

　本 Q では、資産管理会社の原則要件について解説し、Q33 において例外要件を解説します。

　「資産管理会社」には、「資産保有型会社」「資産運用型会社」の 2 類型がありますが、いずれかに該当すると、特例事業承継税制の適用対象になりません（措法 70 の 7 の 5 ②一ロ、70 の 7 の 6 ②一ロ）。

1.　資産保有型会社

　「資産保有型会社」は、有価証券、自ら使用していない不動産、現預金等の特定の資産の保有割合が、貸借対照表上に計上されている帳簿価額の総額の 70 ％以上の会社のことです。なお、現預金が特定資産に当たるため、配当の支払や過大役員給与の支給により分数式の分子の額を低下させる対策が想定されます。このような潜脱行為を防止するため、過去 5 年内の同族関係者への配当額、過大役員給与がある場合には、70 ％以上か否かを計算する分数式の分母分子両方に加算することとされています（措法 70 の 7 の 5 ②三、70 の 7 の 6 ②三）。

$$\frac{特定資産簿価}{総資産簿価} \geqq 70 \%$$

※過去 5 年間の同族関係者への配当、過大役員給与等を分母分子に加算

　なお、事業活動上の借入や事業用資産の譲渡等やむを得ない事由によって特定資産割合が 70 ％以上となった場合、やむを得ない事由が生じた日以後 6 か月を経過する日までの期間は、資産保有型会社に該当しないものとみなされます（措令 40 の 8 ⑲）。

2. 特定資産とは

　資産の種類ごとに特定資産に該当するか下図でみてみます（措規23の12の2⑦）。

　不動産は、図中①（以下、本Qにおいて○数値は図中の番号を意味する）自己利用している本社や工場は特定資産非該当です。②賃貸不動産や販売用不動産、遊休不動産は該当します。社宅は従業員社宅は非該当ですが、役員社宅は該当します。なお、併用の場合は面積按分します。

　債権は、①代表者や同族関係者に対する債権は該当しますが、②第三者に対する債権は非該当です。

　現金預金は該当とされます。

　有価証券は、④その他＝上場株式や社債は、現金預金と同種なので該当します。特別子会社（会社・代表者・同族関係者が議決権の50％超を所有する会社をいいます）株式は、当該子会社が②資産保有型会社又は③資産運用型会社に当たると特定資産になりますが、そうでない場合は①として非該当です。

　違う言い方をすると、第三者に対する売掛金、在庫、自ら利用している固定資産など、事業を営んでいれば普通に発生する資産が総資産の30％超あれば、資産保有型会社に当たらないことになります。

　したがって、現状で資産保有型会社に該当する場合の対策としては、事業規模を拡大して、売掛金、在庫、自ら利用する固定資産などの特定資産以外の資産を増やすことかと思います。

〈B/S でみる特定資産か否かの区分〉

貸借対照表 B/S

科目	区分	特定資産＝●
現預金		●
売掛金	①　代表者、同族関係者に対するもの	●
	②　①以外	×
貸付金等債権	①　代表者、同族関係者に対するもの	●
	②　①以外	×
棚卸資産		×
有価証券	①　特別子会社　　　②③以外（注 1）	×
	②　資産保有型特別子会社　70 ％以上	●
	③　資産運用型特別子会社　75 ％以上	●
	④　その他　　　①②③以外	●
不動産	①　現に自ら使用（事務所、工場、店舗、従業員社宅等）	×
	②　①以外（賃貸用・販売用・遊休不動産、役員社宅等）	●
減価償却資産	上記不動産以外	×
その他	ゴルフ場利用権（事業用除く）	●
	絵画、彫刻、工芸品その他有形文化的所産である動産、貴金属、宝石（事業用除く）	●
資産合計		

（注 1）　特別子会社とは、会社・代表者・同族関係者が議決権の 50 ％超を所有する会社をいいます。

3. 資産運用型会社

　「資産運用型会社」は、上記の特定資産からの運用収入が、総収入金額の75％以上の会社のことです。特定資産である不動産の貸付収入や特定資産に該当する株式の配当収入のほか、利息収入、売却収入も分子に加算されます（措法70の7の5②四、70の7の6②四）。総収入は、会計基準等に準拠して作成された損益計算書から計算しますが、売却益などが純額の場合は総額に修正します。

　また、特定資産を減らそうとして、特定資産を事業譲渡又は会社分割で外出しした場合も分子に加算されるので、再編時には注意が必要です。

〈資産運用型会社の判定〉

$$\frac{\text{特定資産の運用収入}}{\text{総収入}} \geqq 75\,\%$$

　なお、事業活動のために特定資産を譲渡したこと等やむを得ない事由によって特定収入割合が75％以上となった場合、やむを得ない事由が生じた日の属する事業年度から当該事業年度終了の日の翌日以後6か月を経過する日の属する事業年度終了の日までの各事業年度は、資産運用型会社に該当しないものとみなされます（措令40の8㉒）。

4. 判定

　資産保有型会社に該当するか否か、資産運用型会社に該当するか否かは、下図の判定表で簡単にチェックできます。

〈資産保有型会社の判定〉

貸借対照表 B/S　　　　　　　　　　　　　　（単位：円）

科目	区分	特定資産=●	B/S 金額	うち、特定資産金額
現預金		●	＊＊＊	＊＊＊
売掛金	①　代表者、同族関係者に対するもの	●	＊＊＊	＊＊＊
	②　①以外	×	＊＊＊	
貸付金等債権	①　代表者、同族関係者に対するもの	●	＊＊＊	＊＊＊
	②　①以外	×	＊＊＊	
棚卸資産		×	＊＊＊	
有価証券	①　特別子会社　②③以外（注1）	×	＊＊＊	
	②　資産保有型特別子会社 70％以上	●	＊＊＊	＊＊＊
	③　資産運用型特別子会社 75％以上	●	＊＊＊	＊＊＊
	④　その他　①②③以外	●	＊＊＊	＊＊＊
不動産	①　現に自ら使用（事務所、工場、店舗、従業員社宅等）	×	＊＊＊	
	②　①以外（賃貸用・販売用・遊休不動産、役員社宅等）	●	＊＊＊	＊＊＊
減価償却資産	上記不動産以外	×	＊＊＊	
その他	ゴルフ場利用権（事業用除く）	●	＊＊＊	＊＊＊
	絵画、彫刻、工芸品その他有形文化的所産である動産、貴金属、宝石（事業用除く）	●	＊＊＊	＊＊＊
資産合計			＊＊＊＊	＊＊＊＊

（注1）　特別子会社とは、会社・代表者・同族関係者が　　　a　　　b
　　　　議決権の50％超を所有する会社をいいます。

〈資産保有型会社の判定〉

$$\frac{b\ 特定資産簿価}{a\ 総資産簿価} \geqq 70\%$$

※過去5年間の同族関係者への配当、過大役員給与等を分母分子に加算

(注) 判定日は、B/S ということもあって前事業年度開始日です。

〈資産運用型会社の判定〉

損益計算書 P/L　　　　　　　　　　　　　　　　　　　　（単位：円）

種類	区分	特定運用収入＝●	P/L 金額	うち、特定運用収入
売上高	① 特定資産の運用収入（注2、3）	●	＊＊＊	＊＊＊
	② ①以外	×	＊＊＊	
営業外収益	① 特定資産の運用収入（注2、3）	●	＊＊＊	＊＊＊
	② ①以外	×	＊＊＊	
特別利益	① 特定資産の運用収入（注2、3）	●	＊＊＊	＊＊＊
	② ①以外	×	＊＊＊	
総収入			＊＊＊＊	＊＊＊＊

(注2) 差額の利益でなく収入総額で判定します。　　　　c　　　　d

(注3) 特定資産の運用収入は、特定資産に係る配当収入、利息収入、家賃収入、譲渡収入をいいます。

〈資産運用型会社の判定〉

$$\frac{d\ 特定資産の運用収入}{c\ 総収入} \geqq 75\%$$

c、d ともに総額です

(注) 判定時期は、P/L ということもあって前事業年度です。

（植木）

Q33 資産管理会社の例外要件

Q 　特例事業承継税制は、資産管理会社が適用対象外とされていますが、従業員を5名以上雇用しているような場合は例外的に認められるような話を聞きました。資産管理会社の例外要件について教えてください。

A 　特例事業承継税制は、資産管理会社を適用対象外としております。
　資産管理会社に該当するか否かは、「原則要件」に加えて「例外要件」でも判定することが認められています。

　特例事業承継税制は、原則要件（Q32参照）に加えて、外部従業員が常時5名以上いるなどの要件を満たす会社（例外要件）は、「資産管理会社」に該当しないので、特例事業承継税制の適用対象になります。
　本Qでは、「例外要件」について解説します。

1.　例外要件

　「資産管理会社」の判定には、以下の例外があります（措令40の8の5⑤、40の8の6⑥）。

　すなわち、贈与の時又は相続開始の時（下記イ要件はその日まで３年以上）（以下、「贈与日等」という）において、下記イ〜ハのいずれにも該当する場合には、「資産管理会社」に当たらないとされています。原則要件を満たさない場合でも例外要件で救えるケースがあるわけです。

〈資産管理会社の例外要件〉

イ	相続開始の日（又は贈与の日）まで引き続き３年以上にわたり商品販売等（商品の販売、資産の貸付け（同族関係者に対する貸付けを除く）又は役務の提供で、継続して対価を得て行われる業務を行っていること。その商品の開発・生産、役務の開発を含む（措規23の12の2④、23の12の3⑤）。
ロ	相続開始の時（又は贈与の時）において、常時使用従業員数（経営承継相続人又は経営承継受贈者及びこれらの者と生計を一にする親族を除く）が５人以上であること
ハ	相続開始の時（又は贈与の時）において、ロの従業員が勤務している事務所、店舗、工場その他これに類するものを所有し、又は賃借していること

2.　例外要件の留意点

　不動産所有会社、不動産賃貸会社、純粋持株会社のように、資産管理会社になりやすい会社で原則要件を満たさない場合でも、外部従業員を５人以上雇用している場合は特例事業承継税制の適用対象になる可能性があります。

　例外要件共通の留意としては、例外要件は常時満たす必要があるので、納税が免除されるまでの間、要件違反にならないように注意が必要です。また、イ、ロ要件の留意点は以下のとおりです。

イ関係

　相続開始の日（又は贈与の日）まで引き続き３年以上にわたり商品販売等の業務を行っていることが要件です。

　新規に創業したり、組織再編成で新たに事業を開始した場合には、３年を

経ないと要件を満たさないので、注意が必要です。

ロ関係

・従業員は、後継者及び生計一親族以外のいわゆる外部従業員であること

・従業員は、社会保険に加入していること（パート、バイトで社保未加入の場合は対象外）

・従業員が 5 人未満になると事後要件に抵触するため、急な退職等を想定し人員に余裕を持たせること

3.　例外要件の利用例

(1)　不動産所有会社、不動産賃貸会社の例

　不動産所有会社や不動産賃貸会社は、自ら使用していない棚卸不動産や賃貸不動産を所有する例が多く、当該資産は特定資産に該当するので、資産保有型会社（総資産簿価に占める特定資産簿価の割合が 70 ％以上の会社）、又は資産運用型会社（総収入に占める特定資産の運用収入の割合が 75 ％以上の会社）になりやすいと思います。

　このような場合、所有不動産の金額が大きいので 70 ％又は 75 ％の原則要件（割合要件）をクリアするのは大変です。グループ内に 5 名以上の外部従業員を雇用する事業会社がある場合には合併により吸収することで例外要件を満たすことが可能となります。グループ内に適当な事業会社がない場合には飲食店事業などを兼業するという対応もあります。

(2)　純粋持株会社の例

　純粋持株会社の子会社が事業を営んでいれば、その子会社株式は特定資産に該当しないので純粋持株会社でも資産保有型会社には該当しない場合があります。他方、純粋持株会社に不動産賃貸収入などの特定収入がある場合は

資産運用型会社に該当しやすいと言えます。

　このような場合の対策としては、子会社と合併するか、又は一部事業の譲受けを受けるなどして事業持株会社になることで、原則要件又は例外要件を満たすことが可能な場合があります。

〈子会社を合併し、資産管理会社非該当に〉

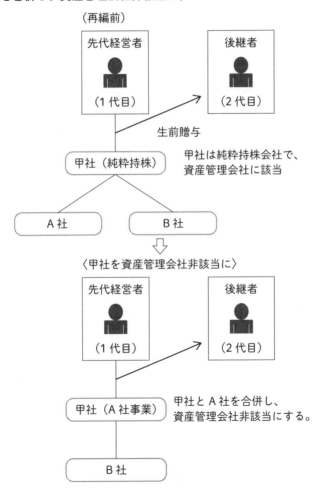

（植木）

Q34　事後要件を考える

　特例事業承継税制は、手続の最初だけでなく、その後も対象株式を所有し続けるなどの要件を守る必要があると聞きました。

　手続開始後も守らなければならない要件について、教えてください。

　いわゆる事後要件としては、申告期限から5年間守らなければならない要件と、5年経過後も守らなければならない要件があります。

　また、事後要件対策として、相続時精算課税を選択する方法があります。

　事後要件とは、特例事業承継税制の適用開始後に遵守すべき要件です。

　事後要件がある理由は、特例事業承継税制が納税猶予規定だからです。猶予された税について免除を受けるまでは、事後要件を満たす必要があります。

　「事後要件」は、申告期限から5年間守らなければならない要件と、5年経過後も守らなければならない要件によって構成されます（措法70の7の5③、70の7の6③）。

1.　5年間順守すべき要件

　まずは、納税猶予の適用に係る申告書提出期限の翌日から5年間、すなわち経営承継期間（5年間）中、遵守すべき要件です。

　当然のことながら最初の5年間は厳しく、後継者は代表権を保持し、承継した株式の保有を継続し続ける必要があります。対象株式を1株でも売ると、猶予されていた税の全額を納付しなければならなくなる厳しい要件です。

　その他、上場会社・風俗営業を行う会社でないこと、資産管理会社でないことの要件を守り続ける必要があります。

　また、都道府県への報告及び税務署への届出が毎年必要となります（措法70の7の5②九イ、70の7の6②九イ）。

2.　5年経過後の要件

　次に、経営承継期間（5年間）を経過した後ですが、要件は経営承継期間（5年間）よりもだいぶ緩和されます。

　5年経過後は、株式の保有は引き続き必要ですが、代表者要件が不要となりますし、株式を売却した場合でも、売却分に応じた猶予税の納付をすれば足り、残余は猶予継続できます。

　また、経営環境変化事由に該当する場合はその時点での納付税額の再計算が認められており、これは大変ありがたい措置です。従前は、事業承継税制を利用した時点よりも業績が悪化していたとしても、株式を売却した際には猶予されていた税の納税が必要でした。この点が改正され、下記のような経営環境悪化事由が生じたときは、税の再計算を認めるというものです（措法70の7の5⑫、70の7の6⑬）。

No.	経営環境の悪化事由
①	過去3年間のうち2年以上赤字
②	過去3年間のうち2年以上売上減の場合
③	有利子負債が6か月分の売上以上となっている場合
④	類似業種の上場企業の株価が前年の平均株価を下回る場合
⑤	心身の故障等により後継者による事業の継続が困難な場合（譲渡・合併のみ）

　すなわち、経営承継期間（5年間）を経過した後、株式の譲渡、合併、解散した場合に経営環境の悪化等の事由があれば、納付税額の再計算が認められます。税額の再計算は解散時の相続税評価額又は実際の譲渡価格（譲渡時の相続税評価額の50％に相当する金額が下限となります）を基に行われますが、再計算した税額と直前配当等の金額との合計額が当初の納税猶予額を下回る場合には、その差額は免除されます（再計算した税額は納付します）。

　その他の要件としては、資産管理会社でないことは必要ですが、上場会社・風俗営業を行う会社でないことの制限がなくなります。

　また、税務署への届出は3年に1回で済み、都道府県への報告は不要となります（措法70の7の5②九ロ、70の7の6②九ロ）。

〈贈与ケース〉

<table>
<tr>
<td rowspan="2">事後要件</td>
<td>4
（申告期限翌日から5年）
経営承継期間</td>
<td>
・後継者は代表者であり続けること
・後継者は株式を保有し続けること
・会社の雇用を平均80％以上維持すること（満たせない場合は理由書提出で猶予継続）
・資産管理会社に該当せず、上場会社・風俗営業会社に該当せず、売上はゼロ円超、資本金・準備金を減少せず、解散せず、種類株式（黄金株）を後継者以外の者が保有していないこと
</td>
</tr>
<tr>
<td>5
経営承継期間経過後</td>
<td>
・株式を保有し続けること（全部又は一部）なお、経営環境変化（過去3年のうち2年以上赤字など）に該当する場合、売却・合併・解散OK
・社長退任OK、雇用維持要件不要　上場会社・風俗会社の制限なし
・資産管理会社に該当せず、売上はゼロ円超、資本金・準備金を減少せず、解散していないこと（経営環境変化ある場合解散OK）
</td>
</tr>
</table>

〈相続ケース〉

<table>
<tr>
<td rowspan="2">事後要件</td>
<td>4
（申告期限翌日から5年）
経営承継期間</td>
<td>
・後継者は代表者であり続けること
・後継者は株式を保有し続けること
・会社の雇用を平均80％以上維持すること（満たせない理由書提出で猶予継続）
・資産管理会社に該当せず、上場会社・風俗営業会社に該当せず、売上はゼロ円超、資本金・準備金を減少せず、解散せず、種類株式（黄金株）を後継者以外の者が保有していないこと
</td>
</tr>
<tr>
<td>5
経営承継期間経過後</td>
<td>
・株式を保有し続けること（全部又は一部）なお、経営環境変化（過去3年のうち2年以上赤字など）に該当する場合、売却・合併・解散OK
・社長退任OK、雇用維持要件不要　上場会社・風俗会社の制限なし
・資産管理会社に該当せず、売上はゼロ円超、資本金・準備金を減少せず、解散していないこと（経営環境変化ある場合解散OK）
</td>
</tr>
</table>

3.　相続時精算課税

　相続時精算課税は、その名のとおり、生前贈与時には非課税としておき（贈与財産が 2,500 万円を超えるときは、超える部分 20 ％課税）相続時に生前贈与財産も含めて相続税を計算する方法です（詳細は Q57 参照）。

　相続時精算課税を用いると、生前贈与時に特例事業承継税制を利用し、その後事後要件に該当した場合でも、2,500 万円までは課税されず、超える部分について 20 ％の贈与税で済みます。贈与税は最大 55 ％の税率が適用されるので、事後要件リスクを大幅に軽減することができます。

（植木）

Q35 特例事業承継税制の手続の流れ

Q 特例事業承継税制の要件はおおむね理解できたのですが、手続の流れと適用要件がどう関係するのかがよくわかりません。手続の流れと適用要件について教えてください。

A 特例事業承継税制を利用する場合、事業承継計画の提出がスタートです。利用開始時に入口要件、その後死亡等によって猶予されていた税の免除を受けるまで事後要件を遵守する必要があります。特例事業承継税制は 2027 年 12 月 31 日までの贈与又は相続で利用可能です。

　時系列で特例事業承継税制の流れを見ていきます。

　特例事業承継税制は贈与、相続どちらでも利用できますが、計画可能か否かで優劣をつけると贈与に理があると思います。

1. 贈与ケース

(1) 特例承継計画の作成

　特例事業承継税制を利用する場合、まず特例承継計画を作成します。

　特例承継計画は会社が認定経営革新等支援機関の指導・助言を受けて作成

し、通常は贈与前に都道府県に提出します。しかし、特例承継計画の提出期限は、2023年3月31日までとなっており（円規8②）、贈与に係る認定申請書の提出時（贈与日の翌年の1月15日まで（円規7⑥）でも認められます。

(2)　生前贈与

　次に、生前贈与の実行へと進みますが、贈与者は贈与時において代表者を退任し、後継者（2代目）は代表者に就任していること、その他Q28の入口要件を満たしていることが求められます（措法70の7の5）。つまり、経営者（1代目）から後継者（2代目）に代表交代を行った上で、株式を後継者に生前贈与します。

　複数の株式保有者（例えば、先代経営者の妻）から贈与を行う場合には、この贈与に引き続き、贈与を行います。

(3)　認定申請と贈与税申告

　贈与後に、対象会社は期限内（贈与日の翌年1月15日）に都道府県の担当部局に必要書類をそろえて認定申請を行い（円規7⑥）、この認定書の写しとともに、後継者（2代目）の贈与税の申告期限内（贈与翌年3月15日）に税務署へ贈与税の申告を行います。申告時に、猶予税額とこれに対する利子税に相当する担保の提供を行うと、後継者の贈与税は100％猶予されることとなります（措法70の7の5①）。

(4)　経営承継期間

　贈与税の申告期限の翌日から5年間は要件の厳しい経営承継期間です。この間、後継者（2代目）は代表者であり続け、対象となった株式は保有し続けること、その他Q34の事後要件を満たす必要があります（措法70の7の5③）。経営承継期間中（5年間）は、都道府県への報告（年次報告）は毎年申告期限応当日の翌日から3か月以内に、税務署への届出書は5か月以内に

提出が必要です（措法70の7の5②ヌイ）。経営承継期間を過ぎると、3年を経過するごとに税務署に継続届出書の提出が必要ですが、都道府県への報告は不要です（措法70の7の5②ヌロ）。

(5)　贈与税の免除

　やがて、先代経営者（1代目）が亡くなると、後継者（2代目）が猶予されていた贈与税は全額免除されます（措法70の7の5⑪）。

　他方、後継者（2代目）が贈与を受けた株式は、贈与時の価額で後継者（2代目）が相続又は遺贈により取得したものとみなされ、他の相続財産と合算して改めて相続税額が計算されます（措法70の7の7①）。既に当該株式は2代目の固有財産になっているものですが、3年以内贈与の場合の持ち戻し計算と同じように、先代経営者（1代目）の相続財産とみなされるものです。会社は、先代経営者（1代目）の死亡後期限内（8か月）に都道府県の担当部局に対して切替申請を行い、要件を満たしていることについて確認を受けると、対象株式に対して新たに発生した相続税は、相続税の猶予・免除制度の適用により引き続き猶予されることとなります（措法70の7の8①）。この切替手続を失念してしまい、相続税の猶予・免除制度が適用できなくなってしまうケースが発生しているということですので注意が必要です。

　また、後継者（2代目）が先に亡くなった場合も、猶予されていた贈与税は全額免除されます（措法70の7の5⑪）。

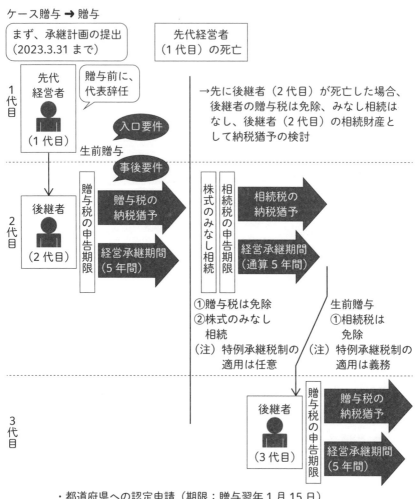

・都道府県への認定申請（期限：贈与翌年 1 月 15 日）
・税務署への贈与税申告（期限：贈与翌年 3 月 15 日）
　経営承継期間中）・都道府県への年次報告（毎年 3 ケ月以内）
　　　　　　　　　・税務署への届出（毎年 5 ケ月以内）
　経営承継期間後）・都道府県への報告（不要）
　　　　　　　　　・税務署への継続届出（3 年ごと）
・都道府県への切替確認（期限：死亡翌日から 8 ケ月以内）
・税務署への相続税申告（期限：死亡翌日から 10 ケ月以内）

2. 相続ケース

(1) 特例承継計画の作成

　相続の場合も、事業承継税制の利用には特例承継計画の提出が必要です。

　特例承継計画は会社が認定経営革新等支援機関の指導・助言を受けて作成し、通常は相続開始前に都道府県に提出します。しかし、特例承継計画の提出期限は、2023年3月31日までとなっており（円規8③）、相続に係る認定申請書の提出時（相続開始日の翌日から8か月経過日まで：円規7⑦）でも認められます。

(2) 相続開始

　相続の場合、贈与と異なり、相続開始前の代表者退任は不要です。

　相続後に代表者を退任し、後継者は相続開始後5か月以内に代表者に就任する必要があります。その他Q28の入口要件を満たしていることが求められます（措法70の7の6）。

(3) 認定申請と相続税申告

　対象会社は期限内（相続開始日から8か月以内）に都道府県の担当部局に必要書類をそろえて認定申請を行い（円規7⑦）、この認定書の写しとともに、相続税の申告期限内（相続開始日から10か月以内）に税務署に相続税の申告を行います。申告時に、猶予税額とこれに対する利子税に相当する担保の提供を行うと、後継者の相続税は100％猶予されることとなります（措法70の7の6①）。

(4) 経営承継期間

　相続税の申告期限の翌日から5年間は要件の厳しい経営承継期間です。この間、後継者（2代目）は代表者であり続け、対象となった株式は保有し続

けること、その他 Q34 の事後要件を満たす必要があります（措法 70 の 7 の 6 ③）。経営承継期間中（5 年間）は、都道府県への報告（年次報告）は毎年 申告期限応当日の翌日から 3 か月以内に、税務署への届出書は 5 か月以内に 提出が必要です（措法 70 の 7 の 6 ②九イ）。経営承継期間を過ぎると、3 年を 経過するごとに税務署に継続届出書の提出が必要ですが、都道府県への報告 は不要です（措法 70 の 7 の 6 ②九ロ）。

（5）相続税の免除

　やがて、後継者（2 代目）が亡くなると、後継者（2 代目）が猶予されて いた相続税は全額免除されます。経営承継期間の末日の翌日以後に、後継者 （2 代目）が 3 代目に株式を承継税制により生前贈与した場合も、2 代目の後 継者が猶予されていた相続税税は全額免除されます（措法 70 の 7 の 6 ⑫）。

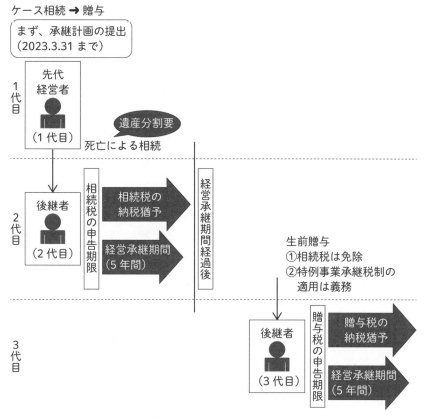

・都道府県への認定申請（期限：相続開始日から 8 ケ月以内）
・税務署への贈与税申告（期限：相続開始日から 10 ケ月以内）
　（経営承継期間中）
・都道府県への年次報告（毎年 3 ケ月以内）
・税務署への届出（毎年 5 ケ月以内）

　　　　　・都道府県への認定申請（期限：贈与翌年 1 月 15 日）
　　　　　・税務署への贈与税申告（期限：贈与翌年 3 月 15 日）
　　　　　　（経営承継期間中）
　　　　　・都道府県への年次報告（毎年 3 ケ月以内）
　　　　　・税務署への届出（毎年 5 ケ月以内）

3.　特例事業承継税制の期限

　上記の流れを適用が可能なかぎり、代々繰り返していくと、株式承継に係る贈与税や相続税は無税で承継できます。ただし、特例事業承継税制はあくまで 2027 年 12 月 31 日までの制度（措法 70 の 7 の 5 ①、70 の 7 の 6 ①）ですので、今のところ 2028 年以降は従前税制のみの適用となります。

　なお、2027 年 12 月 31 日までに対象株式を贈与した場合のその後の特例事業承継税制の適用に関してですが、2027 年 12 月 31 日までに贈与をした場合には、先代経営者の死亡によるみなし相続は 2028 年以降何年先になっても特例事業承継税制が認められることになっています（措法 70 の 7 の 8 ①）。

（植木）

Q36 特例承継計画の作成方法

特例事業承継税制の適用を受ける場合、特例承継計画の提出が必要と聞きました。
特例承継計画の作成方法や提出期限等について教えてください。

特例事業承継税制の適用を受けるためには、必ず特例承継計画の提出が必要です。提出期限は 2023 年 3 月 31 日までですが、提出後の変更も可能ですし、提出しても承継税制の適用を受けない選択も可能なので、まずは提出した方がよいかと思います。

1. 特例承継計画とは

特例事業承継税制の適用を受けるためには、特例承継計画を作成し、認定経営革新等支援機関の確認を受けた上で、提出期限までに都道府県の関係部署に提出する必要があります（円規 16、17）。

作成者は対象を受ける者ではなく対象会社で、認定経営革新等支援機関は税理士事務所等で中小企業庁の認定を受けている個人又は法人です。

提出期限は、2018 年 4 月 1 日から 2023 年 3 月 31 日まで（円規 17②）で、贈与又は相続開始後でも贈与や相続に係る認定申請書の提出時でも認められ

ます。

　なお、特例事業承継税制は 2027 年 12 月 31 日までの贈与又は相続で利用できますが、特例承継計画はその前に提出が必要となります。

2.　記載方法は

　特例承継計画は、本紙と別紙により構成され、本紙「施行規則第 17 条第 2 項の規定による確認申請書」は対象会社が作成し、別紙「認定経営革新等支援機関による所見」は認定経営革新等支援機関が作成します。

(1)　本紙「施行規則第 17 条第 2 項の規定による確認申請書」

　1〜5 の項目により構成されます。

　1 は、対象会社について、記載します。

　2 は、特例代表者について、記載します。特例代表者は、あくまでも申請時の代表者又は代表者であった者となります。

　特例事業承継税制の適用を受ける場合、相続でも贈与でもあげる者は代表者経験が必要ですが、既に代表者を退任している場合は退任日を記入します。

　3 は、後継者候補について、記入します。

　記入欄が最大 3 名分ありますが、必ず 3 名記入する必要はありません。しかし、将来のことなので、変更もありうるため、補欠も含む後継者候補 3 名を記入しておくのも一法かと思います。

　4 は、承継時期（予定）、それまでの経営上の課題と対応方法について記入します。

　承継時期は、贈与又は相続後に提出する場合はその日を記入し、贈与計画を予定している場合は予定時期を記入します。

　経営上の課題と対応方法は、贈与又は相続後に申請する場合は記入不要です。

5 の経営計画は承継後 5 年間の年度ごとの経営計画の要約を記入します。記入例では 2 行程度ですが、都道府県によっては 3 行以上の記入を求められたとの話も聞きます。

(2)　別紙「認定経営革新等支援機関による所見等」

1 は、認定経営革新等支援機関について、記入します。

2 は、指導、助言日を記入します。申請日よりも前の日付となります。

3 は、指導、助言の内容について、概略を記入します。主要な内容としては、事業承継に関すること、経営計画に関すること、遺留分や資金課題等に関することになります。

3.　添付書類は

特例承継計画には、履歴事項全部証明書（特例承継計画提出申請日の前 3 か月以内に取得したもの）を添付します。既に代表者が退任し当該履歴事項全部証明書にて代表者であったこと及び退任日が確認できない場合は、その旨の記載がある閉鎖事項証明書が必要です。

4.　計画の変更は

既に提出した特例承継計画について変更が生じた場合、変更申請を提出できます。変更申請は、特例承継計画の提出期限後であっても提出可能です。それでは、いつまで可能かというと、変更申請の提出期限の定めはないので、一番遅い 2023 年 12 月の相続や贈与の場合、翌年の認定申請の際でも認められるようです。

なお、後継者が特例事業承継税制の適用を受けた後は、後継者の変更ができません。しかし、後継者を 2 ～ 3 名記載した場合でまだ株式の贈与・相続

を受けていない者がいる場合は、その後継者に限って変更できます（円規18
①）。例えば、A氏を後継者として予定していたところ、A氏が死亡しB氏
に変更したい場合です。

　特例承継計画や記載例、添付書類、変更届出書は、中小企業庁のホームペー
ジからダウンロードできます。

https://www.chusho.meti.go.jp/zaimu/shoukei/shoukei_enkatsu_tokurei_yoshiki.htm

---

様式第21

施行規則第17条第2項の規定による確認申請書
（特例承継計画）

年　　月　　日

都道府県知事　殿

郵　便　番　号
会社所在地
会　社　名
電　話　番　号
代表者の氏名

印

　中小企業における経営の承継の円滑化に関する法律施行規則第17条第1
項第1号の確認を受けたいので、下記のとおり申請します。

記

1 会社について

主たる事業内容	
資本金額又は出資の総額	円
常時使用する従業員の数	人

2 特例代表者について

特例代表者の氏名	
代表権の有無	□有　　□無（退任日　　年　　月　　日）

3 特例後継者について

特例後継者の氏名（1）	
特例後継者の氏名（2）	
特例後継者の氏名（3）	

4 特例代表者が有する株式等を特例後継者が取得するまでの期間における経営の計画について

株式を承継する時期（予定）	年　　月　〜　　年　　月
当該時期までの経営上の課題	
当該課題への対応	

5　特例後継者が株式等を承継した後5年間の経営計画

実施時期	具体的な実施内容
1年目	
2年目	
3年目	
4年目	
5年目	

（備考）

① 用紙の大きさは、日本工業規格 A4 とする。

② 記名押印については、署名をする場合、押印を省略することができる。

③ 申請書の写し（別紙を含む）及び施行規則第17条第2項各号に掲げる書類を添付する。

④ 別紙については、中小企業等経営強化法に規定する認定経営革新等支援機関が記載する。

⑤ 認定経営革新等支援機関名については、中小企業庁ホームページ等

で公表する場合がある。

（記載要領）

①　「2　特例代表者」については、本申請を行う時における申請者の代表者（代表者であった者を含む。）を記載する。

②　「3　特例後継者」については、該当するものが一人又は二人の場合、後継者の氏名（2）の欄又は（3）の欄は空欄とする。

③　「4　特例代表者が有する株式等を特例後継者が取得するまでの期間における経営の計画」については、株式等を特例後継者が取得した後に本申請を行う場合には、記載を省略することができる。

（別紙）

認定経営革新等支援機関による所見等

1　認定経営革新等支援機関の名称等

認定経営革新等支援機関 ID 番号	
認定経営革新等支援機関の名称	印
（機関が法人の場合）代表者の氏名	
住所又は所在地	

2　指導・助言を行った年月日
　　　年　　　月　　　日

3　認定経営革新等支援機関による指導・助言の内容

出所：中小企業庁　申請手続関係書類

（植木）

Q37 猶予された税の免除時期

> **Q** 事業承継税制は、あくまで株式に係る税の納税猶予なので、税が免除されるまでの間は、厳しい要件があると聞きました。猶予された税がいつの時点で免除されるか、教えてください。
>
> **A** 贈与ケースでは、先代経営者（1代目）が死亡した際、あるいは、受贈者（2代目）が死亡した際に受贈者（2代目）が猶予されていた贈与税が免除されます。相続ケースでは、相続人（2代目）が死亡した際、2代目が3代目に対象株式を贈与し、特例事業承継税制を利用した場合に、相続人（2代目）が猶予されていた相続税が免除されます。

　猶予されていた税の免除時期について、ケースごとに整理すると以下のとおりです。

1. 先代経営者（1代目）⇒後継者（2代目）贈与税猶予ケース

　後継者（2代目）が先代経営者からの贈与について特例事業承継税制の適用を受けていた場合ですが、猶予されていた後継者（2代目）の贈与税の免除には2とおりあります（措法70の7の5⑪、措令40の8の5㉑）。

・先代経営者（1代目）の死亡

・後継者（2代目）の死亡

①　先代経営者（1代目）の死亡

先代経営者（1代目）の死亡により、後継者（2代目）の贈与税は免除されます。

他方で、後継者（2代目）が贈与を受けた株式は、贈与時の価額で後継者（2代目）が相続又は遺贈により取得したものとみなされ、他の相続財産と合算して改めて相続税額が計算されます（措法70の7の7①）。

当該相続税について、特例事業承継税制を利用するかしないかは任意です。仮に、特例事業承継税制を利用しない場合でも、贈与税の免除には影響しません。

②　後継者（2代目）の死亡

後継者（2代目）が先代経営者（1代目）より先に死亡した場合、2代目の贈与税は免除されます。3代目に承継する遺産中に非上場株式がありますが、これについて特例事業承継税制を利用するかしないかは任意です。

2.　先代経営者（1代目）⇒後継者（2代目）相続税猶予ケース

後継者（2代目）が先代経営者（1代目）からの相続に際して猶予されていた相続税の免除ですが、次の2パターンがあります（措法70の7の6⑫、措令40の8の6㉘）。

・後継者（2代目）が死亡

・次の後継者（3代目）に生前贈与

①　後継者（2代目）が死亡

2代目が猶予されていた相続税は免除となります。この場合、3代目が相

続税の納税猶予の適用を受けるか否かは3代目の任意です。

②　次の後継者（3代目）に生前贈与

　経営承継期間末日の翌日以後に、2代目から3代目に対象株式を生前贈与した場合、2代目が猶予されていた相続税は免除となります。この場合、3代目は贈与税の納税猶予の適用を受けなければなりません。

3. 先代経営者（1代目）⇒後継者（2代目）みなし相続税猶予ケース

　後継者（2代目）が先代経営者（1代目）からのみなし相続について特例事業承継税制の適用を受けていた場合ですが、猶予された後継者（2代目）の相続税の免除には2とおりあります（措法70の7の8⑪）。
　・後継者（2代目）から次の後継者（3代目）に生前贈与
　・後継者（2代目）の死亡

①　後継者（2代目）から次の後継者（3代目）に生前贈与

　経営承継期間末日の翌日以後に、後継者（2代目）から次の後継者（3代目）に対象株式を承継税制により生前贈与した場合、2代目の後継者が猶予されていた相続税は免除されます。この場合、3代目は贈与税の納税猶予の適用を受けなければなりません。

②　後継者（2代目）の死亡

　後継者（2代目）の死亡により相続が発生した場合も、2代目の後継者が猶予されていた相続税は免除されます。この場合、3代目が相続税の納税猶予の適用を受けるか否かは3代目の任意です。

（植木）

Q38 納税猶予期限の確定事由

 Q 特例事業承継税制は、最初から税金が免除される ものでなく、税金が猶予されるまでの間、守り続け なければならない事後要件があるとのことですが、 その要件について教えてください。

 A いわゆる事後要件は「猶予期限の確定事由」といい、申告 期限から5年間の要件と、5年経過後の要件の2種類になり ます。当然5年間は厳しく、例えば代表権を有しない、又 は議決権50％以下となる、若しくは対象株式の一部を譲渡 した場合でも、納期限が確定します。

　特例事業承継税制は、あくまで納税猶予の制度です。

　適用を受ける入口で満たさなければならない要件とその後免除を受けるま での間、満たさなければならない要件によって構成されます。

　後者の事後要件は「猶予期限の確定事由」といい、下記表のとおりですが、 申告期限から5年間の要件（措法70の7の5③、70の7の6③）と、5年経 過後の要件（措法70の7の5③、70の7の6③）はだいぶ違います。

　もし、猶予期限の確定事由に該当した場合、下記表の確定時期に示した日 から2か月を経過する日までに、猶予税額の全額を納付しなければなりませ ん。

〈納税猶予期限の確定事由〉

措置法号番号	確定事由	確定時期	特例経営承継期間	期間経過後
1	経営承継相続人等が認定承継会社の代表権を有しないこととなった場合（身体障害者手帳の交付を受けた場合等を除く）	有しないこととなった日	全額	－
3	経営承継相続人等と特別関係者と合わせて有する議決権割合が 50％以下となった場合	50％以下となった日	全額	－
4	経営承継相続人等が特別関係者の中で筆頭株主でなくなった場合	なくなった日	全額	－
5	経営承継相続人等が適用対象株式等の一部の譲渡又は贈与をした場合	譲渡又は贈与した日	全額（注1）	対応部分（注2）
6	当該経営承継相続人等が適用対象非上場株式等の全部の譲渡又は贈与をした場合（株式交換等により他の会社の株式交換完全子会社等となった場合を除く）	譲渡又は贈与した日	全額（注1）	全額（注2）
7-1	認定承継会社が会社分割をした場合（分割承継会社の株式等を配当財源とする場合に限る）	分割の効力発生日	全額	対応部分
7-2	認定承継会社が組織変更をした場合（認定承継会社等の株式等以外の財産交付があった場合に限る）	組織変更の効力発生日	全額	対応部分
8	認定承継会社が解散をした場合（合併により消滅する場合を除く）又は解散をしたものとみなされた場合	解散日又はみなされた解散日	全額	全額（注2）
9	認定承継会社が資産管理会社に該当することとなった場合	該当することとなった日	全額	全額
10	認定承継会社の事業年度における総収入金額が零となった場合	当該事業年度終了の日	全額	全額

11	認定承継会社が、資本金の減少又は準備金の額の減少をした場合	資本金の減少又は準備金の減少の効力を生じた日	全額	全額
12	経営承継相続人等が適用を受けることをやめる旨の届出書を提出した場合	届出書の提出があった日	全額	全額
13	認定承継会社が合併により消滅した場合（適格合併をした場合を除く）	合併の効力発生日	全額	対応部分（注2）
14	認定承継会社が株式交換等により他の会社の株式交換完全子会社等となった場合（適格株式交換等を除く）	株式交換等の効力発生日	全額	対応部分（注2）
15	認定承継会社の株式等が非上場株式等に該当しないこととなった場合	該当しないこととなった日	全額	－
16	認定承継会社又は認定承継会社の特定特別関係会社が風俗営業会社に該当することとなった場合	該当することとなった日	全額	－
17	認定承継会社の円滑な事業の運営に支障を及ぼすおそれがある場合（黄金株発行など）	その日	全額	－

（注1）一定の事由で代表を退任し対象株式を贈与し特例承継税制の適用を受ける場合を除く
（注2）経営環境変化があった場合は、再計算した額

※措法70の7③、70の7の2③の各号＝確定事由

Q34「事後要件を考える」についても、参考にしてください。

（植木）

Q39 会社分割、合併、株式交換等の組織再編成を要するケース

> **Q** 特例事業承継税制の適用を受けるにあたって、会社分割、合併、株式交換等の組織再編成を行った方が良いケースにはどのようなものがありますか。
>
> ....
>
> **A** 組織再編成の手法を利用することにより、特例事業承継税制の適用を受ける会社を分けたり、集約したりすることができます。

1. 特例事業承継税制の適用

　特例事業承継税制の適用には、Q27以下に記載した要件を会社ごとに充足する必要があります。そのため、要件を充足しているかどうかを検討し、対策を採る対象（会社）をなるべく少なくしたいというニーズが生じます。また、特例事業承継税制では1社あたり最大で3人までの後継者が認められることとなりましたが、後継者ごとに会社を分けたいというニーズもあると思われます。

　これらに対処する方法として、会社分割、合併、株式交換等の組織再編成を利用することにより会社を分けたり、集約したりすることが可能です。

2. 会社を分けたい場合

　兄弟は2人いるが会社が1社しかない場合、2人の兄弟を後継者として特例事業承継税制を適用することは可能です（措法70の7の5②六ニ）。しかし、兄弟仲が悪かったり、現在は良いものの将来に不安があったりする場合には、会社を2つに分け、兄弟を各々それぞれの会社の後継者とすることも検討の余地があります。

　1つの会社を2つに分ける方法としては会社分割が考えられます。会社分割のうち、分割型で会社分割を行うことにより、会社は2つに分かれるものの、分割後にそれぞれの会社の株主を従前の株主とすることができます。これにより、株主であるオーナーは会社分割後にそれぞれの会社の株式を2人の兄弟に承継することが可能となります。

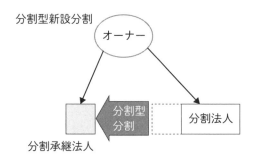

3. 会社を集約したい場合

　後継者となる子供は1人しかいないが会社は複数ある場合、承継対象とする会社を1社にしてから特例事業承継税制を適用することが可能です。

　複数の会社を1つにする手法として代表的なものは合併です。合併を行えば、被合併会社の権利義務は包括的に合併会社に吸収され、1つの会社とな

合併

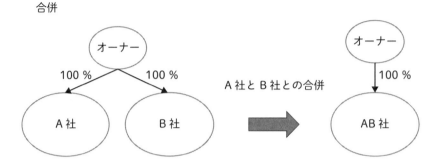

ります。会社が 1 つになれば、特例事業承継税制を適用するための検討や対策を 1 社にしぼることができるため、これに対処する負担が軽くなります。

　しかし、取引先との関係やその他の理由により、会社を 1 つにしてしまうことが望ましくない場合もあります。この場合には、株式交換や株式移転の手法を検討します。

　株式交換は、既存の会社を親会社にしてそれ以外の会社を 100 ％子会社にする手法です。また、株式移転は、既存の会社同士が共同して親会社を設立する手法です。どちらの場合であっても、従前の株主が直接保有するのはグループの頂点となる親会社の株式になりますので、これについて特例事業承継税制の適用を検討すれば良いことになります。

　既存の会社が親会社となる株式交換と、新たな親会社を設立する株式移転とでは、図表のとおり、これらを行った後のグループ関係は異なることとなりますが、合併によらずに会社（株式）を集約する方法として有効な方法です。

株式交換

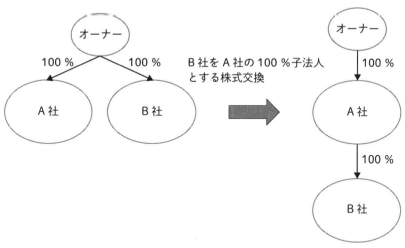

B社をA社の100％子法人
とする株式交換

株式移転

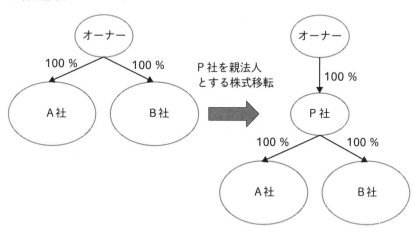

P社を親法人
とする株式移転

（樽林）

Q40 後継予定者が複数の場合の会社分割の利用

　私には子供が2人おり、将来はそれぞれに事業を承継したいと思っています。会社には2つの柱があり、不動産管理事業を長男に、小売業を次男に任せたいと考えています。現在のところ兄弟仲は良いようですが、会社を経営して行くとなると、いつか2人の意見が合わなくなり、会社全体の経営がうまくいかなくなることを危惧しています。なにか良い方法はないでしょうか。

A　会社分割を利用して現在の会社を2つに分けることが考えられます。御社を、不動産管理事業を営む会社と小売業を営む会社とに分割し、それぞれの会社の株式を長男と次男に承継すれば、事業承継の目的を達した上で、将来の意見の対立を未然に防ぐことができます。

1.　会社分割とは

　会社分割には、吸収分割と新設分割があります。吸収分割とは会社が営む事業の全部又は一部を既存の他の会社に承継させることをいいます。また、新設分割とは、会社が営む事業の全部又は一部を分割により設立する新会社

に承継させることをいいます。

　そして、法人税法上の用語として、分割により分割法人が交付を受ける分割承継法人の株式等が分割法人の株主に交付される分割を分割型分割といい、分割法人に交付される分割を分社型分割といいます。これらを組み合わせると会社分割には4つの類型があることになります。

〔図表〕会社分割の4類型

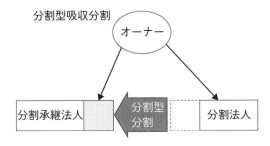

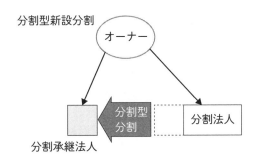

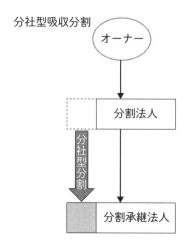

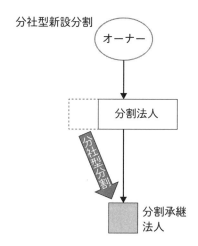

2. 後継者が複数の場合

　ご質問のように、後継者は2人いるが会社は1つしかない場合、分割型分割の手法により、会社を2つに分け、後継者それぞれに会社を承継させることができます。会社を2つに分けることは分社型分割でも可能ですが、分社

型分割の場合には、分割承継法人の株式を分割法人が保有することになるため、これをオーナーから承継することはできず、特例事業承継税制を適用することができません。分割型分割により、2つの会社の株式をオーナーが保有することにより、後継者の2人はそれぞれオーナーから株式を承継することができ、それぞれの会社で特例事業承継税制を活用することができます。

　特例事業承継税制は会社ごとに適用が可能なため、会社分割により1人のオーナーが複数の会社を保有することになっても、それぞれの会社で特例を適用することができます。

3.　特例事業承継税制適用時の留意点

　事業承継税制の適用のためには、Q28以下に記載した要件を会社ごとに充足する必要がありますが、分割型分割により会社を2つに分けた場合に、特に留意すべき点には次のものがあります。

(1)　役員就任期間

　特例事業承継税制において、贈与税の特例措置を適用するためには、現経営者は会社の代表者であったことが必要です（措令40の8の5①一）。また、後継者は贈与時までに3年以上継続して役員に就任している必要があります（措法70の7の5②六へ）。

　分割承継法人は、会社分割により新たに設立された会社であるため、上記の要件を満たすためには、会社分割後、少なくとも3年以上の期間が必要となります。

　なお、相続税の特例措置を適用する場合には、相続開始の直前において、後継者は会社の役員であることが必要になります（措規23の12の3⑪二）。ただし、現経営者が60歳未満で死亡した場合にはこの要件は不要です（措規23の12の3⑪）。

(2)　事業継続期間

　特例事業承継税制の適用を受けようとする会社が Q32 の資産管理会社に該当する場合において、特例措置の適用を受けようとする場合には、Q33 の例外要件を充足する必要があります。

　会社分割を行った場合に留意すべきは、例外要件のうち、贈与の日まで引き続き 3 年以上にわたり商品の販売等を行っていること、との要件です（措令 40 の 8 の 5 ⑤）。分割承継法人は、会社分割により新たに設立された会社であるため、この要件を満たすためには、会社分割後、少なくとも 3 年以上の期間が必要となります。

4.　税制適格要件

　会社分割を行う場合に、法人税法上の税制適格要件を充足しない場合には、分割により移転した資産及び負債の譲渡損益の計上や、分割型分割の場合にはみなし配当課税の問題が生じます。

　この点に関し、分割時には現経営者が株式を 100 ％保有していた会社が、承継によりこれらの株式が息子である後継者に移転することが予定されている場合に、税制適格要件を満たすかどうかが問題となります。

　分割型分割により新たな法人を設立した後に、分割法人と分割承継法人との間に同一の者による完全支配関係がある場合には、分割後にその同一の者と分割承継法人との間にその同一の者による完全支配関係の継続が見込まれていれば、税制適格要件を充足することになり（法令 4 の 3 ⑥二）、会社分割による先のような課税は生じません。

　この場合において、「同一の者」には、その者が個人である場合には、その者及びその親族等を「同一の者」として判定を行います[1]。よって、現経

1　国税庁 HP「株主が個人である場合の同一の者による完全支配関係について」

営者が息子に承継することを予定していたとしても、会社分割時において完全支配関係の継続が見込まれていたものとして、税制適格要件の充足に問題はありません。

（樽林）

Q41　逆さ合併で時間を節約する方法

Q 　私は、製造業を営むB社と不動産賃貸業を営むA社を経営していましたが、3年前にB社の経営を息子に任せ、自身はA社の事業に注力することにしました。B社の経営からは退きましたが、事業運営の観点から、A社を親会社、B社をその子会社として会社組織を編成しています。

　A社の株主は私1人であり、また、息子はA社の経営には一切タッチしていません。息子は不動産賃貸業にはあまり興味はなく、息子の代には不動産賃貸業は縮小されていくことになるように思われます。

　私もそろそろ引退を考えており、なるべく早く息子に事業を承継したいと考えているのですが、このような状況で特例事業承継税制の適用にあたり留意すべき点はありますか。

A 　後継者が不動産賃貸業に興味がなく、今後は事業が縮小されていく見込みであれば、A社とB社を合併することが考えられます。ただし、贈与税の特例措置を適用するためには、

　　後継者は贈与時までに 3 年以上継続して役員に就任してい
　　る必要があります。そのため、後継者が役員である B 社を
　　合併法人とし、A 社を被合併法人とする合併（逆さ合併）を
　　行うことにより、この要件をクリアすることができると考え
　　られます。

1.　合併とは

　合併には、吸収合併と新設合併とがあります。吸収合併とは、合併により
消滅する会社（被合併法人）の権利義務の全部を合併後存続する会社（合併
法人）に承継させるものをいいます。新設合併は、合併により新たに会社を
設立するもので、合併により消滅する会社（被合併法人）の権利義務の全部
を合併により設立する会社に承継させるものをいいます。実務的には、ほと
んどの合併が吸収合併であるといわれています。

2.　合併と役員の就任

　合併により、消滅会社の権利義務は存続会社が包括的に承継します。しかし、役員の地位については、そのような取扱いにはなっていません。したがって、存続会社の役員は合併前後において地位の変更はありませんが、消滅会社の役員は合併により当然に存続会社の役員に就任する訳ではありません。

　実務上、消滅会社の役員が合併後に存続会社の役員に就任することがありますが、これは、通常の役員選任の場合と同様に、その役員が存続会社の株主総会において役員に選任される手続を経たからに他なりません。

3.　特例事業承継税制適用時の留意点

　特例事業承継税制の適用のためには、Q27以下に記載した要件を会社ごとに充足する必要がありますが、合併を行う場合に、特に留意すべき点には次のものがあります。

（1）　役員就任期間

　特例事業承継税制において、贈与税の特例措置を適用するためには、現経営者は会社の代表者であったことが必要です（措令40の8の5①一）。また、後継者は贈与時までに3年以上継続して役員に就任している必要があります（措法70の7の5②六ヘ）。

　ご質問のケースでは、後継者はB社の役員に就任してから3年程度の期間は経過していることが窺えます。ただし、A社については役員に就任していないことも考えられます。

　A社とB社とが合併する場合、A社を合併法人とする合併が行われた場合には、合併後に後継者が合併法人の役員に就任するとしても、上記の要件を満たすためには、合併後、少なくとも3年以上の期間が必要となります。

その点、B社を合併法人とする合併が行われた場合には、後継者はB社の役員に就任してから3年程度の期間は経過していると考えられることから、後継者の役員就任期間についての問題はないことになります。

このような合併は、子会社が親会社を吸収することから、「逆さ合併」といわれることもありますが、これにより特例事業承継税制を適用する場合の承継までの時間を短縮することが可能になります。

なお、相続税の特例措置を適用する場合には、相続開始の直前において、後継者は会社（合併法人）の役員であることが必要になります（措規23の12の3⑪二）。ただし、現経営者が60歳未満で死亡した場合にはこの要件は不要です（措規23の12の3⑪）。

(2)　事業継続期間

特例事業承継税制の適用を受けようとする会社がQ32の資産管理会社に該当する場合において、特例措置の適用を受けようとする場合には、Q33の例外要件を充足する必要があります。

合併を行った場合に留意すべきは、例外要件のうち、贈与の日まで引き続き3年以上にわたり商品の販売等を行っていること、との要件です（措令40の8の5⑤）。合併を行う法人のうち、仮に3年以上商品販売等を行っていない法人を合併法人とした場合には、被合併法人の事業継続期間にかかわらず、合併法人の事業継続期間によりその判定がなされますので、注意が必要です。

4.　税制適格要件

合併を行う場合に、法人税法上の税制適格要件を充足しない場合には、合併により移転した資産及び負債の譲渡損益の計上や、みなし配当課税の問題が生じます。

　この点に関し、合併時には現経営者が株式を 100 ％保有していた会社が、承継によりこれらの株式が息子である後継者に移転することが予定されている場合に、税制適格要件を満たすかどうかが問題となります。

　合併を行った場合に、合併前に被合併法人と合併法人との間に同一の者による完全支配関係があり、かつ、合併後にその同一の者と合併法人との間にその同一の者による完全支配関係が継続することが見込まれていれば、税制適格要件を充足することになり（法令 4 の 3 ②二）、合併による先のような課税は生じません。

　この場合において、「同一の者」には、その者が個人である場合には、その者及びその親族等を「同一の者」として判定を行います[2]。よって、現経営者が息子に承継することを予定していたとしても、合併時において完全支配関係の継続が見込まれていたものとして、税制適格要件の充足に問題はありません。

（樽林）

2　国税庁 HP「株主が個人である場合の同一の者による完全支配関係について」

Q42 売却可能性のある事業の分社化

 　私の会社は、製造業と不動産賃貸業を営んでいます。将来は息子に事業を承継したいと考えていますが、不動産賃貸業については、息子に承継の意思はないようです。不動産賃貸を行っている資産には収益性の高い物件もあるため、会社を売却して事業を資金化することも検討しています。

　特例事業承継税制は、事業を無税で次世代に承継できるメリットがある一方で、株式を売却してオーナーが創業者利得を得たい場合には適用できないと理解しています。

　このような状況で特例事業承継税制を適用する方法はありませんか。

 　会社分割を利用して現在の会社を2つに分けることが考えられます。御社を、製造業を営む会社と不動産賃貸業を営む会社とに分割し、製造業を営む会社で特例事業承継税制を適用し、不動産賃貸業を営む会社を売却して資金化する方法があります。

1.　分社型分割と分割型分割

　事業ごとに会社を分ける方法としては、会社分割による方法が有効です。この場合における具体的な手法としては、分割型分割と分社型分割のいずれの方法でも可能です。

　会社分割により、不動産賃貸業を営むこととなる会社を分け、これを売却するとした場合、分割型分割の場合には、不動産賃貸業を営む会社は分割法人、分割承継法人のいずれであっても構いません。なお、分社型分割の場合には、分割承継法人に限られることになります。

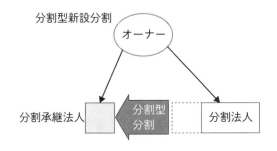

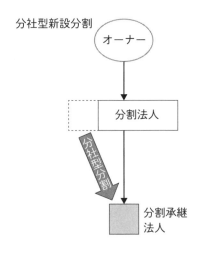

　そして、その後、不動産賃貸業を営む会社を売却する場合、その売却対価は、分割型分割の場合には株主であるオーナーが、分社型分割の場合には分割法人が収受することになります。そのため、不動産賃貸業の売却によりオーナーが創業者利得を得たい場合には、分割型分割により会社を分けておく必要があります。

　なお、売却する株式に含み益がある場合には、分割型分割の場合には株式の譲渡所得としてオーナーに分離課税（約20％）が課され、分社型分割の場合には分割法人に法人税（約35％）が課されることになります。

2.　税制適格要件

　会社分割を行う場合に、法人税法上の税制適格要件を充足しない場合には、分割により移転した資産及び負債の譲渡損益の計上や、分割型分割の場合にはみなし配当課税の問題が生じます。

　この点に関し、分割時において分割後に分割法人株式又は分割承継法人株式の売却が見込まれている場合に、税制適格要件を満たすかどうかが問題となります。

(1)　分社型分割の場合

　分割後に分割法人と分割承継法人との間に、同一の者であるオーナーによる完全支配関係が継続することが見込まれている場合には税制適格要件を満たします（法令4の3⑥二ハ）。

　そのため、分割時において分割承継法人株式の売却が見込まれている場合には、税制非適格となり、分割法人において、分割により移転した資産及び負債の譲渡損益が計上されることになります。

（2）　分割型分割の場合

　分割後に同一の者であるオーナーと分割承継法人との間に、その同一の者であるオーナーによる完全支配関係が継続することが見込まれている場合には税制適格要件を満たします（法令 4 の 3 ⑥二ハ）。

　そのため、分割時において分割承継法人株式の売却が見込まれている場合には、税制非適格となり、分割法人において分割により移転した資産及び負債の譲渡損益が計上され、株主であるオーナーにみなし配当課税の問題が生じます。

　しかし一方で、分割時において分割法人株式の売却が見込まれている場合であっても、税制非適格とはなりません。そのため、分割時において一方の事業の売却が予定されている場合には、売却しない事業を分割承継法人に移転する分割であるならば、その後に分割法人株式を売却したとしても、その分割は税制適格となります。分割型分割の場合には、分割により移転する事業と分割しない事業とは相対的な関係にあるため、このような方法も検討の余地があります。

　以上から、売却可能性のある事業を分ける場合には、分割型分割の手法により、売却を行わない事業を分割することにより、税制適格要件を満たし、売却対価の受取先をオーナーとすることができます。

3.　特例事業承継税制適用時の留意点

　特例事業承継税制の適用のためには、Q27 以下に記載した要件を会社ごとに充足する必要がありますが、分割型分割を行う場合に、特に留意すべき点には次のものがあります。

(1)　役員就任期間

　特例事業承継税制において、贈与税の特例措置を適用するためには、現経営者は会社の代表者であったことが必要です（措令40の8の5①一）。また、後継者は贈与時までに3年以上継続して役員に就任している必要があります（措法70の7の5②六ヘ）。

　分割承継法人は、会社分割により新たに設立された会社であるため、上記の要件を満たすためには、会社分割後、少なくとも3年以上の期間が必要となります。

　なお、相続税の特例措置を適用する場合には、相続開始の直前において、後継者は会社の役員であることが必要になります（措規23の12の3⑪二）。ただし、現経営者が60歳未満で死亡した場合にはこの要件は不要です（措規23の12の3⑪）。

(2)　事業継続期間

　特例事業承継税制の適用を受けようとする会社がQ32の資産管理会社に該当する場合において、特例措置の適用を受けようとする場合には、Q33の例外要件を充足する必要があります。

　会社分割を行った場合に留意すべきは、例外要件のうち、贈与の日まで引き続き3年以上にわたり商品の販売等を行っていること、との要件です（措令40の8の5⑤）。分割承継法人は、会社分割により新たに設立された会社であるため、この要件を満たすためには、会社分割後、少なくとも3年以上の期間が必要となります。

（樽林）

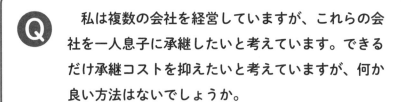

Q43 対象会社が複数ある ケース

Q　私は複数の会社を経営していますが、これらの会社を一人息子に承継したいと考えています。できるだけ承継コストを抑えたいと考えていますが、何か良い方法はないでしょうか。

A　株式交換や株式移転を行って複数の会社をグループ化し、承継の対象となる会社を親会社 1 社にする方法が考えられます。そして、その親会社に特例事業承継税制を適用することで、承継にかかる税金コストを抑えることが考えられます。

1. 株式交換と株式移転

　株式交換とは、株式会社がその発行済株式の全部を他の株式会社に取得させてその法人の 100 ％子法人になることをいいます。また、株式移転とは、株式会社がその発行済株式の全部を新たに設立する株式会社に取得させることをいいます。いずれの方法も、100 ％の親子会社関係を創出することができる組織法上の行為です。

　特例事業承継税制は、会社ごとに適用が可能ですが、Q27 以下に記載した要件を会社ごとに充足する必要があります。

　株式交換や株式移転の手法を利用することによって、グループの頂点に立つ親会社の株式を集約し、特例制度の適用を受ける会社を1社だけにすることが可能となります。

株式交換

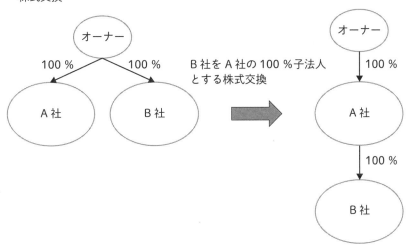

株式移転

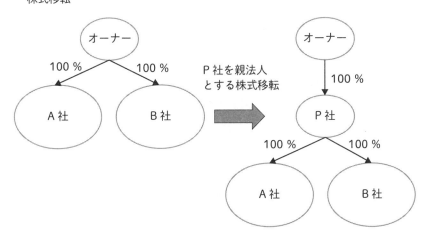

2. 特例事業承継税制適用時の留意点

　特例事業承継税制の適用のためには、Q27以下に記載した要件を会社ごとに充足する必要がありますが、株式交換や株式移転を行う場合に、特に留意すべき点には次のものがあります。

(1) 役員就任期間

　特例事業承継税制において、贈与税の特例措置を適用するためには、現経営者は会社の代表者であったことが必要です（措令40の8の5①一）。また、後継者は贈与時までに3年以上継続して役員に就任している必要があります（措法70の7の5②六ヘ）。

　株式交換を行う場合には、既存のいずれかの会社が親法人（株式交換完全親法人）となります。そのため、その親法人において、現経営者は会社の代表者であったことが必要であり、また、後継者は贈与時までに3年以上継続して役員に就任している必要があります。

　株式移転の場合には、親法人（株式移転完全親法人）は株式移転により新たに設立された会社であるため、上記の要件を満たすためには、株式移転後、少なくとも3年以上の期間が必要となります。

　なお、相続税の特例措置を適用する場合には、相続開始の直前において、後継者は会社の役員であることが必要になります（措規23の12の3⑪ニ）。ただし、現経営者が60歳未満で死亡した場合にはこの要件は不要です（措規23の12の3⑪）。

(2) 事業継続期間

　特例事業承継税制の適用を受けようとする会社がQ32の資産管理会社に該当する場合において、特例措置の適用を受けようとする場合には、Q33の例外要件を充足する必要があります。

　株式交換や株式移転を行った場合に留意すべきは、例外要件のうち、贈与の日まで引き続き3年以上にわたり商品の販売等を行っていること、との要件です（措令40の8の5⑤）。株式移転により設立された親法人は、株式移転により新たに設立された会社であるため、この要件を満たすためには、株式移転後、少なくとも3年以上の期間が必要となります。

3. 税制適格要件

　株式交換又は株式移転を行う場合に、法人税法上の税制適格要件を充足しない場合には、子法人となる会社の一定の資産（時価評価資産）の評価益又は評価損を計上する必要が生じます（法法62の9）。

　この点に関し、オーナーが株式交換又は株式移転により取得した株式が、承継により息子である後継者に移転することが予定されている場合に、税制適格要件を満たすかどうかが問題となります。

(1)　株式交換の場合

　株式交換前に株式交換に係る親法人と子法人との間に同一の者による完全支配関係があり、かつ、株式交換後にその同一の者と親法人及び子法人との間にその同一の者による完全支配関係が継続することが見込まれていれば、税制適格要件を充足することになり（法令4の3⑱二）、株式交換を行うことによる課税は生じません。

(2)　株式移転の場合

　株式移転前に株式移転に係る子法人と他の子法人との間に同一の者による完全支配関係があり、かつ、株式移転後にその同一の者と親法人、子法人及び他の子法人との間にその同一の者による完全支配関係が継続することが見込まれていれば、税制適格要件を充足することになり（法令4の3㉑二）、株

式移転を行うことによる課税は生じません。

　以上の場合において、「同一の者」には、その者が個人である場合には、その者及びその親族等を「同一の者」として判定を行います[3]。よって、オーナーが株式を息子に承継することを予定していたとしても、株式交換又は株式移転時において完全支配関係の継続が見込まれていたものとして、税制適格要件の充足に問題はありません。

　　　　　　　　　　　　　　　　　　　　　　　　　　　（樽林）

3　国税庁HP「株主が個人である場合の同一の者による完全支配関係について」

Q44 持株会社と特例事業承継税制

Q　株式交換により複数の会社をグループ化し特例事業承継税制の適用会社を１社にしました。持株会社となった会社の資産は現預金と子会社株式だけです。資産管理会社は特例事業承継税制の適用が難しいとのことですが、あきらめた方が良いでしょうか。

A　まずは、御社が資産管理会社に該当するかどうかを判定します。これに該当する場合には、次に、特定資産から例外要件を満たす特別子会社の株式を除外した上で、御社が資産管理会社に該当するかどうかを判定します。これも該当する場合には、御社が例外要件を満たすかどうかを判定します。

　結論として、御社が例外要件を満たす場合には、特例事業承継税制の適用ができます。

1. 資産管理会社

　Q32で解説したとおり、資産管理会社は特例事業承継税制の適用ができません。資産管理会社には、資産保有型会社と資産運用型会社が該当するものとされ、資産保有型会社とは、概略、総資産簿価に占める特定資産簿価の割

合が70％以上の会社であり、資産運用型会社とは、概略、総収入金額に占める特定資産の運用収入の割合が75％以上の会社をいいます。

2. 御社の特定資産

特定資産（Q32参照）には有価証券が含まれますが、特別子会社株式[4]のうち資産管理会社に該当しないものは特定資産に該当しません（円規1⑫）。そのため、御社が資産管理会社に該当するかどうかを判定するにあたり、特別子会社株式のうち資産管理会社に該当しないものを除いたところで判定し、これにより御社が資産管理会社に該当しない場合には、御社は特例事業承継税制を適用することができます。グループ化した持株会社傘下の会社が事業会社である場合には、このようなケースが多いのではないかと思います。

この場合において、特別子会社が保有する特別子会社の株式（御社の孫会社株式）は、特別子会社が資産管理会社に該当するかどうかの判定にあたり、特別子会社の特定資産には該当しないものとされています（円規1⑫）。この取扱いは、制度が過度に複雑となるのを避けるためのものだと考えられますので、株式移転や会社分割を繰り返すことにより、資産管理会社と判定されることを回避するような行為は、包括的租税回避防止規定（措法70の7の5⑩）の対象となると考えられます。

3. 特別子会社が例外要件を満たすか

特別子会社が資産管理会社に該当する場合であっても、その特別子会社自身がQ33の例外要件を満たす場合には、その特別子会社の株式は特定資産

4　会社、代表者、同族関係者が議決権の50％超を保有する会社の株式をいいます。

に該当しません（措令40の8の5⑤）。

　そのため、御社が資産管理会社に該当するかどうかを判定するにあたり、例外要件を満たした特別子会社株式を除いて判定し、これにより御社が資産管理会社に該当しない場合には、御社は資産管理会社には該当しないことになります。

4.　御社が例外要件を満たすか

　ここまでの判定を行ってもなお、御社が資産管理会社に該当する場合には、御社自身がQ33の例外要件を満たしているかどうかを判定します。御社自身が例外要件を満たしている場合には、御社は特例事業承継税制を適用することができます（措令40の8の5⑤）。

5.　まとめ

　以上、御社が持株会社となった場合に資産管理会社に該当するかどうかの判定プロセスを記載しましたが、結論からすれば、上記4にあるとおり、御社が例外要件を満たせば、特例事業承継税制を適用することができます。

　そのため、御社自身が例外要件さえ満たせばよいのではないかとの考えもあります。しかし、例えば、例外要件のうち、5人以上の従業員要件は、実質撤廃となった雇用確保要件のように、5年間の平均での判定とはなっていません。従業員を5人しか雇っていなかった場合に、何らかの理由でそのうちの1人が退職してしまった場合（突発的な事由としては死亡退職が考えられます）には、その時点で御社は例外要件を満たせない資産管理会社に該当し、納税猶予が打ち切りになってしまいます。

　そのため、御社の例外要件について、従業員の数に余裕をもって雇用しておくなど、不測の事態が起こってもこれを充足するよう準備するとともに、

上記2と3の要件についても、可能な限りこれを充足するよう準備しておく
ことが肝要です。

（樽林）

Q45 所有と経営を分離する

Q 特例事業承継税制の適用を検討していますが、子供は事業経営に興味を持っていません。子供には所有権を承継させ、経営は経営者としての資質がある専務に承継させたい場合、どのような方法がありますか。

A 特例事業承継税制の適用には承継対象会社の代表権を有した後継者に株式を承継させる必要があります。このようなケースでは、持株会社を利用し、所有と経営を分離する方法が考えられます。例えば、事業会社株式を保有する持株会社を設立し、持株会社の株式を承継対象とした上で、事業会社の代表取締役には専務が、持株会社の代表取締役には子供が就任し、子供が承継対象株式を承継することで、所有と経営を分離し、特例事業承継税制を適用できる余地があります。

1. 所有と経営の分離が必要なケース

中小企業では所有者である株主と経営者である代表取締役は同一親族グループ、つまり所有と経営が一致しているケースが大半を占めています。そのため、事業承継の場面でも、所有と経営一体での親族承継がまず検討さ

れます。しかし、近年では後継者候補となる子供がいない、子供がいても後継者となることを望まないケースが多く見られ、後継者不在が大きな問題となっています。このような場合に有効な手段の一つとして所有と経営の分離が挙げられます。

　所有と経営を分離することは、出資者と経営者が存在する本来の株式会社の姿と言え、所有者としての財産権は親族へ承継でき、経営権は経営者としての能力のある人材を企業内外から見つけることで事業の繁栄が期待できます。

2.　所有と経営の分離で生じる問題

　所有と経営を分離することのメリットは、経営に関する意思・能力の乏しい株主から預かった資本を、経営者として能力のある人材が運用することで合理的な会社運営が実現できる点にあると言えます。しかし、これは権利と義務（責任）のバランスが保たれていることが前提となります。

　中小企業では所有と経営が一致しているケースが大半を占めていますが、この理由には、両者を分離した場合に権利と義務（責任）のバランスを保つことが困難なケースが多いことが挙げられます。

　例えば、近年改善されつつあるものの、会社の債務について代表者による債務保証が必要とされることがあること、会社資産と個人資産が混在していること、支配株主の存在により、その一存で経営者といえどもその地位を失う可能性があること等があります。

　以下に、所有と経営の分離を行う前に解決しておくべき問題及び解決策の一例を示しました。

　これらの問題を解決できる場合には、中小企業であっても所有と経営を分離し、事業を承継していくことが可能でしょう。

　また、支配株主がいる中で所有と経営を分離して事業を運営するためには

出資者と経営者の信頼関係が非常に重要と言えます。

　そのためには、社外役員の設置や内部統制機能の充実等、社内のガバナンス強化も合わせて検討することが有効です。

項目	問題点	解決策
債務保証	会社の債務について、現経営者の代表者保証や個人資産の物的担保が付されたままでは、現経営者は他者が担う経営リスクを引き続き保有することになる。新経営者に新たな代表者保証が求められる場合には、不確実性の伴う事業に対し多額の保証を負うこととなる。	「経営者保証に関するガイドライン」の活用により代表者保証を外すことの可否の検討 債務の圧縮の可否の検討 後継者のリスク負担に見合った報酬設定の検討
会社資産と個人資産	会社所有の個人利用資産や個人所有の事業用資産がある場合、その資産の状況変化が生活や事業運営に大きな影響を及ぼす可能性がある。	賃貸ではなく、利用者が保有すること（買取り）の検討 買取りができない場合には賃貸契約を長期安定的な内容に見直すことの検討
所有者と経営者の信頼関係	両者の信頼関係が築けない場合、会社の事業運営に支障が生じる可能性がある。	両者の求めるインセンティブや所有と経営の分離に対する考え方等について、十分な話し合いをもち合意を得て書面化する

（本山）

Q46 後継者候補の年齢が若いケース

Q 私が営む事業を子供に承継したいと考えていますが、子供はまだ大学生のため事業承継の意思決定には時間を要する可能性があります。将来の承継に備えて、どのような対策を行えばよいでしょうか。

A 子供に株式を承継させる可能性がある場合には、事業承継税制の特例措置の適用も検討することが相続税対策として重要です。

前Qの所有と経営の分離と同様の持株会社を利用したスキームにより、所有権は子供へ承継し、経営権を現経営者が持つことで、事業承継税制を適用できる余地があります。

1.　現経営者がしばらく現役で活躍する場合

　事業承継税制の特例は、10年間（2027年12月末まで）限定の措置のため、現経営者がしばらくは現役で活躍することが想定されるようなケースでは、承継のタイミングが遅れた場合に適用を受けられない可能性があります。しかし、将来的に株式の相続又は贈与の予定があり、また株式評価額が高額となりそうな場合には、事業承継税制の適用を受けることで相続税又は贈与税の大幅な節税が可能となります。

　このような場合には、持株会社を用いた所有と経営の分離のスキーム（Q45参照）により、所有権は了供へ承継し、経営権は現経営者が持つことで事業承継税制を適用できる余地があります。

　このスキームを活用すれば、現経営者が保有する株式（議決権）は承継により子供へ移転するものの、現経営者は事業会社の代表取締役として事業を運営することができ、子供が後継者として事業を承継するかどうかの決断ができていない場合でも株式の承継を実現することができる可能性があります。

　今後の税制改正により、事業承継税制の特例措置の期限が延長される可能性もありますが、延長された場合には、その時に新たな承継計画を検討することも可能であり、また現経営者に突然の不幸が生じた場合の対応としても、早い段階から事業承継について検討しておくことが重要となります。

【現状】

株主：現経営者

代表取締役 現経営者

事業会社 A

組織再編後、持株会社 B を
対象に事業承継税制を適用！

【組織再編後】

株主：現経営者

代表取締役 現経営者

持株会社 B

代表取締役 現経営者

事業会社 A

【事業承継後】

株主：後継者

代表取締役 後継者

持株会社 B

代表取締役 現経営者

事業会社 A

（本山）

Q47 個人が所有する事業用資産の会社移管と税

Q 私は父が営むX社の事業を承継する予定です。

　しかし、X社が利用する不動産の一部は父が所有しており、父自身も祖父から相続したようです。私としてはこの機会に父所有の不動産をX社に移管してほしいと思っていますが、移管の方法や税の取扱いについて教えてください。

A 　会社が利用する事業用資産は会社が所有するのが理想です。

　最近では、経営者保証を解除するため、又は、事業承継税制を利用するために個人所有事業用資産の会社移管が進んでいるようです。

　会社移管の方法としては、譲渡、現物出資、贈与の方法があります。それぞれにメリット、デメリットがあり、しかも課税関係が相違するため、留意が必要です。

1. 会社に移管する目的

　個人所有資産を会社に移管する主な目的としては、以下の2つがあります。

① 経営者保証の解除を受けるため

②　事業承継税制を利用するため

以下、それぞれについて、解説します。

(1)　経営者保証の解除を受けるため

　事業承継に際して、経営者保証問題はワーストワンにランクされるほど関心が高い項目です。特に役員・従業員承継の場面では、後継者候補にやる気はあっても家族の反対で実現できないケースが多いようです。しかしながら、経営者保証ガイドラインによって経営者保証を不要とする融資商品が誕生し、事業承継の場面でも利用が始まっております。ガイドラインが求めるのは、会社の信用で足りるなら、個人の信用補完は不要という考え方です。そこで、会社の信用力を強化するために、個人が有する事業用資産を会社に移管する方法が検討されます。

〈経営者保証に依存しない融資の3要件〉

法人と経営者との関係の明確な区分・分離
財務基盤の強化
財務状況の正確な把握、適時適切な情報開示等による経営の透明性確保

（出所）平成25年12月経営者保証に関するガイドライン研究会による「経営者保証に関するガイドライン」P4～

(2)　事業承継税制を利用するため

　個人が会社の事業用資産を有していたとしても、事業承継税制の対象にならないので、当該資産については相続時に相続税がかかります。

　しかし、あらかじめ事業用資産を会社に移管しておけば、事業承継税制の対象にすることができます。

2. 移管の方法とメリット・デメリット

　個人が所有する事業用資産の会社移管の方法としては、譲渡、現物出資、贈与の方法があり、それぞれの方法のメリット・デメリットは以下のとおりです。

〈事業用資産の法人移管の方法とメリット・デメリット〉

	譲渡者	譲受法人	他の同族株主等
譲渡	メ）譲渡代金が入金 デ）不動産が金銭に変わるため、相続評価は高くなる ⇒別途対策検討	メ）事業用資産が一本化 デ）譲渡代金の調達が必要 低廉取得の場合、低廉取得利益（受贈益）に対して法人税課税	低廉譲渡の場合、株式価値増加分に対して贈与税課税
現物出資、贈与	デ）時価にて譲渡したものとみなして所得税等 26％課税	メ）譲渡代金の負担なく、事業用資産が取得できる デ）贈与の場合、無償取得利益（受贈益）に対して法人税課税	無償の場合、株式価値増加分に対して贈与税課税

（注）　事業承継税制の潜脱を防ぐため、同族関係者から現物出資又は贈与により取得した贈与前3年以内の資産が資産合計の70％以上の時は事業承継税制が適用できない。この割合計算の分母分子は簿価でなく時価で計算する。

3. 移管の方法と税

　譲渡者（個人）は有償譲渡だけでなく、低廉譲渡（時価の50％未満に限る）や無償譲渡（贈与）の場合でもみなし時価に対して所得税が課税されます（所法59①二、所令169）。
　取得者（法人）は、現物出資を除き、低廉譲渡（時価の50％ルールなし）や贈与によって、資産を取得した場合、受贈益（時価と取得対価との差額）

に対して法人税が課税されます（法法22②）。

　他の同族株主等は、どの方法によっても株式価値の増加が認められる場合、その経済的利益に対して贈与税が課税されます（相法9）。

〈個人所有事業用資産の法人移管方法と税〉

譲渡	譲渡者（個人）	譲渡先が法人で、時価の50％以上の取引価額ではない場合、譲渡者である個人に時価で譲渡したものとみなして所得税が課税される（所法59①二、所令169）。時価の50％以上の場合は、取引価額に対して所得税の課税。
	取得者（法人）	時価よりも低い売買価額の場合（50％ルールはない）受贈益（時価－取引価額）に対して法人税が課税される（法法22②）。
	他の同族株主等	低廉譲渡の場合、株式価値増加分に対して、譲渡者から経済的利益を受けたものとみなして贈与税が課税される（相法9、相基通9-2（4））。純資産価値増加額は、法人税相当額控除後（財基通185）。
現物出資	出資者（個人）	時価にて出資したものとして所得税が課税される（所法59①二）。
	株式発行法人（法人）	資本等取引のため受贈益課税等は生じない（法法22⑤）。
	他の同族株主等	出資者に対して、出資財産の時価相当額の株式が発行される限り、他の株主の株式価値に変動は生じないため、課税なし。低廉価額にて現物出資があった場合は、株式価値増加分に対して、出資者から経済的利益を受けたものとみなして贈与税が課税される（相法9、相基通9-2（2））。純資産価値増加額は、法人税相当額控除後（財基通185）。
贈与	贈与者（個人）	相手先が法人の場合、時価で譲渡したものとみなして所得税が課税される（所法59①二）。
	受贈者（法人）	受贈益（時価－取引価額）に対して法人税が課税される（法法22②）。
	他の同族株主等	株式価値増加分に対して、贈与者から経済的利益を受けたものとみなして贈与税が課税される（相法9、相基通9-2（1））。純資産価値増加額は、法人税相当額控除後（財基通185）。

4.　現物出資の留意点

　現物出資の場合、出資者である個人は現物出資財産に相当する株式の交付を受けますが、金銭の入金がないため、所得税の納税資金捻出が必要です。

　また、事業承継税制の潜脱を防ぐため、同族関係者から現物出資又は贈与により取得した贈与前3年以内の資産が資産合計の70％以上の時は事業承継税制が適用できないこととされています（措法70の7の5㉔、70の7の6㉕）。この割合計算の分母分子は簿価でなく時価で計算します。

（植木）

Q48　遺留分対策

Q　社長を継いだ長男に対し、会社関係資産を遺言により相続させようと思います。

相続後、長男以外の相続人からの遺留分侵害額請求に対応するには、相続前にどのような対策を行うことが有効でしょうか。

A　故人の妻や子供などの法定相続人は、遺言書によって遺産を十分に得ることができなかったとしても、一定額については取得できる権利があります。この権利を遺留分といい、法定の遺留分に満たない場合に、遺留分以上の遺産を相続した他の相続人に対し、その差額について支払を請求することができます。

このような紛争を回避するための遺留分対策としては、遺留分を侵害しない形で遺言書を作成することが重要となりますが、そのほか、遺留分の事前放棄制度や円滑化法による民法特例（固定合意、除外合意）、さらには種類株式の活用が考えられます。

1.　遺留分とは何か

　自らの財産をどの後継者にどのように取得させるかは、当該財産所有者の自由ですので、例えば、会社後継者となった長男に対して、会社の事業に供している工場不動産や会社株式の全てを取得させるような内容の遺言書を書けば、原則として死後、そのように相続がなされることになります。

　しかしながら、長男以外の他の法定相続人（妻や次男等）は、遺留分として、民法によって一定額の遺産を受け取る権利が認められており、自らが取得した遺産が遺留分に満たない場合には、遺産を多く取得した長男に対して、その遺留分に満つるまでの差額について金銭請求をすることができます。この請求を遺留分侵害額請求といい、相続やその内容を知ってから1年以内に行使することとされています。

　遺留分の範囲は、各相続分の2分の1であり（ただし、直系尊属のみが相続人の場合は3分の1）、具体的には以下のとおりとなっています。

　妻と長男と次男が法定相続人の場合：妻の遺留分は相続財産の4分の1
　　　　　同上　　　　　　　　　　：次男の遺留分は相続財産の8分の1
　長男と次男のみが法定相続人の場合：次男の遺留分は相続財産の4分の1

【遺留分侵害額請求の例】

【相続財産の内容（合計4億円）】

預貯金5,000万円	会社株式　3億5,000万円
妻と次男に半分ずつ遺贈	長男に遺贈

　妻の遺留分は1億円、次男の遺留分は5,000万円なので、妻は7,500万円を、次男は2,500万円をそれぞれ長男に対して、遺留分侵害額請求することができる。

　遺留分を侵害している場合の請求方法について、これまでは資産を多く取得した相続人（設例では長男）に対して、その相続財産のうちの一定割合の権利の帰属を請求することができるとされていました（遺留分減殺請求権）。しかし、これでは、長男が相続した会社株式の権利の一部を遺留分減殺請求によって次男も一定割合について取得してしまい、株主権行使が可能となってしまうことから、事業承継問題の解決策の一つとして、2018年の民法（相続法）改正により、遺留分権者は侵害額について金銭請求を行うものとされました。

2.　遺留分対策について

①　遺言書における遺留分への配慮

　遺留分が侵害された内容の遺言書が作成された場合、死後相続争いが生ずることになるため、会社財産承継者以外の相続人にも預貯金等の会社財産以外の資産を取得させ、遺留分が侵害しないような内容の遺言書を作成する必要があります。

②　遺留分の事前放棄制度（民法及び円滑化法「民法特例」）

　会社関係資産について経営を承継した相続人に贈与・遺贈する場合、会社財産以外の資産が十分でなければ、どうしても他の相続人へ遺贈する資産が少なくなってしまい、遺留分を侵害する形にならざるを得ないこともあります。

　そのような場合のため、被相続人が存命中に相続人と協議を行い、その遺留分を放棄させる制度があります。これは民法に規定されている方法のほか、比較的実行性がある形で対応できる制度として、円滑化法の民法特例の制度があります。民法特例の制度には、会社資産を遺留分の対象から除外してしまう除外合意と、会社資産の遺留分算定時における評価額を予め固定し

てしまう固定合意があります。

③　種類株式の活用：議決権のない株式

　そのほか、議決権のない株式の制度を会社に導入し、議決権ある株式を長男に取得させ、議決権のない株式を次男等に取得させることによって、会社経営に影響力のある議決権については長男のみが有する形とするなどが考えられます（Q50 参照）。

　　　　　　　　　　　　　　　　　　　　　　　　　　　　（髙井）

Q49 分散した株式の集約

Q　社長の椅子をそろそろ長男に譲ることを考えていますが、今後の安定的な経営のために、親族が一部保有している株式を私か長男に集約したいと思っています。株式を集約するにはどうしたらよいでしょうか。

A　株式を一部の株主に集約するためには、他の株主が保有する株式を譲渡する必要があります。ところが、株式の譲渡に消極的であったり、株主に連絡がつかない状況となっているなどによって、譲渡が困難な場合があります。

　会社法の制度では、株主が亡くなった場合に、その株式の相続人から強制的に株式を会社自らが買い取ることができる制度や、全体の9割以上を占める大株主がそのほかの少数株主から株式を強制的に買い取る制度が規定されています。そのほか、5年以上住所不明の株主の株式については競売手続を実施して、その手続内で購入することができる制度があります。

　また、少し手続が複雑となりますが、会社の意向によって会社がその種類の株式全てを買い取ることができる種類の株式（全部取得条項付き株式）を発行し、他の株主にはその種

類株式を保有してもらうことで、いつでも会社が購入することができる制度を導入することも考えられます。

1.　株式集約の必要性

　株式会社（有限会社を含む）の経営は代表取締役社長が担っていますが、その取締役としての地位は、会社の株主による株主総会決議によって付与されるため、経営者の意向に反対な株主が多くいる場合には、経営者は常に対立しながら経営を進めなければならず、また、経営に無関心な株主が多く、株主総会の定足数を満たさない場合には、株主総会決議ができずに経営を進めることができなくなってしまう危険が生じます。したがって、当該代表者の経営に理解がある一定数の株主によって、安定的な株主総会運営が実施されることが好ましいと言えます。そのため、株主が多くなってしまっているような場合には、会社自らか又は大株主がその他の株主から株式を購入して、一定の株主に集約する作業が必要となります。

2.　株式集約の方法

（1）　株式の売買

　株式を保有する株主が、他の株主に対して株式を譲渡する意向がある場合には、株主間にて株式の譲渡契約が締結・実行されることになります。定款上、株式の譲渡に対して取締役会等の承認が必要な場合には、その承認申請を実施して、承認を得ることになります。譲渡後には株主名義の変更の届出を会社に対して行うことになり、会社は名義変更後の株主をその後は株主として扱うことになります。

(2)　相続人等に対する売渡請求

　株主に相続が生じた場合には、株式が分散してしまい、また会社経営に対してどのような意見を有するかわからない株主が相続することもあり得るため、予め定款に規定しておけば、相続人に対して強制的に相続した株式を会社が買い取ることを請求できる制度があります。定款変更手続や実際に売渡請求を実施する場合には、株主総会決議を経る必要があります。また、売渡価格は、双方の協議によって決めることになりますが、決まらなかった場合には、一定条件の下で裁判所に売買価格の決定を求めることができます。

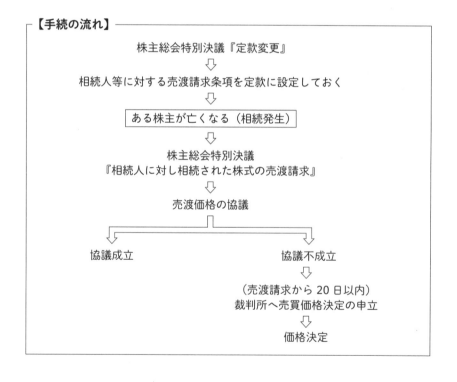

【手続の流れ】

株主総会特別決議『定款変更』
⇩
相続人等に対する売渡請求条項を定款に設定しておく
⇩
ある株主が亡くなる（相続発生）
⇩
株主総会特別決議
『相続人に対し相続された株式の売渡請求』
⇩
売渡価格の協議

協議成立　　　　　　　　　協議不成立
⇩
（売渡請求から20日以内）
裁判所へ売買価格決定の申立
⇩
価格決定

(3)　支払株主による株式売渡請求

　株主の総議決権の90％以上を有する大株主は、それ以外の少数株主に対して、その保有する株式を強制的に自らに売り渡すよう請求することができます。

(4)　5年以上住所不明株主の株式の競売手続

　会社から定時株主総会招集通知など、通常、株主に対して発送する書面等について、株主名簿の住所に送っても5年以上到達しなかった株主については、その後は通知しなくてもよい扱いとなり、また、当該株式について競売手続を実施して売却することができます。よって、競売手続にて株式を購入することができます。このときの売却代金は供託することになります（Q50参照）。

(5)　種類株式（全部取得条項付き株式）の利用

　株主総会特別決議により、定款変更により、全部取得条項付き種類株式を発行できることとし、株主の株式をこの全部取得条項付き株式に変更すれば、その後、株主総会特別決議により、会社が当該株式全てを買い取ることができます。なお、この場合、全部取得条項付き種類株式とは違う種類の種類株式を発行しておきますので、最終的にはこちらの種類株式の株主のみが残ることになります（Q50参照）。

　　　　　　　　　　　　　　　　　　　　　　　　　　　　　（髙井）

Q50 種類株式の活用

Q 　長男に会社経営を譲るため、会社株式を長男に贈与しようと思っています。しかし、会社株式以外の保有資産が乏しいため、将来において遺留分を巡って相続争いが生じかねません。また、他の会社に勤めている次男にも会社株式の一部は渡したいと思っています。将来的に紛争にならない方法を教えてください。

A 　遺留分を巡る争いを回避する方法は、遺留分の事前放棄制度を利用するか、又は遺留分を侵害しない形にて、会社株式を承継しない次男にも他の資産を相続させる形とすることが考えられます。しかし、他の資産が十分になければ、会社株式の一部を次男にも贈与することになります。

　会社株式の一部を次男に贈与した場合、次男が議決権を有する場合には、将来的に次男が会社経営に株主権（議決権）を通じて意見してくることが考えられ、長男は安定的な経営ができないリスクが生じます。そのため、会社株式の一部について、配当については優先権を有するが議決権はない株式とし、その議決権がない株式を次男が取得することで、配当によって経済的利益を受けながら、会社経営には口を出せな

いという形を作ることができます。

1. 種類株式とは

　種類株式とは、通常の株式とは異なり、議決権を有していなかったり、一定事項について優先的な議決権を有しているなどその権利内容に様々な内容を有する株式です。株主総会決議によって、定款を変更して、種類株式のうちどのような権利内容の種類株式を発行するかを決めることができます。決議が得られた種類株式の内容は登記されることになります。この種類株式の内容については、会社法によって9種類が用意されています。そのほか、一定の種類の株式すべてに対して権利内容を変更するのではなく、ある株主についてのみ取扱いをことにすることも可能であり、この取扱いを「属人的定め」と言います。

2. 事業承継の場面における種類株式の活用

(1) 無議決権株式

　設例のように、次男に会社の株式は交付することになるが、長男としては会社経営に口を出してもらいたくないという場合には、父親が社長のときに、「無議決権株式」という種類株式を発行し、この種類株式を社長が一旦取得した後に、相続等にて次男に取得させる対応が考えられます。

【優先配当権付き無議決権株式活用の例】

【相続財産の内容（合計 4 億円）】

預貯金 5,000 万円	会社普通株式　3 億 5,000 万円

妻と次男に半分ずつ遺贈　　　　　　　　長男に遺贈

※　妻の遺留分は 1 億円、次男の遺留分は 5,000 万円であり、預貯金 2,500
　万円ずつでは足りず遺留分を侵害する

預貯金 5,000 万円	会社　無議決権株式 1 億 5,000 万円分	会社　普通株式 2 億円分

妻と次男に半分ずつ遺贈　　　　　　長男に遺贈

※　妻と次男は、それぞれ預貯金 2,500 万円と無議決権株式 7,500 万円分を
　取得し、遺留分を侵害しない形となる
※　会社経営においての議決権は普通株式の株主たる長男のみが行使するこ
　とができる。無議決権株式に優先配当の条件を付ければ、会社経営に携わ
　らない妻や次男も満足

（2）　拒否権付き種類株式

　一定事項について、当該種類株式を保有する株主のみによる株主総会（種類株主総会）での決議がなければ実施できないこととする場合の種類株式を拒否権付き種類株式といいます。例えば、事業譲渡や合併など、会社の重要事項について、必ず了解を得なければならないこととすることができます。普通の株主総会にて決議されたとしても、この拒否権付き種類株式の種類株主総会で否決されれば、当該決議は実行できないことになります。

　よって、社長職を長男に譲り、株式の大部分も贈与したとしても、長男の経営手腕を監督する意味において、会社の重要事項のみについて拒否権付き種類株式を発行して、父親たる前社長のみが保有し、重要事項のみ最終決定権を有する形を取るなどが可能となります。

(3)　取締役等選任に関する種類株式

　拒否権付き種類株式は、普通株式による決議を得た上で、さらに拒否権付き種類株式による種類株主総会決議が必要とされていますが、取締役等選任に関する種類株式は、重要事項については、普通株式の株主総会決議の対象とならず、当該種類株式の株主総会決議により決まるものとするものです。

　よって、次男が普通株式を取得したとしても、役員人事などの重要事項については当該種類株式の株主総会のみで決めることとなるため、通常の会社経営に次男の意見が提出されることがあっても、会社の重要事項は長男のみが決めることができます。

（髙井）

Q51 複数の後継者がいる場合の対応

Q 長男と次男が会社内においてそれぞれ別々の事業を率いているような場合や、親族候補者のほか社内の実力ある従業員も後継者候補であるような場合、どのような対応が考えられるでしょうか。

A 　会社内に複数の後継者候補者がいる場合には、当該各後継者候補の素質のほか、会社内外での立場、会社継続の長期的視点からの判断など、様々な角度から検討して後継者を絞ることになります。

　他方、実力ある後継者候補が複数いて、それぞれが別々の事業を担当しているような場合には、無理に後継者を一本化するのではなく、事業運営に独立性を持たせた上で、それぞれの後継者候補がそれぞれの事業の経営を承継する方法も考えられます。この場合、社内において独立性のあるカンパニー制をもうける形のほか、会社分割によって別の会社を設立する方法（Q39〜44参照）があります。

1.　複数の後継者候補がいる場合

　複数の後継者候補がいる場合には、その性格や相性などのほか、得意とす

る分野によって検討の幅が異なります。

　例えば、経理関係など管理部門を担当している候補者と、営業部門を担当している候補者がいた場合には、相性が合えば、どちらかを社長、どちらかを副社長となり、それぞれ自らの得意とする分野にて力を発揮して会社経営を協力して行っていく形が考えられます。

　しかしながら、両者とも営業を担当しているような場合には、状況によってはそれぞれの力量がぶつかり合ってしまい、うまく行かない場合も考えられます。そのような場合には、基本的にお互いが干渉しない形を作り、それぞれに担当部署の経営を任せる方法を選択することも考えられます。

2.　会社内での分社化（社内カンパニー制）

　会社内において分社化する方法としては、それぞれの後継者が権限と責任を持って事業部を運営（経営）する形を作り、その2つの事業部を会社（取締役会）が束ねていく方法があります。社内カンパニー制とも呼ばれており、通常の会社が各事業部とは別に管理部門を有し、会社全体の経理や人事を掌握しているのに対し、社内カンパニー制では、各事業部が一定の予算枠の中で予算配分を決定する権限を有し、事業部内の人事を決める権限を有する形をとることで独立性を持たせています。

　したがって、複数の候補者がそれぞれ独立性を有する事業部の経営を担当し、どちらかが会社の社長となり、他方が副社長となる形となります。両事業部を統轄する取締役会には、社長、副社長のほか社外役員を入れるなどして、公平に2つの事業部の経営をモニタリングし、適切な予算配分を実施することになります。

3.　会社分割

　会社を 2 つに分け、別々の会社にした上で、それぞれの会社の経営をそれ
ぞれの候補者に託す方法として、会社分割の手続きを利用することが考えら
れます。2 つの会社の関係としては、親子会社関係とする他、創業家等がそ
れぞれの株式を保有する兄弟会社の関係となる場合が考えられます（Q39 〜
44 参照）。

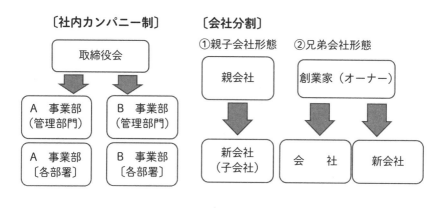

（髙井）

| Column |

似て非なる従業員要件

　特例事業承継税制には、似て非なる従業員要件が2つあります。

　1つ目は、"対象会社には常時使用する従業員が1名以上いること"。この要件の従業員は社会保険に加入していれば、受贈者等の親族であっても従業員に含まれます（措通70の7の7-5）。

　2つ目は、資産管理会社の例外要件で、"常時使用従業員が5名以上いること"。この要件の従業員は、受贈者等と生計一の親族以外であること（親族外従業員）が必要です（措令40の8の5⑤）。

　それぞれの要件は従業員の範囲が相違し、後者の要件の方が厳しくなっているので、注意が必要です。

（植木）

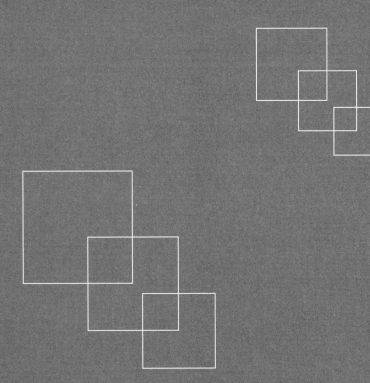

第6章

事業承継の実務
～親族に承継させるとき
②企業規模が小さいとき

Q52 持株会を利用する方法

 　　従前から持株会の導入に関心がありましたが、事業承継の機会に導入を検討しています。

　　持株会の効果や手続の流れ、留意点について教えてください。

 　　持株会は、従業員の経営参画目的に加えて、税対策として支配株主の議決権割合を減らさずに持株割合を減らすことができ、しかも役員や従業員が退職する際には購入価額で買戻しできる仕組みにするのが一般的です。

　　規約を作れば簡単に設立できますが、活動の実態が必要ですし、M&A の際には買戻しが必要になります。

1. 持株会とは

　持株会は、従業員や役員の福利厚生や経営参画、親睦、相続税対策目的で一般的に利用され、役員持株会、従業員持株会、取引先持株会などがあります。

　持株会は、組合規約を作れば簡単に設立でき、登記なども不要です。

2.　相続税対策の効果

　ここでは、税に絞って効果を解説します。

　効果の第一は、支配株主の議決権割合を減らすことなく持株割合を減らせることです。例えば、発行済株式1万株すべてを所有していた支配株主A氏が持株会に10％＝1,000株を譲渡しその株式を無議決権株式にすると、A氏の持株割合は90％になりますが、議決権割合は100％を維持することができます。相続税の評価対象はあくまで持株割合90％部分なので、議決権割合を減らすことなく評価額を10％減らせることになります。この場合、持株会には議決権のない種類株式を所有してもらうので、組合員のインセンティブとして配当優先とする場合が多いと思います。

　なお、持株会の構成員は少数株主になるのが通常のため、譲渡価額は特例評価（配当還元方式）によって算出した株価が用いられます。

〈持株割合、議決権割合の比較〉

株主	対策前		対策後			
	株式数	持株割合	株式数	持株割合	議決権株式数	議決権割合
A氏	10,000	100％	9,000	90％	9,000	100％
持株会	0		1,000	10％	0	
計	10,000		10,000		9,000	

　第二の効果としては、役員や従業員が退職する際に購入価額で買戻しができることです。現物株式を保有してもらった場合には購入価額での買戻しは困難な場合がありますが、持株会の場合は規約に明記することで購入価額での買戻しが可能になります。

3.　持株会設立における手続の流れ

　まずは、前提となる「規約（案）」を作成し、持株会の役員候補者を決めます。人数や発起人の選出先に定めはありませんが、一般的には信頼できる総務や経理人員の中から理事長1名、理事2名、監事1名を決め発起人とします。発起人会や設立総会で持株会を結成し、規約や役員を決めます。株式につき配当優先無議決権株式にする場合は、株主総会（特別決議）を開催し、オーナーから株式供給を受けるため取締役会の譲渡承認を取り付けます。募集対象の従業員（入社3年以上とする例）に対しては説明会を開催し会員を募集、資金を拠出してもらいます。大きな企業では、毎月の拠出をしますが、中小企業では設立時及びその後必要に応じた臨時拠出とするのが一般的です。

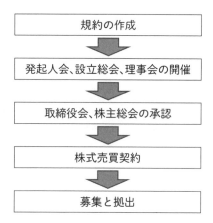

4.　持株会の留意点

　持株会の留意点としては、以下のとおりです。

①　持株会は民法組合とすること

　持株会の法形式としては、民法組合と人格なき社団がありますが、パススルー課税（会員が各々の所得を認識）となる民法組合であることを規約に明記します。

②　持株会として機能すること

　会員が資金を拠出したことや入会したことを知らないのでは話になりませんが、持株会としての活動の実態が必要です。

③　持株会自体の保有

　持株会自体の手持ちが認められないものではありませんが、会員の取得計画によっても消化しきれない部分は、事実上譲渡者の所有とみなされるおそれがあります。

④　上場の際

　会社が上場する際は、種類株式の発行は適さないため、上場前に普通株式に戻す必要があります。

⑤　M&A の際

　M&A の際には、一般的に持株会所有は適さない（買収者は 100 ％所有を望む）ため、M&A 前に買い戻す必要があります。

（植木）

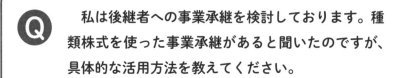

Q53　種類株式の税制利用

> **Q** 私は後継者への事業承継を検討しております。種類株式を使った事業承継があると聞いたのですが、具体的な活用方法を教えてください。
>
> **A** 種類株式を活用した事業承継方法としては、議決権制限株式を活用した事業承継が一般的に行われています。評価額の計算に当たって原則的には議決権の有無は考慮されません。

1.　種類株式を活用した事業承継

　事業承継は後継者のみに議決権を集中させることが重要です。しかしながら、現経営者の財産の多くが保有株式である場合、複数の子供がいて一人の後継者に株式を集中させてしまうと遺留分を侵害してしまう可能性が高くなります。そこで後継者以外の相続人には議決権制限株式を取得させることにより、議決権を後継者に集中させ、遺留分の侵害を回避することができます。

2.　種類株式の評価方法

　2006年5月に施行された会社法により多種多様な種類株式の発行が認められ、中小企業の事業承継においても活用されています。

　そこで、中小企業の事業承継において活用が想定される典型的な種類株式について国税庁から評価方法が公表されています。

（参考）

株式の種類	内容	評価のポイント
配当優先株式	剰余金の配当について内容の異なる定めをした株式をいいます。	① 類似業種比準方式 　株式の種類ごとに一株当たりの配当金額を計算する方法（資本金等の額の減少によるものを除く）によって評価します。 ② 純資産価額方式 　配当優先の有無にかかわらず評価します。
無議決権株式	株主総会の全部又は一部の事項について議決権を行使することができない議決権制限株式のうち、いっさいの議決権を有しないものを無議決権株式といいます。	① 原則 　議決権の有無を考慮せずに評価します。 ② 選択適用 　一定の条件を満たす場合には、原則的評価方式により評価した価額から、その価額に５％を乗じて計算した金額を控除して評価するとともに、当該控除した金額を議決権のある株式の価額に加算して評価することができます。 （参考）同族会社の判定 　同族株主に該当するか否かの判定は、持株割合ではなく議決権割合により行います。 　なお、議決権一部制限株式は株主の有する議決権の数及び評価会社の議決権総数に含めるとされています。

株式の種類	内容	評価のポイント
社債類似株式	次の条件を満たす株式をいいます。 ①　配当金については優先して分配する。 ②　残余財産の分配については、発行価額を超えて分配は行わない。 ③　一定期日において、発行会社は本件株式の全部を発行価額で償還する。 ④　議決権を有しない。 ⑤　他の株式を対価とする取得請求権を有しない。	利付公社債の評価に準じて発行価額により評価しますが、株式であることから既経過利息に相当する配当金の加算は行いません。また、社債類似株式を発行している会社の社債類似株式以外の株式の評価に当たっては、社債類似株式を社債であるものとして計算します。
拒否権付株式	株主総会の決議に対して拒否権の行使が認められた株式をいいます。	拒否権の有無にかかわらず普通株式と同様に評価します。

3.　活用のポイント

①　非後継者への配慮

　議決権制限株式は後継者への議決権の集中には有効ですが、非後継者が不満に感じる可能性もあります。後継者と非後継者の感情的な対立を回避するためには、以下のような方策が有効です。

ア）議決権制限株式を配当優先株式にすることで、議決権が制限される代わりに、優先的に配当を受けられるというメリットを与える。

イ）無議決権株式にした場合に、相続税申告の際選択適用できる、無議決権株式評価額の5％評価減の制度を使い、後継者の取得する普通株式の評価額と差を付けることで納得を得る。

②　無議決権株式の評価減選択適用の条件

　無議決権株式について、5％評価減した金額で評価する方法を選択するには、次のすべての条件を満たさなければならない点に留意が必要です。

ア）当該株式について、相続税の法定申告期限までに、遺産分割が確定していること。

イ）当該相続又は遺贈により、当該株式を取得したすべての同族株主等から、相続税の法定申告期限までに「無議決権株式の評価の取扱いに係る選択届出書」が所轄税務署長に提出されていること。

ウ）当該相続税の申告に当たり、「取引相場のない株式（出資）の評価明細書」に、調整計算の算式に基づく無議決権株式及び議決権のある株式の評価額の算定根拠を適宜の様式に記載し、添付していること。

（中越）

Q54　自己株式とする方法

Q 　事業承継対策として株式を会社に買い取ってもらう方法があると聞きました。その方法やメリットについて詳しく教えてください。

A 　相続発生前に会社に株式を買い取ってもらうことのメリットはリタイア後の生活資金の確保や、相続財産となる株式を減らす効果があります。他方、相続発生後に相続人が会社に株式を買い取ってもらうメリットは相続人の納税資金の確保や、譲渡時の課税の特例があります。

　自己株式は、「金庫株」とも呼ばれ、企業が発行した自己の株式（自社株）について、発行後にその企業自身が取得し、保有している株式のことをいいます。自己株式を活用した事業承継には①相続開始前と②相続開始後に取得する 2 とおりのケースがあります。

①　相続開始前に自己株式として取得する場合

　事業承継対策として相続開始前に会社がオーナーから自己株式を取得するケースは以下のメリットが考えられます。

ア）　後継者へ事業を承継した後の生活資金の確保

イ）　中小企業のオーナーは財産の大半が自社の株式ということが多いので、

後継者以外の相続人へ遺す遺留分対応資金の確保

ウ）　教育資金、住宅資金等の贈与資金の確保

〈留意事項〉

ア）　自己株式の取得に伴う譲渡による利益（みなし配当）は、分離課税ではなく、総合課税となります。剰余金が多い会社ですと、みなし配当が多額となり、累進課税のため最大50％を超える所得税及び住民税がかかってきます。

イ）　自己株式を取得する場合、その取得価額が時価よりも低い価額で行われ、オーナー以外の株主がいる場合には、その株主が保有する株式の1株当たりの価値増加分は、オーナーからその株主に対して贈与があったものとして、贈与税が課税されることがあるので注意が必要です（相基通9-2(4)）。

ウ）　自己株式の取得には資本の払い戻しという側面もあるため、会社法で一定の財源規制があります。取得額が分配可能額（剰余金の額 - 自己株式の帳簿価額）を超えないよう注意が必要です（会社法461）。

エ）　自己株式を特定の株主から取得する場合には、株主総会の特別決議が必要になります（会社法160）。

オ）　会社は自己株式を取得するために、通常の運転資金の他にキャッシュを用意する必要があります。

②　相続開始後に自己株式を取得する場合

　事業承継対策として相続開始後に会社が相続人から自己株式を取得するケースは以下のメリットが考えられます。

ア）　株式を取得した相続人の納税資金の確保

イ）　後継者以外の相続人に分散された株式を自己株式として取得することにより、後継者への議決権の集中

ウ）　譲渡時の課税の特例の適用

　　相続により取得した株式を発行会社に譲渡した場合には特例があり、
譲渡対価の全額を譲渡所得の収入金額とし、所得税と住民税の合計税率
20.315 ％になる特例があります（措法 9 の 7）。

〈留意事項〉

ア）　相続により取得した株式をその発行会社へ譲渡した場合の特例は、以
　　下の点に注意が必要です。

・相続税の申告書の提出期限の翌日以後 3 年を経過する日（相続が発生して
　から 3 年 10 か月以内）までに、その株式を発行会社に譲渡した場合に適
　用されます。

・この特例は相続又は遺贈により財産を取得して相続税を課税された人が対
　象のため、配偶者の税額軽減により相続税が課税されなかった配偶者はこ
　の特例の適用がなく、また、相続税の基礎控除以内のため相続税が課税さ
　れない場合も適用がありません。

・この特例を使う場合には、その株式を譲渡する日までに「相続財産に係る
　非上場株式をその発行会社に譲渡した場合のみなし配当課税の特例に関す
　る届出書」をその発行会社に提出し、当該発行会社は譲り受けた日の属す
　る年の翌年 1 月 31 日までに所轄の税務署長に提出する必要があります。

イ）　課税の特例の利用等を目的として、後継者以外の相続人に一旦株式を
　　相続させ、それを会社が自己株式として取得することがあります。この場
　　合、相続後に後継者以外の相続人の気が変わり、経営に参画されるのを防
　　ぐためには、遺言等を利用し、後継者以外の相続人には議決権に制限を付
　　けた種類株式を渡すことも有効です。また、相続後に自己株式を買い取る
　　際、買取価額で対立する可能性もあるので注意が必要です。

（参考）

みなし配当の額

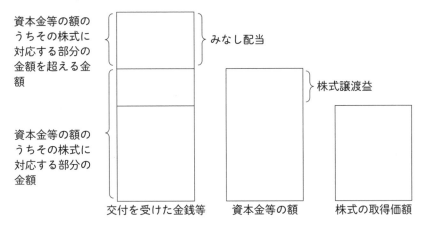

資本金等の額のうちその株式に
対応する部分の金額を超える金額 … みなし配当

株式譲渡益

資本金等の額のうちその株式に
対応する部分の金額

交付を受けた金銭等　　資本金等の額　　株式の取得価額

※　資本金等の額のうちその株式に対応する部分の金額

$$\text{資本金等の額のうちその株式等に対応する部分の金額} = \frac{\text{資本金等の額}}{\text{発行済株式等の総数}} \times \text{株主等が有していたその自己株式の取得等に係る株式の数}$$

（中越）

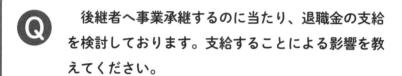

Q55　役員退職金を支給する

Q　後継者へ事業承継するのに当たり、退職金の支給を検討しております。支給することによる影響を教えてください。

A　事業承継時より前に退職金の支給を受け、株価を引き下げることにより、低い株価で後継者に株式を贈与又は譲渡することが可能となります。

1.　役員退職金の算定方法

　役員退職金は適正な範囲内の金額であれば、法人の損金の額に算入されますが、役員の業務従事期間や退職の事情、類似法人の役員退職金の支給状況などに照らして不相当に高額な部分がある場合には、その不相当に高額な部分は損金不算入となります（法令70）。

　役員退職金の算定方法は実務上、以下の計算式で算出する「功績倍率方式」が用いられることが多いです。なお、この功績倍率法は平成29年に法人税基本通達に明文化されました（法基通9-2-27の2）。

> 最終報酬月額　×　役員在任年数　×　功績倍率

功績倍率」は同業種、同規模の類似法人のデータを参考に貢献度を考慮して決めます。他社のデータとしてはTKCグループの「月額役員報酬・役員退職金」（Y-BAST）等が参考になります。

2. 留意事項

① 役員退職金の支給は多額の資金が必要となりますが、資金調達の方法等も検討する必要があります。なお、事前に生命保険を活用して資金を積み立てておく方法もよく採用されていますが、保険料の支払時に全額又は1／2損金になるような保険を活用している場合は、解約時に多額の益金が発生するため、当初予定していた役員退職金を活用した株式の評価額の引下げの効果が出ない可能性もあるため注意が必要です。

(注) 生命保険の取扱いについては、2019年の通達改正により法人税の取扱いが大きく変更となっています。

② 事業承継に伴って退職金を支給する場合は、代表取締役は後継者に譲っても、会長・相談役等の肩書で経営に携わり続けると退職金として認められない可能性もあるため、形式的・実質的にも経営から退いていることが重要です。

③ 事業承継時より前に退職金を支給することは、株価の引下げに効果があり、また、オーナー経営者は在任期間も長いことが多く、その場合退職所得控除も多く取れるので、源泉所得税控除後の手取りも多くなります。しかし、リタイア後の生活資金として使いきれず、大部分を相続財産として残してしまうと、結果的に株の評価を引き下げた効果以上に相続税額が増加してしまう可能性もあるため、バランスや別途対策が大事です。

退職金を支給することにより、株式以外の相続財産として現預金を残せるので、相続税の納税資金として準備することも可能になります。

④　役員退職金を支給するときは、株主総会の決議が必要になります。役員退職金規程があっても株主総会の決議が必要となることも留意してください。

3. 死亡時まで経営に従事していた場合

亡くなる直前まで経営に従事していた経営者に対しては、死亡退職金を支払うことが相続税対策として有効です。

株式の相続税評価の際、「純資産価額方式」の算定上は故人に対する死亡退職金を会社の債務として計上することができ、株価を下げる効果があります。

また、死亡退職金は、相続税計算上「みなし相続財産」として計算の対象となりますが、相続人が受け取る死亡退職金については、以下の非課税枠があるので、相続税の節税効果もあります。

> 500万円　×　法定相続人の数　＝　非課税限度額

なお、死亡退職金の他、遺族に対し支払われる一定の額を超える弔慰金（注）も同様の取扱いとなります（非課税枠の計算は死亡退職金と弔慰金の合計額で計算します）ので、死亡退職金とは別枠で弔慰金を支給することにより、より大きい金額を支給することができます。

（注）　死亡退職金の他に会社から支払われる弔慰金は以下の金額を超える部分に相当する金額が退職手当等として退職金と合算して非課税枠の計算をすることになります。
①　被相続人の死亡が業務上の死亡であるとき
死亡当時の普通給与の3年分に相当する額
②　被相続人の死亡が業務上の死亡でないとき
死亡当時の普通給与の半年分に相当する額

役員退職金チェックリスト

□	役員退職金規程があり、規程に基づく計算をしているか
□	最終報酬月額が低い場合は、「1年当たり平均額法」など他の方法による算定を検討したか
□	功績倍率は類似法人のデータ等を参照しているか
□	過去に法人成りや組織再編があった場合の在任年数の引き継ぎを検討したか
□	役員退職金の支払原資があるか
□	退職金支給を株主総会で決議しているか
□	役員退職金の支給方法（一括又は分割）や損金算入時期を検討しているか
□	役員退職金支給後も経営に参画していないか
□	社内外に対し代表者が変更したことを周知しているか
□	死亡退職金の他に弔慰金の支給を検討したか

（中越）

Q56　株式評価を下げる方法

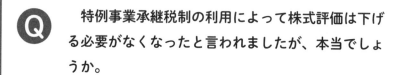

Q 　特例事業承継税制の利用によって株式評価は下げる必要がなくなったと言われましたが、本当でしょうか。

A 　特例事業承継税制は手間とコストがかかる手続なので、利用しない場合には従来型の株式評価減対策が有効ですし、利用する場合においても、猶予された税を納税するリスクや累進税率という相続税の計算方法の問題があるので、株式評価は低くしておいた方が有効です。

1.　株式評価を下げる理由

　Q9のとおり、特例事業承継税制は手間とコストがかかる手続なので、すべてのケースにおいて利用すべきではありません。私見になりますが、純資産が1億円未満程度の規模では、従前の税対策を行った方が良いと思います。

　また、特例事業承継税制を利用する場合でも株価対策を無視するわけにはいきません。事後要件（贈与・相続後も遵守すべき要件）に違反して猶予された税金の納付が発生した場合や相続税の計算方法の問題（相続税は累進課税で計算されるため、株価が高いと株式以外の資産に対する税額が増加する）などがあり、株価はできるだけ低くしておいた方が有利です。したがっ

て、株式評価減対策等は引き続き有効です。

2.　株式評価減の方法

　相続税における株式の評価方法は、所有株式数に会社の規模に応じて、「類似業種比準価額方式」、「純資産価額方式」、その2つの方式の「併用方式」により算出した株価を乗じることにより評価します。

　相続税の対象となる株式の評価額の引下げには、①対象となる株式の株数自体を減らす方法、②類似業種比準価額を引き下げる方法、③純資産価額を引き下げる方法、④その他の方法があります。

①　対象となる株式の株数を減らす方法

対策	概　　要
少数株主の利用	従業員持株会・親族外株主等、税制上の少数株主に株式を保有してもらう方法です。 （その際の少数株主への譲渡価額は配当還元方式により評価されます。）
自己株式の利用	発行会社に株式を買い取ってもらうことで、株式を現金に転換でき、納税資金にすることもできます。

②　類似業種比準価額を引き下げる方法

　類似業種比準価額は以下の4つの要素により計算されます。

ア）　類似業種の株価

イ）　1株当たりの配当金額

ウ）　1株当たりの利益金額

エ）　1株当たりの純資産価額（帳簿価額によって計算した金額）

対策	概　　要
適用する業種の変更	適用される類似業種の株価が高い場合は、会社分割や株式移転により事業組織の再編を行い、株価が低い業種を活用する方法です。
支払配当金を引き下げる	支払配当金を引き下げる又は配当を支払わない方法です。 　なお、株価評価の対象となる配当金は、経常的な配当金に限られ、毎期継続することが予想できない特別配当、記念配当等は除かれます。
利益金額、簿価純資産価額を引き下げる	利益金額や簿価純資産価額の引下げには以下の対策が有効です。 ・役員退職金の支払 ・含み損を抱えた不動産の売却 ・債務超過会社の清算又は合併 ・回収困難な金銭債権の貸倒処理 ・航空機、船舶等のオペレーティング・リース取引による利益の圧縮

③　純資産価額を引き下げる方法

　純資産価額方式による株価は、直前の貸借対照表価額によって計算されます。

対策	概　要
資産内容の組換え	預金等の金融資産を不動産に切り替え、又は、借入金で不動産を購入する方法があります。 　ただし、購入後 3 年以内の不動産は路線価や固定資産税評価額ではなく、「通常の取引価額」によって評価することになります。 　なお、土地保有特定会社（注 1）に該当しないように注意が必要です。
持株会社の設立	高収益の事業部門を会社分割により子会社化したり、親会社として、持株会社を設立することにより、親会社の保有する子会社株式の含み益に対して法人税等相当額が控除できます。 　なお、親会社が株式保有特定会社（注 2）に該当しないように注意が必要です。
生命保険の活用	純資産価額方式の評価においては、積立型の生命保険料の掛け金である、「保険積立金」は「解約返戻金」の額によって評価されます。 　生命保険の取扱いについては、2019 年の通達改正により法人税の取扱いが大きく変更となっていますので保険の活用については慎重な検討が必要です。

（注 1）土地保有特定会社
　会社の規模区分に応じて、会社の総資産に占める土地等の保有割合が以下の基準に該当する会社を「土地保有特定会社」といいます。
・大会社及び小会社のうち総資産価額が大会社の基準となる会社
　・・・70 ％以上
・中会社及び小会社のうち総資産価額が中会社の基準となる会社
　・・・90 ％以上
（注 2）株式保有特定会社
　会社の規模区分に応じて、会社の総資産に占める株式等の保有割合が以下の基準に該当する会社を「株式保有特定会社」といいます。
・大会社・・・・・・・・25 ％以上
・中会社及び小会社・・・50 ％以上

④　その他の方法

対策	概　　要
会社規模の変更	純資産価額方式による株価が高い場合には、税制上の大会社に移行することで類似業種比準方式により評価できます。
相続時精算課税	2,500万円の非課税枠を使って相続時精算課税により株式を贈与した場合には、会社が発展し株価が上昇しても相続時の評価は贈与時の評価額になります。 　また、事業承継税制を活用した贈与の場合でも、相続時精算課税を利用することで、取消要件対策としても有効です。

（中越）

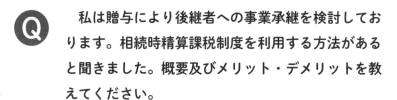

Q57 相続時精算課税の活用

> **Q** 私は贈与により後継者への事業承継を検討しております。相続時精算課税制度を利用する方法があると聞きました。概要及びメリット・デメリットを教えてください。
>
> ....
>
> **A** 後継者へ贈与により事業承継する場合には、暦年課税（通常の贈与）ですと株価が高い場合には贈与税が多額に課税されてしまいます。そこで相続時精算課税制度を活用すると、2,500万円までの贈与は非課税になり、また、2,500万円を超えた金額に対しても税率が低く抑えられます。

1. 相続時精算課税制度の概要

　相続時精算課税の制度とは、60歳以上の父母又は祖父母から、20歳以上（2022年4月1日以後は18歳以上）の子又は孫に対し、財産を贈与した場合において選択できる贈与税の制度です（相法21の9）。

　特別控除の枠が2,500万円あるため、この枠に達するまでの贈与について贈与税はかかりません。これを超えた分の贈与については、一律20％の税率で贈与税がかかります。

　また、この制度の贈与者である父母又は祖父母が亡くなった場合には、相

続税の計算上、相続財産の価額にこの制度を適用した贈与財産の価額を加算して相続税を計算し、この相続税と支払っていた贈与税との差額を納税します（還付の場合は還付されます）。

2.　メリット

①　非課税枠

　暦年課税の場合は非課税枠が 110 万円ですが、相続時精算課税制度を利用すると非課税枠が 2,500 万円になります。

②　税率

　暦年課税の場合は贈与額に応じて税率が累進課税となっていますが、相続時精算課税を利用すると、非課税枠の 2,500 万円を超えた部分も一律 20 ％の課税で抑えられます。

（参考）暦年課税と相続時精算課税の税率の差

暦年課税（注）			相続時精算課税	
基礎控除後の課税価額	税率	控除額	課税価額	税率
200 万円以下	10 ％	－	2,500 万円控除後	20 ％
400 万円以下	15 ％	10 万円		
600 万円以下	20 ％	30 万円		
1,000 万円以下	30 ％	90 万円		
1,500 万円以下	40 ％	190 万円		
3,000 万円以下	45 ％	265 万円		
4,500 万円以下	50 ％	415 万円		
4,500 万円超	55 ％	640 万円		

（注）　暦年課税の税率は直系尊属から、20 歳以上（2022 年 4 月 1 日からは 18 歳以上）の者への贈与に適用される特例税率によっています。

③　株価の上昇時に効果的

　相続時精算課税制度を利用すると、相続時に相続財産に加算されます。この加算される金額は、相続時点の価額ではなく、贈与時点の価額になります。

　好業績が続き、株価が上昇することが予想される会社については効果的ですし、さらに Q56 に記載した方法等により、株価を下落させた後にこの制度を利用して贈与するとより効果的です。

3.　デメリット

①　その後の贈与も「暦年課税」を選べない

　相続時精算課税制度を一度選択すると、その贈与者から贈与を受ける財産については、その選択をした年分以降全てこの制度が適用され、「暦年課税」へ変更することはできません。

　これは、選択した年以降の贈与について、暦年課税の非課税枠 110 万円が使えないということですので、この制度を選択すると、累積で 2,500 万円までは非課税ですが、2,500 万円を超えた場合は、その年の贈与が 110 万円以下であっても贈与を受けた額の 20 ％の納税が必要となります。

②　株価の下落局面に相続税が増加する

　メリットの③とは逆に、相続時精算課税制度の利用後、株価が下落した場合には、選択していなかった場合に比べ相続税額が増加する可能性があります。

4.　手続

　相続時精算課税を選択しようとする受贈者（子又は孫）は、その選択した最初の贈与を受けた年の翌年の 2 月 1 日から 3 月 15 日の間に納税地の所轄税務署長に対して「相続時精算課税選択届出書」を受贈者の戸籍の謄本など

の一定の書類とともに贈与税の申告書に添付して提出する必要があります。

5.　事業承継税制との併用

　第 5 章で記載した贈与の特例事業承継税制の適用を受けている株式についても、相続時精算課税制度の適用が可能です。

　贈与について特例事業承継税制の適用を受ける場合、Q34 に記載した事後要件を満たさなくなったときは、猶予されていた贈与税の全額又は一定の額を納付しなければならなくなります。そこで、相続時精算課税制度の適用も選択することにより、納税猶予が取り消された場合のリスクが軽減される可能性もあるため、贈与の特例事業承継税制の適用を検討する場合には、あわせて相続時精算課税の適用も検討する必要があります。

（中越）

Column

教育資金贈与をうまく活用する

　子供や孫にしっかりと教育を受けてほしいと願うのは、親の共通の想いでしょう。

　1人当たり1,500万円の非課税枠がある教育資金贈与が有利な制度であることはわかっていても、その捻出は容易ではありません。

　例えば、個人で事業用資産を保有している場合にその事業用資産を会社に譲渡する、あるいは会社から退職金を受給する、などによって捻出した資金を財源に教育資金贈与を実施する方法があります。

（植木）

第 7 章

事業承継の実務
～従業員・役員に承継させるとき

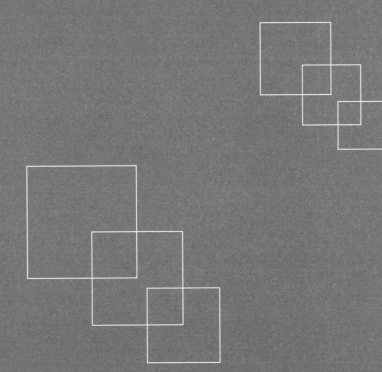

Q58 経営者保証ガイドラインの活用

Q 　事業承継を行うに際して、会社の借金に対する保証も次期経営者は引き継がなくてはならないのでしょうか。

A 　会社が金融機関から借入を行うときには必ずと言ってよいほど、経営者すなわち社長はその債務について連帯保証しています。事業承継においても、この保証を次期後継者が引き継がねばならないとすると、その負担の重さのため円滑な承継ができないことがあります。そこで、経営者保証ガイドラインは、事業承継における保証について、金融機関は、次期経営者に対して保証を当然に引き継がせるのではなく、その必要性について慎重に検討しなければならないとしております。

1. 経営者保証ガイドライン

　経営者保証ガイドラインは、全国銀行協会と日本商工会議所が事務局となり、ガイドライン検討委員会にて策定されました。よって、自主的ルールとなりますが、金融庁や中小企業庁が推進しているため、金融機関にとっては一定の準則としての効力を有しております。

　このガイドラインにおいては、①会社に対する融資において経営者の個人保証に頼らず、担保等の他の保全措置を検討しなければならないこと、②保証債務が不適切な内容である場合には是正すること、さらに、③会社が再生手続や清算手続に入り、保証人への保証履行を求める場合に、保証人が会社整理手続に早期に着手したときなどは、当該保証人を破産させるのではなく、特定調停手続等にて一定の範囲の資産を手元に残した上で保証債務の免除を行うことなどを規定しております。

　そして、上記②の場合の一つとして、事業承継の場合の経営者保証の取扱いについても規定しており、後継者に対しては当然に従前の連帯保証責任を承継させるのではなく、経営者保証の承継が、事業承継が円滑に進まない理由の一つとなっていることから、慎重にその必要性について検討することとされています。なお、2019年6月21日閣議決定による「成長戦略実行計画」においては、経営者保証が事業承継の阻害要因とならないよう、原則として前経営者と後継者の両方から保証をとる「二重徴求」を行わないことなどを盛り込んだ経営者保証ガイドラインの特則策定が明記され、2019年12月に「事業承継時に焦点を当てた『経営者保証に関するガイドライン』の特則」が定められ、2020年4月1日から運用開始されています。

2.　事業承継の場面での経営者保証ガイドラインの活用

(1)　債務超過となっていない場合の事業承継

　経営者保証ガイドラインでは、事業承継の場面においては、後継者に対して当然には経営者保証を引き継がせないとしているため、金融機関から後継者に対して経営者保証の継承を求められたような場合には、経営者保証ガイドラインの該当部分（第6項）及び経営者保証ガイドラインの「特則」を示し、慎重対応を求めることで、金融機関との間で協議を持つことができるものと思われます。

　前経営者の保証についても、同様に経営者保証ガイドラインに即した対応を金融機関に求めていくことが考えられます。

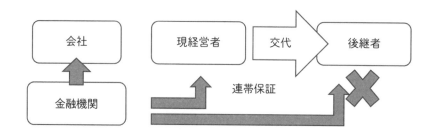

（2）　債務超過の会社の場合

　債務超過の場合には、負債処理が問題となり、会社について再生手続などを実施した上で事業を承継させる対応が考えられますが、この場合には前経営者は保証債務の履行を求められることになります。そのような場合には、経営者保証ガイドラインの対応についての経験ある弁護士に依頼した上で、経営者保証ガイドラインを使うことによって、破産ではなく一定の財産を手元に残して保証債務免除を求める手続を実施することになります。

（髙井）

Q59 経営権委譲後の前社長の保証問題

 　私は幹部従業員に社長の椅子を明け渡し、また、今後は企業経営からは離れ、余生を別のことをしてゆっくり過ごしたいと思っていますので、会社の全株式も後継者に譲っています。よって、会社との間には債権債務を含め、一切関係がなくなっています。

　しかしながら、会社が金融機関から借りた借金の保証はまだ残っており、会社経営から離れている以上、保証も解消したいと思っています。どのような手続をとったらよいでしょうか。

 　会社の経営から退いただけでなく、株式も譲渡して保有しておらず、会社に対して貸し借りも残っていないような場合には、今後の会社経営に携わらない状態となっていますので、できるだけ保証を解除することが望ましいと言えます。

　包括保証をしていたような場合に、今後の新たな借入金については保証しない旨を金融機関に求めれば、包括保証の趣旨から退任後の借入金については保証は及ばないとする裁判例もあります。

　また、そもそも後継者が経営者保証を承継しているような

　　　場合には、旧経営者の保証が残っていれば、保証が二重と
　　　なっており、適切な状況とは言えません。「経営者保証ガイ
　　　ドライン」やその「特則」を根拠として、金融機関と協議を
　　　して、適切な対応を求めることになります。

1. 事業承継における退任した前経営者の保証の取扱い

　後継者が見つかり、社長の地位を譲っていても、株式を保有しオーナーと
して後継者社長に指図ができる状況にあれば、まだ経営者としての立場にあ
り、経営者保証が残っていることもやむを得ない点もあります。しかしなが
ら、株式を含め経営権を全て委譲しており、会社を支配できる状況になく、
また、会社との関係で貸し借りもないような場合には、保証を残しておくこ
とが相当でない場合もあり、保証解除を会社とともに金融機関に求めていく
ことになります。なお、このように会社経営から退いたことによって、経営
者であることによって締結していた保証契約については前提がなくなってし
まうことになり、包括保証契約となっていたとしても、退任後においては保
証をしない旨を金融機関に申し入れていた場合には、退任後の新たな貸付等
については保証は及ばないと判断した裁判例があります。

　他方、後継者候補が幹部従業員である場合には、経営者保証の承継に抵抗
が強くあり、このことで経営を継ぐことを決められない場合があります。そ
のような状況下において、前経営者が自らの保証解除のみを金融機関に主張
すれば、金融機関はますます後継者候補に対して保証の承継を求めていく可
能性もありますので、前経営者としては、事業承継を円滑にまずは進めるこ
とを優先しながら、自らの要求を掲げることになります。

2. 経営者保証に関するガイドライン及びその「特則」

　経営者保証のあり方について規定している「経営者保証ガイドライン」の第6項は、事業承継時の経営者保証のあり方について規定しています。前経営者の保証解除についても、その申し出があれば金融機関は適切に判断することとされています。

　事業承継時における経営者保証のあり方を明確にした、「事業承継時に焦点を当てた『経営者保証に関するガイドライン』の特則」は、令和2年4月から適用されていますが、前経営者と後継者が二重に保証する「二重徴求」については原則として禁止しています。さらに、前経営者の保証に関し、「実質的な経営権・支配権を保有しているといった特別の事情がない限り、いわゆる第三者に該当する可能性がある」とし、2020年4月施行の改正民法においては、第三者の個人保証については予め公証役場にて意思確認する必要があるなど制限されている状況を踏まえ、適切な見直しを検討することを求めています。

　経営者保証ガイドラインが事業承継の場面にも適用があることや、その「特則」が新たに制定されたことなどについて、金融機関担当者が知らなかったり、内容を理解していない場合も少なくないと思われますので、これらのガイドラインを全国銀行協会や金融庁・中小企業庁のホームページから取得して、積極的に提示して協議を求める必要があると思われます。

（髙井）

Q60 オーナー企業における株主対策

Q　前社長の親族が会社を継がなかったため、幹部従業員であった私が社長に就任しています。株式はそのまま前社長一族が保有しており、私はいわば雇われ社長でありますが、経営にも慣れ、安定してきました。ところが、大株主の一人であった前社長の弟が急死してしまい、相続人4人が当社の株式を相続したようなのですが、通知を送っても返信がまったくありません。前社長も高齢であり、相続が生じた場合には株式は経営に無関心な相続人が取得することになり、そのうち株主総会の定足数を確保できなくなってしまうのではないかと危惧しております。どのような対策を講じたらよいでしょうか。

A　株式が相続により分散し、経営に無関心な株主が増えた場合、株主総会を開催するのに必要な定足数を確保することができなくなったり、また、経営に興味のある一人の株主が親戚から議決権を集め回ったりすれば、経営に無関心な株主から容易に議決権が集まってしまい、経営基盤を揺るがす事態にもなり兼ねません。

> したがって、資金を用意して現経営陣が株式を購入することや、会社が株主から一定の範囲にて株式を買い取ることを検討する必要があります。

1.　株主の地位

　株式会社は株主の議決権行使によって決める株主総会で、取締役や監査役などの役員を選任したり、重要な事業の譲渡や会社分割、合併を決議します。よって、経営者は安定した経営を継続するためには、常に株主に留意し、株主総会が円滑に進むように対策を講ずる必要があります。ところが、中小企業の株主総会は形骸化していることが多く、株主になっていたとしても配当がないことがほとんどであり、株主が株主権の行使や会社の経営状態に無関心である場合が少なくありません。そうすると、株主総会招集通知を送付しても株主総会に出席せず、委任状も返送がない場合には株主総会を開催するために必要な定足数に足りず、株主総会が開催できない危険が生じます。さらに、当該会社の経営に無関心な株主が多い場合には、それらの株主の議決権を集めて経営権を求める者が出てくる危険すら生じている場合があります。

　したがって、経営者は常に過半数の議決権を有する大株主とは連絡を密にしながら、会社運営に協力を仰ぎ、支援を常に求める必要があります。

2.　株式集約の方法

　高齢な株主がいる場合には、相続によって、経営に無関心な相続人に株式が分散してしまうリスクがありますので、対策を講ずる必要があります。会社の基本的なルールは会社法とそれぞれの会社が作っている定款によりま

す。その定款において、予め、株主について相続が生じた場合には、相続人に対して強制的に会社が株式を買い取ることができる旨の規定を設定しておけば、相続が生じても株式は分散することなく、会社にて購入することができます。会社が購入した株式については議決権はないのですが、定足数を決める場合の分母の対象外となりますので、定足数を確保するために一定の効果があります。

さらに、5年間株主名簿の住所に株主総会招集通知を送っても住所が変わっているため届かず戻ってきてしまうような場合には、会社は当該株式の売却を裁判所に求め、会社役員がこれを購入することも有効な措置となります。

また、状況によっては、無関心な株主に対して、役員から声をかけて適正価格での当該役員への売却を依頼することも検討しても良いと思います。

なお、9割を有する大株主は残りの少数株主の株式を強制的に購入することができますので、例えば、第三者に事業を承継するため全株式を譲渡しようとする場合には、大株主が少数株主の株式を取得してから、第三者に全部の株式を譲渡することが可能です。

対策	手続	効果
相続人等に対する売渡請求	定款に規定する	相続人から会社が株式を買い取ることができる
所在不明株式の競売	特になし	5年間通知が届かない株主の株式を競売することができる
特別支配株主による株式売渡請求	特になし	9割以上の大株主は、少数株主の株式を買い取ることができる

(髙井)

経営権争奪の紛争が
生じた場合の対応

Q 　　幹部従業員であった私が社長になり、新しい事業
を立ち上げることで業績は急上昇していますが、こ
れまでの経営の仕方とは全く異なるため、最近、大
株主の1人が私の経営方法に異を唱え、来年の株
主総会では自らが役員となってその後に社長となる
ことを画策しているという動きがあります。現経営
陣は全員私を支持してくれており、我々としても当
該株主の動きに対して対策を講ずべきではないかと
思っています。どのような対策を講ずることが可能
でしょうか。

A 　　株主総会を開催する権限は取締役会にありますが、総議決
権の3％を有する株主は会社に対して、株主総会を開催す
るよう求める権利を持っています。また、株主総会の決議は
多数決ですので、議決権を多く支配した方が決議を制するこ
とになります。したがって、まずは現経営陣を支援する株主
を探し、現在の経営方針や実績、株主への配当等による還元
策を説明し、支援を取り付ける必要があります。

　　さらに、通常、中小企業の定款においては株式を譲渡する
場合には取締役会の承認決議が必要とされていますので、そ

のような承認請求があった場合に、株式を譲渡しようとして
いる株主に対して、現役員が指定する者に売却するよう働き
かけることも考えられます。

　また、現経営陣において資金的手当ができれば、株主に対
して個別に株式を高額にて買い取る旨の申し入れを行い、株
式買い占めを進めて行く対応も考えられます。

1.　株主の権利

　株式会社は株主の議決権行使によって決める株主総会で、取締役や監査役
などの役員を選任したり、重要な事業の譲渡や会社分割、合併を決議します。
また、全体の3％の議決権を保有する株主は会社に対して臨時株主総会を開
催するよう求めることができ、株主総会において、議案を提出する権限も有
しています。すなわち、平時であれば、経営陣が取締役会によって決めた事
項を株主総会にかけて決議を得ることになりますが、株主が積極的に動く場
合には、臨時株主総会を開催させ、自らが要望する議案を株主総会に上程さ
せて、多数決にて可決してしまうことが可能です。

　経営者が安定した経営を継続するためには、取締役の地位を常に確保でき
る状況が必要であり、少なくとも大株主の支持を得ておく必要があります。
したがって、少なくとも大株主に対しては、常に経営方針について説明し、
関係を保持しておくことを心がけておく必要があります。

2.　議決権の取得

　設問のように、現経営陣に反対する大株主がいるような場合には、株主総
会の決議で勝つために必要な議決権を確保する必要があります。議決権確保

の方法としては、他の大株主に対して、現経営陣側で議決権を行使することを依頼し、現経営陣に対して議決権行使を委任する内容の委任状を作成して提出してもらうことが考えられます。その上で、さらに当該株主が懇意としている別の大株主に対しても同様の働きかけをしてもらえるよう説得することになります。

　現経営陣が資金を確保することができれば、経営に関心がない株主に対して、高額にて現経営陣が株式を購入することを申し入れ、株式を買い占めていく方法をとることができます。なお、反対株主が同様に経営に関心のない株主から株式を購入しようとする場合には、中小企業においては通常、取締役会の承認が必要とされているため、当該株主から株式譲渡について取締役会に承認請求がなされることになります。その際、取締役会においてはこれを承認せず、他の買主候補として現経営陣側の者を指定することができ、当該株主は購入代金の取得にしか関心がなければ、現経営陣側にて株式を取得できる可能性があります。

3.　トラブルが生じた場合の対応

　株主総会の決議を強引にでも有利に持っていこうとする場合には、公正ではない対応がなされることがあります。最終的には、裁判にて株主総会の決議が有効であるのか否かを判断することになりますが、そのためにも株主総会の状況については記録しておく必要があります。このような危険がある場合、裁判所に申請して、株主総会の検査役を選任してもらい、株主総会の運営内容を現場にてチェックしてもらうことや、ビデオ撮影を実施して記録しておくことなどの対応が必要となります。このような危険が生じた段階においては、専門の弁護士に相談し、法律によって認められている防衛策を講じていくことになります。

平時
①大株主への協力要請
②株式の買い集め

不穏な動きがある場合
①大株主へ議決権行使の要請
　（委任状の取得）
②大株主に対して株式買取の
　申し入れ

株主総会直前
①違法な行為があれば、裁判
　所に当該行為を禁ずる仮処
　分を求める
②総会検査役選任

株主総会
①後日の裁判のための証拠と
　するため録画録音を行う
②混乱のない会議運営を実施

株主総会後
①総会決議に関する裁判
②不正な方法で代表者が選任
　となった場合
　⇒職務執行停止・職務代行
　者選任の申立て

（髙井）

Q62 資金調達の方法

 Q　この度、高齢を理由として私は社長を退任し、幹部従業員に社長の席を譲ろうと思っています。社長退任後は会社経営から全て手を引き、次期社長がやりやすいようにしたいため、会社の株式も全て次期社長や一緒に取締役になる従業員たちに譲渡しようと思っています。ただし、幹部従業員はあまり資金がなく、また今後の会社経営のために多少は資金を取っておく必要があるため、外部から資金を調達する方法を検討しています。どのような方法があるのでしょうか。

A　事業承継を機に株式を譲渡する場合、廉価で譲渡すれば税務面での問題が生じてしまいますし、また、株式を譲渡する前経営者としても今後の生活資金を一定程度必要としますので、一定程度の評価額がある株式の場合には、それに見合う譲渡代金を用意することになります。

　株式の評価額が高額となりすぎている場合には、株式の評価額を下げる諸策を講じることになりますが（Q56参照）、そのような対応を行ったとしても、後継者が十分な資金がない場合には、金融機関等により後継者が融資を受けるか、会

社の経営支配において影響の少ない第三者に株式を買い取ってもらうことを検討することになります。この第三者としては、従業員から資金を集めて組成する従業員持株会や、会社に資金があれば自己株式の取得を行うことも考えられます。

1.　後継者において資金調達する方法

　後継者において前経営者の株式を取得する場合、その資金調達が問題となります。中小企業においては不動産などを所有している場合、その株式価値が高額となることも少なくありません。後継者において、例えば自己資金や従業員の身分を退職することから得る退職金を原資とし、さらには次期社長のみでは資金が不足すれば、一緒に取締役となる幹部従業員にも株式買取りを要請することで対応することがまず考えられます。前経営者として、全株式の譲渡をすぐに実施しなくてもよければ、最初は役員選任決議に必要な51％に相当する株式のみを後継者らに譲り渡し、残り49％は徐々に譲渡していく対応も考えられます。

　さらに、後継者の株式買取り資金について、事業承継に関連する融資制度を各金融機関が用意している場合もあるため、金融機関に相談して融資を受けることで対応できる場合もあります。事業承継のためのいろいろな施策を規定している円滑化法では、日本政策金融公庫などの公的融資機関を通じて低金利での融資を受けることができる制度を設置するものとしており、低金利での融資や信用保証協会の保証付き融資が用意されています。

　なお、中規模以上の企業の株式を取得するため、比較的高額の資金の融資を受ける必要が生じている場合には、後継者が当該融資の受け皿となる会社を設立し、当該会社が融資を受けた上で、事業承継が実施される企業の株式を前経営者から譲り受けるという形式を取る場合もあります。この場合、事

業承継が実施される企業からの配当をもって、受け皿会社は融資の返済を実施していく形を取ることが多いと思われます。

2.　第三者や会社自身が株式を取得する方法

　株式買取り資金が後継者において不足する場合には、経営に関心が少ない第三者に支援を求め、後継者が譲り受けた株式以外の株式を買い取ってもらうことが考えられます。この第三者としては、幹部従業員以外の従業員にも協力を求めて従業員持株会を組成し、持株会に株式を買い取ってもらう方法が考えられます。また、会社に資金があれば、前経営者の一部株式を会社が自社株式の買い取りを行うことが考えられます。

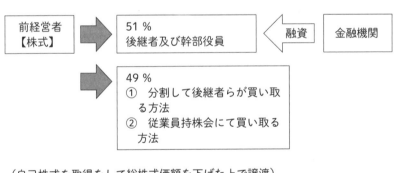

（自己株式を取得をして総株式価額を下げた上で譲渡）

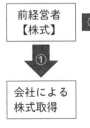

（髙井）

Q63 成功のカギは "経営理念" の浸透

> **Q**　我が社は先代が創業し、創業50年を迎えますが、親族内に後継者がおらず、番頭格の専務が後継指名を受けています。
>
> 　事業承継において、経営理念の承継が重要と言われますが、その理由を教えてください。
>
> **A**　創業者やカリスマ経営者の時代には、その人自身が生きた経営理念のようなものですから、言葉にしなくてもその想いは社内に浸透できたかもしれません。しかし、時代を重ねるにつれその理念の浸透は薄くなりがちなため、同じ想いを共有し直すことが重要な意味を持ちます。

1．経営理念とは

　経営理念とは、企業が経営活動を行っていく上での基本的な考え方、あるいは想い、信念、スタンス、方向性を示すものです。

　類似の用語に経営ビジョンがありますが、経営ビジョンとは、経営理念を具体化した構想、あるいは中長期のゴール目標をいいます。

　そして、経営戦略とは、中長期のゴールを目指した具体的な活動や計画をいいます。

　例えば、お菓子で著名な「江崎グリコ株式会社」の経営理念は、「おいしさと健康」ですが、経営理念を実現するために、「創ることを精一杯楽しみ創意に満ちたチャレンジを続けていくこと」を経営ビジョン（スピリッツ）としております。

　経営理念は、経営のコンパスとも言われます。経営も人生と同じで、山あり谷ありですから、時に大きな経営判断が求められ、判断に迷ったときの規範となるのが、経営理念になります。

経営理念と経営ビジョン

経営理念	企業経営の考え方 企業経営の想い、信念 企業経営のスタンス、方向性
経営ビジョン	企業が経営活動を行って辿り着きたい中長期（3〜5年）のゴール
経営戦略	中長期のゴールを目指した具体的な活動 何をやり、何をやらないか やると決めたものは、効果を考えて優先順位を決める 優先順位に応じて、経営資源の配分を考える

2.　なぜ経営理念が重要か

　創業者は、何らかの信条や目的をもって会社を創業したはずで、経営理念は、企業にとっての存在意義にあたります。なぜ、我が社は存在するのか、社会にとって必要な存在なのか、その答えは経営理念にあるはずで、もしその理念に対して現代の感覚とズレていたり、後継者が共感できない場合には、時代にマッチした見直しが必要です。

　創業者やカリスマ経営者の時代には、その人自身が生きた経営理念のようなものですから、言葉にしなくてもその想いは社内に浸透できたかもしれません。

　しかし、二代目や三代目、果ては役員や従業員が後継者となる時代となると、その理念の浸透は薄くなりがちです。

　このような場合、経営理念をあらためて認識し直し、同じ想いを社員全員が共有することによって、同じゴールを目指すことが可能になると思います。

　御社の場合はオーナー家でない専務が後継者になるということですので、求心力を経営理念に求めることで、一体感が醸成できる場合があります。

　事業承継のタイミングは、経営理念を再認識するよい機会ですから、改めて、社員全員で確認してみましょう。

3.　経営理念の浸透方法

　経営理念の浸透には、応接室に掲示したり、朝礼で復唱したりいろいろな方法があります。しかしながら、押し付けの経営理念ではなかなか浸透しないのも現実です。

　経営理念と実際の業務とを密接に関連付けしたり、人事評価に経営理念関連項目を取り入れたりし、モチベーションをあげる方法がありますが、事業計画をボトムアップで作成することが効果的な場合があります。経営理念や経営ビジョンを達成するための事業計画を従業員みんなで知恵を出して作り上げる方法です。腹に落ちれば、意外とスムーズに浸透するようです。

（植木）

Q64 株式買取り資金が少ない 場合の事業承継方法

Q 　幹部従業員に経営交代を予定していますが、幹部 従業員はあまり資金がなく、会社の株式全てを買い 取ってもらうことは難しい状況です。

　このような場合、どのような形で事業承継を進め たらよいでしょうか。

A 　幹部従業員に経営を交代する場合、株式も譲渡してオー ナー権も譲渡する場合と、株式はあくまで前経営者やその親 族が保有し続け、幹部従業員は代表取締役として経営のみを 担当する場合が考えられます。どちらの方法とするか、又は 一部株式のみ譲渡したり、一定期間は様子を見た上で、その 後に株式を譲渡するなど、状況や方針によって様々な対応が 考えられます。

　後継者が資金をあまり持っていない場合には、①株式を前 経営者が保有し続ける（将来、後継者が資金を得た時点で譲 渡を検討する）方法、②資金手当ができる一部のみ株式を譲 渡し、前経営者も大株主として大所高所の立場から意見を言 うなどの方法で経営に関与する方法、③会社が自己株式を取 得したり、前経営者は退職金等によって会社から資金を得る ことにより、株式評価額を下げた上で、後継者によって株式

買取を実施する方法などが考えられます。

1. 経営者交代と株式支配権の関係

　親族承継であれば、親族である後継者が行く行くは株式も保有しながら経営を承継することになりますが、幹部従業員が後継者となった場合には、親族承継と同様に株式を後継者が取得し、オーナーとして経営を承継する場合もあれば、後継者はあくまで経営を担うだけであって、株式は前経営者やその親族が保有し続ける場合があります。後者の場合は前経営者が亡くなってしまった場合には株式は相続されることになります。このように経営者交代と株式支配権をどのような形で承継していくかという課題への対応は、その状況や経営方針によって変わっていきます。

　そこで、経営者としては、従業員幹部を候補者に決定した場合、①株式も譲渡してオーナー権も承継する方針であるのか否かをまず決め、②オーナー権を承継する方針である場合には、社長交代時に全て株式を譲渡する方針であるのか、それとも少し様子を見た上で譲渡する方針であるかを見極め、③決めた方針について後継者に説明した上で、意見交換を行うことになります。この際に、後継者において、株式を取得する意向があるが現時点では全部について買い取る資金が不足している状況が明らかにされた場合には、株式譲渡の時期をずらしたり、株式評価額を下げる方法を実施するなどの具体的対応を行うことになります。

　他方、前経営者の息子を将来は社長としようという意図があり、従業員幹部への社長交代はその繋ぎの意味を持つなどのような場合には、株式譲渡は予定されていないことになります。

```
（前経営者の会社経営の関与方法）
　1．関与しない場合
　　　株式や会社に供していた個人資産など全て譲渡し、清算する。
　2．オーナーとして関与
　①　株式を全株保有　（さらに顧問など経営にも一定程度関与）
　②　株式の一部を保有し、一部は後継者に譲渡
　3．一定期間を移行期間とする場合（例）
　①　後継者の経営を監督するため、一定期間は会長として経営に関与
　　　（株式も保有継続）し、後継者の経営が安定した場合には会長職から
　　　退任する。株式の取扱いは上記1.の場合も2.の場合もあり得る
　②　株式買取り資金が後継者に不足するなどの事情により、株式譲渡
　　　に一定期間かかる場合、その期間中は会長等の役職として経営を監
　　　督する。一定期間後に全ての株式を譲渡した時点で役職からも退任
　　　する
```

2.　株式買取り価格を下げる方法

　株式買取り資金を後継者があまり有していない場合には、会社に資金があれば会社が自己株式取得を行って現経営者から一定の範囲での株式を取得する方法が考えられます。現経営者は株式を会社に譲渡する形になるため資金を得ることができ、また、後継者としては買い取る対象となる株式の総額が減ることになります。

　さらに、現経営者が退任し、退職金を一定額取得する場合には、現経営者は資金を取得することができ、会社資産がその分だけ減ることになるため、株式の価値も下がることとなり、後継者が取得しやすい状況を作ることができます。

　以上の株価対策は親族承継の場合と変わりはありませんので、Q53～56を参照ください。

（髙井）

Column

従業員・役員承継のポイント

　従業員・役員承継のポイントは、①誰を後継者とするか、また後継者選定に伴う社内人間関係の調整と、②株式を承継させるか否か、それぞれの場合の対応、さらに③金融機関との関係における経営者保証の取扱いです。

　いずれも関連性がありますので、①から③を一体として検討し、また後継者候補と意見交換をしながら進めることになります。どの順番でどのくらい時間をかけながら進めるべきか、1～3年ほどの期間にて予め計画を立て、適宜、計画修正しながら進めることが理想的です。

　　　　　　　　　　　　　　　　　　　　　　　　　　　　　　　　（髙井）

第 8 章

事業承継の実務
～後継者が不在なとき

Q65 経営者が悩んだ時の相談相手

Q　創業社長として会社を経営してきました。まだ経営意欲もあり、数年は引き続き経営をしていくつもりですが、近年病気をして体調面でも不安が出てきました。子供は公務員で、改めて経営を承継することを打診したことはなく、後継者にならないと思われます。後継者として適当な他の親族もいない状態です。メインバンクの金融機関に相談することも後継者未定であることが融資姿勢に影響しそうで相談していません。適当な相談者が身近にいないと感じており、誰に相談したらよいか悩んでいます。

A　後継者が親族内に不在の場合には親族外で探すことになります。もう一度親族内で、本当に後継者に適当な方がいないか相談してみてください。それでも不在の場合には M&A により第三者に経営を委ねるか否かの意思決定をすることになります。意思決定のため、顧問税理士・金融機関、商工団体の他、公的機関として全国の事業引継ぎ支援センターが相談を承っています。

　2019 年版中小企業白書によれば経営者の引退に向けて引退前には「自身の収入の減少」や「引退時間の時間の使い方」、周囲には「後継者の経営能力」や「従業員への影響」、「顧客や販売・受注先への影響」を懸念している経営者が多いようです。一方引退後は「自身の収入の減少」を懸念する割合（41.3 ％→ 46.5 ％）は 5 ％増加するものの、他の事項は大きく減少していることから過度な心配は不要としています。

　しかし、事業承継前の経営者は懸念を抱えていることは紛れもない事実であり、特に後継者がいない企業では誰にも相談できない経営者も多くいると推察されます。

　実際に経営者が引退に向けて、相談した相手は事業承継した経営者では①家族・親族（49.9 ％）、②後継者（39.4 ％）、で③外部の専門機関・専門家（30.9 ％）となっています。

　相談した「外部の専門機関・専門家」について確認していくと①公認会計士・税理士（72.5 ％）と圧倒的に多く、続いて②取引先金融機関（33.0 ％）、③商工会議所・商工会（11.1 ％）となっています。他には弁護士や事業引継ぎ支援センターなどにも相談される経営者もいます（図 1 参照）。

　経営者は公認会計士・税理士に相談して最も役に立ったこととして①引退するまでの手順や計画を整理できた（50.7 ％）、②事業継続の可否を決定することができた（15.0 ％）、③税の手続を知ることができた（14.3 ％）となっており、まずは企業の初期的な方向性を定めるための伴走型支援者として公認会計士・税理士のアドバイスが求められていることが理解できます（図 2 参照）。

図 1　経営者引退に向けて相談した専門機関・専門家

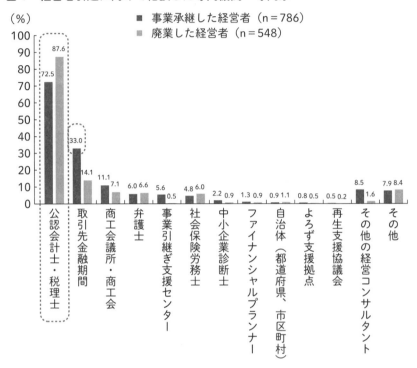

資料：みずほ情報総研（株）「中小企業・小規模事業者の次世代への承継及び経営者の引退に関する調査」（2018 年 12 月）
　　（注）1．ここでいう「事業承継した経営者」とは、引退後の事業継続について「事業の全部が継続している」、「事業の一部が継続している」と回答した者をいう。
　　　　　2．ここでいう「廃業した経営者」とは、引退後の事業継続について「継続していない」と回答した者をいう。
　　　　　3．複数回答のため、合計は必ずしも 100％ にならない。
　　　　　4．経営者引退について相談した相手として、「外部の専門機関・専門家」と回答した者について集計している。
【2019 年版中小企業白書より】

図2　経営者引退に向けて相談したことで最も役に立ったこと

（最も役立った専門機関・専門家について）

	第1位	第2位	第3位
公認会計士・税理士（n = 560）	引退するまでの手順や計画を整理できた（50.7 %）	事業継続の可否を決定することができた（15.0 %）	税の手続きを知ることができた（14.3 %）
取引先金融機関（n = 73）	事業の引継ぎ先を見つけることができた（32.9 %）	引退するまでの手順や計画を整理できた（17.8 %）	事業継続の可否を決定することができた（13.7 %）
商工会議所・商工会（n = 36）	引退するまでの手順や計画を整理できた（44.4 %）	事業継続の可否を決定することができた（19.4 %）	後継者を確保できた（16.7 %）
弁護士（n = 22）	引退するまでの手順や計画を整理できた（36.4 %）	事業継続の可否を決定することができた（18.2 %）	借入金の返済方法を相談できた（13.6 %）
事業引継ぎ支援センター（n = 17）	事業の引継ぎ先を見つけることができた（47.1 %）	引退するまでの手順や計画を整理できた（23.5 %）	事業継続の可否を決定することができた（17.6 %）

資料：みずほ情報総研（株）「中小企業・小規模事業者の次世代への承継及び経営者の引退に関する調査」（2018年12月）
　　（注）1.　経営者引退について相談した相手として「外部の専門機関・専門家」と回答し、かつ、最も役立った専門機関・専門家について回答した者について集計している。
　　　　2.　「特になし」を除いて集計している。
【2019年版中小企業白書より】

（宇野）

Q66　M&A を中心に検討するとき

Q 　社長が高齢となっており、次期社長を誰にするか検討していますが、社長の親族は会社内におらず、また幹部従業員においても経営を担うことができる者がいません。このような場合、会社を継続していくにはどうしたら良いでしょうか。最近よく聞く「M&A」とはどのような手続でしょうか。

A 　後継者が不在な状況にある場合、経営者としては、会社を廃業するのか、それとも社外の第三者に会社経営を委ねるのかを選択することになります。会社の事業が継続できる状況である場合には、従業員の雇用を継続・確保し、また取引先や顧客に迷惑をかけないようにするためには、廃業ではなく、第三者に会社経営を委ねる方法を検討することになります。

　この第三者に会社経営を委ねる方法としては、①第三者に社長業を委託する場合と、②会社ごと第三者に譲渡する場合がありますが、中小企業において、社長業を引き受けてくれる会社経営の経験者は極めて少なく、見つけることは至難の業となっていることから、時間的余裕がない場合には第三者に会社を譲渡する方法を検討することになります。このよう

に会社を第三者に譲渡することを、「M&A」（企業の合併や
買収）と言います。

1.　M&A を実施した場合どうなるのか

　後継者不在の場合に、他の企業等に会社や事業を譲渡することを決断した
場合、まず、会社や事業を譲渡する相手企業を探す必要があります。事業内
容がどのような企業から見ても魅力があれば、相手方を探し出すのは難しく
ないと思いますが、事業規模が小規模であったり、ニッチな業種である場合
には、興味を持ってくれる相手方企業を見つけることは容易ではありませ
ん。

　したがって、相談できる取引先や知人がいる場合には、言い出しにくい部
分もありますが、まずは積極的に相談してみる必要があります。なお、会社
が売り出しているなどと外部に広く伝わって風評被害が生じることは避けな
ければなりませんので、相談する相手を選ぶ場合にはそのようなリスクが少
ない先を選ぶことになります。

　このように自ら探してみたり、信頼できる取引先や知人にあたってもなか
なか相手方企業を探し出せない場合には、M&A の仲介業者を活用すること
を検討しても良いかもしれません。最近は中小企業の M&A を担当する仲介
業者も増えてきています。他方で、このような仲介業者は特に行政によって
監督されている訳ではないため、一部においては高額な手数料を請求してき
たり、業務をきちんと実施しないような業者もおりますので、注意が必要で
す。公的機関としては、各都道府県において、「事業引継ぎ支援センター」
が設置されており、無料にて相談等を行っていますので、相談してみても良
いかと思います。

　M&A の相手方が見つかった場合には、譲渡条件を詰めて行くことになり

ます。一番重要なのは、譲渡対価ですが、その譲渡対価を決めるためには、相手方によって、当該事業がどのような内容・状況となっているのか、何かリスクが潜在していないかという点を調査する必要がありますので、通常は相手方企業担当者やその委託を受けた税理士・公認会計士・弁護士により資料調査が実施されます。この調査のことをデューデリジェンス（DD）と言ったりします。

　このような経緯を経て合意に達した後に、会社・事業の譲渡が実施されます。中小企業のM&Aの多くは株式譲渡の方式をとっており、前株主が譲渡先から株式譲渡代金を受け取ることになります。したがって、経営者が会社を譲渡しようと決めたとしても、株主の一部が反対しているような場合には円滑に手続が進まない場合もありますので、そのような場合の対応などについては専門の弁護士に相談して対応することをお勧めします。

　なお、会社や事業を譲渡した後においても、まずは従業員にきちんと説明を行い、また取引先にも説明を行ったり引継ぎを行うことになります。

2.　M&A の実施形態

　会社や事業を他の企業に譲渡する場合に、株式譲渡のほかにも、一部事業のみを譲渡するなど、当事者双方の意向や税務・法務面における課題への対応によって、様々な方法を検討することになります。

①　株式譲渡

　会社の株式を譲渡する方法ですので、株主が個別に相手方と契約して株式を譲渡します。会社の事業に影響を及ぼさない方法であるため事業価値の毀損が少なく、従業員もそのまま承継されることになるため、多くの場合はこの方法が採用されています。ただし、全株主が自らの株式を譲渡することに賛同していないと成立しないため、反対株主がいる場合には説得し、又は他

の方法を選択することになります。

②　事業譲渡

　会社の事業を譲渡する方法であるため、契約当事者は会社となります。複数の事業がある中で一部の事業のみを移転する場合や、債務超過の状態などの理由により、相手方企業から会社の負債やリスクまでも承継したくないという意向が示された場合には、譲渡対象を明確にした上で、事業譲渡が実施されます。

　事業譲渡においては株主総会の特別決議が必要であるため、議決権を有する株主の3分の2以上の賛成が得られる状況である必要があります。

③　会社分割

　事業譲渡と同様に会社の一部を移転させる方法ですが、手続は事業譲渡より煩瑣でありまた時間がかかるため、通常は事業譲渡の形式が採用されています。ただし、ライセンス契約等の契約関係や許認可の承継は、事業譲渡よりは会社分割の方がしやすいため、そのような事情がある場合には会社分割が採用されることがあります。

④　合　　併

　会社を相手方会社に合併させ、一つにする手続です。一定の煩瑣な手続と時間がかかるため、前記①から③で対応できる場合には、その対応が優先して選択されます。

（株式譲渡）

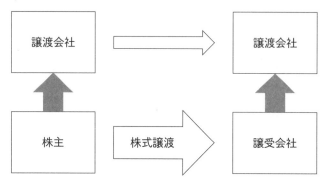

（事業譲渡）

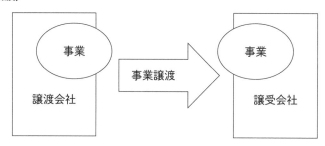

（会社分割）

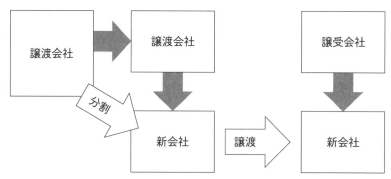

（合併）

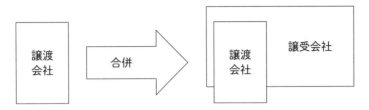

（髙井）

Q67　情報管理の徹底

　　後継者不在のため、M&A で後継者を探すことにしました。運よく候補が見つかり、基本合意が締結され、これからデューデリジェンスや最終契約に向けて順調に進んでいます。最終契約前にこれまで苦楽を共にした役員・従業員や金融機関、取引先等に事前に連絡しておきたいと考えていますが、伝えるべきでしょうか。

　　M&A 取引（以下、「ディール」という）は「秘密保持」にはじまり「秘密保持」に終わるとよく言います。M&A 当事者になった場合には、不安に駆られることも多々あることから役員・従業員の方や取引先等に相談されようとするケースがあります。しかし、情報が拡散することで良い方向に行くことはまずありません。それどころか情報が拡散されることにより相手方が不信感を覚えたりすることで信頼を失い、M&A 自体が破談となるケースも少なくないのです。不安になられることは理解できますが、最小限のステークホルダーのみに情報共有することが M&A の要諦です。

1.　秘密保持契約

　M&A にとって、秘密保持は必要不可欠です。譲渡側、譲受側（以下、併せて「当事者」という）共に自分がかかわっている M&A についての情報が流出することについては、対外的のみならず、対内的にも留意し、情報の取扱いには十分すぎるほど慎重に取り扱う必要があります。また、当事者のみならず、仲介契約や FA 契約を締結している支援者も同様です。特に支援者は秘密保持契約を当事者と基本的に締結していますので、万が一流出した場合には損害賠償請求されるケースもあり得ます。このような事態を回避するために初期的な段階で通常 NDA や CA（※）と呼ばれる「秘密保持契約書」を締結してから情報開示することが望ましいです。

※　NDA = Non-Disclosure Agreement
　　CA = Confidential Agreement

2.　当事者の心理と支援者の役割

　ただ、当事者の立場であれば、M&A に慣れている中小企業者はほとんどいないのが現状です。その中で、当事者には特にクロージングまで不安が常に付きまとうと考えてください。当事者が不慣れなのは当然ですし、M&A が進捗するにつれて先方からの資料請求や譲渡金額や条件などに今までの事業の判断基準とは異なることで、非合理的な要求をされていると受け取られる場面も多々出てくるのも一般的です。

　その場合には、まず、当事者の心理的なフォローをし、先方の個別要求を受け止めてください。その上で検討することは当然ですが、個別要求の一つ一つではなく、ディール全体感の中で諾否を判断することをお勧めします。

3. 主な対象者

① 役員・従業員（以下、「役員等」という）

　経営者が不安に駆られる場合、支援者以外に役員等、取引先、経営者仲間、金融機関（本件支援機関以外）に相談したくなるものです。経営者としては役員等についてはある程度話が詰まってきたりすれば、つい事前には相談したくなります。しかし、この相談はディールを壊すことになるためご法度です（もちろん、デューデリジェンス（DD）等の協力を得なければならない役員等は適時に適切に説明の上、開示することは必要です）。

　ただ、M&Aの話を不確定な状況で聞けば役員等は自らの生活に直結することから不安心理が出てくることは当然です。役員等もM&Aの話を聞き、反対運動をしたり、事業継続に必要な優秀な従業員が辞めてしまうようなケースも実際発生しています。

② 取引先・経営者仲間

　取引先に情報が流れれば、取引先もサプライチェーンの維持や資金決済面の不安があればよくない風評リスクにさらされる可能性もあります。

③ 金融機関

　理解のある金融機関も多くなっていますが、担当者の認識が低い場合には特に譲渡側の金融機関との対立を起こすこともあり得ます。

④ 相手方

　M&Aが完結しない前に、M&A情報が先方から想定外のところに流出したことが判明すれば、情報管理ができていない会社として信頼を失い、ディールが破談となるだけではなく、損害賠償請求の対象にもなり得ます。

4. 連絡手段

　情報が拡散しないためには、情報の中身以外に、連絡手段にも注意してください。情報の拡散を防ぐために連絡を取る場合にも気を付けてください（主な連絡手段の注意点を図表1に記載しています）。

図表1

連絡手段	注意点
電話の やり取り	・会社の電話は極力回避し、他の人がいる前ではメモを取らない。 ・携帯電話を使用し、他の人に聞かれない場所で話す。
メールの やり取り	・共有メールアドレスを使用しない。 ・件名にも M&A 等の相手先社名は直接記載しない（A社、X社を使う等）。 ・プリントアウトには TPO に留意する。
郵送	・譲受側は特に直接会社名の入った封筒を使用しない。 ・状況によっては自宅に送付をするなど留意する。 ・「親展」は必須。
FAX	・秘匿性が低いことからできるだけ使用は回避する。 ・使用する場合には連絡なく、いきなり送信しない。 ・電話連絡の上、FAX機の前で待機し、受領後折り返し電話で確認する。
打合せ	・密閉した会議室で実施する（上が開いている会議室は不可）。
交渉場所	・譲渡側は極力自社ではなく、譲受側若しくは別途の場所を用意する（貸会議室等）。

（宇野）

Q68 譲渡・売却しやすい会社とは

Q 中小企業や小規模事業者でも M&A はできるのでしょうか。また、どのような企業が譲渡・売却しやすいのでしょうか。
　当社は近年役員報酬を多めに計上していることから赤字です。黒字で資産超過先しか譲渡できないのではないでしょうか。

A M&A は大企業のみならず、最近では中小企業や年商が数千万円規模の小規模企業や事業者でも活発に行われるようになってきています。
　基本的には自社の魅力的なところが認められやすい会社や収益性の良い会社が一般的には譲渡しやすい会社と言われます。また、上記の質問にあるように単に赤字であるから M&A が困難であるということもありません。

1. 中小企業や小規模事業者の M&A

　M&A は大企業又は中堅企業以上で行われていたイメージですが、最近では中小企業や小規模事業者を対象とした M&A も活発に行われています。例えば、新規事業を開始する場合、全て自分達で設備や人材を準備し販路を開

拓する場合、資金的な負担も大きいですが、新規事業が軌道に乗るのに数年が必要になるのが一般的です。これに加えて新規事業が軌道に乗るかどうかもわかりません。このため、既に事業化されている中小企業を譲り受けることで新規事業に早期に参入することができます。また、比較的小規模の中小企業の方が投資規模も小さいとの理由で好まれるケースもあります。これに加え、起業を目指す人（起業家）が小規模事業者の事業を譲り受けるケースも最近では増えてきました。

2.　譲渡しやすい企業・譲渡しにくい企業

　自社が有する魅力について認めてくれる相手先であれば比較的譲渡はしやすいのですが、一般的には下記の条件を有する会社が譲渡しやすいと言われています。
・財務的魅力（黒字、資産超過、潤沢な流動資産等）がある会社
・技術等の独自性や特徴のある会社
・事業の強みが社長一人に依存していない会社
・有用な許認可や知的財産を保持している会社
・オーナーの個人資産と事業資産が分離している会社
等が一般的ですが、全て満たしていなくても譲受側から見て1点でも魅力的な経営資産を保有していれば譲渡できる可能性があると言えます。

【譲渡しやすい会社の事例】

◎業績は良好だが、後継者がいないという理由での譲渡。

◎譲渡希望額が過剰に高くなく、M&Aが活発に行われている業種に属している。

○黒字、純資産がプラス（若干の債務超過はOK）、借入金は少ない。

○赤字であっても一過性のものや原因がはっきりしており改善可能であればOK。

○社長への依存度が高くない会社（ほかにキーマンがいる）

【譲渡しにくい会社の事例】

×慢性的な赤字、借入金が多い、債務超過額が大きい。

×資金ショート寸前の会社。

△M&Aがあまり活発ではない業種に属している。

△譲渡希望額が過剰に高すぎる会社。

△社長への依存度が高すぎる会社（社長がいないと事業が回らない）。

　なお、M&Aが活発に行われる業種については、景況感や人手不足など時代とともに変化するのが一般的です（近年では運輸業やIT関連、調剤薬局などが比較的M&Aが活発な業種です。ただし、M&Aが活発な業種の傾向は数年単位で変化することにご留意ください）。

3.　赤字企業でも大丈夫なのか

　多額の役員報酬を計上していて赤字の場合、M&Aを進める段階で、一般的な役員報酬水準を損益計算に当てはめて正常収益力を算定することが一般的です。また通常の赤字でも、その要因や原因が把握でき、かつ一過性の要

因の赤字であれば比較的 M&A を進める段階で障害にはなりません。しかしながら、その赤字の要因が企業や事業又は所属業種の構造的な要因によるものや、黒字転換に時間を要するケースだと、譲受先を探索するのが難しかったり、時間のかかるケースが比較的多いと思われます。

（上原）

Q69　譲渡・M&A において準備すべきこと

Q 　当社は後継者不在であることから M&A で会社売却をしたいと考えています。具体的に何から手を付けてよいかわかりません。M&A において事前に準備しておくべき必要な事項を教えてください。

A 　事前準備で必要な事項は会社の状況に異なります。

　事業承継への対応では後継者の有無によって手法は異なりますが、いずれも早めの検討と準備が求められます。M&A を選択する場合にはより企業価値をブラッシュアップし、Q68 の譲渡・売却しやすい会社に近づかせることにより、企業価値を向上させ売却金額を増大させる方向が望ましいと考えられます。

　そのためには、

① 　会社の実態の見える化（実態把握、個人の資産と事業用資産の整理）

② 　M&A のメリット・デメリットを理解した上で意思決定

③ 　株式が分散していた場合には集約化と名義株の整理

④ 　仲介・FA 機関の選定と FA・仲介契約の締結

等が必要になります。

まずは経営者に改めて事業承継に向けたM&Aへの準備の必要性の認識を持っていただくことが最初の一歩です。

1. 準備の必要性を認識しましょう

M&Aをする場合にも相応の時間が必要です。M&Aはある意味タイミングが重要です。適切なタイミングを逃してしまうと探してもそもそも候補先が見つからないということがあり得ます。また、候補先がいてもタイミングが適切でなければ不利な条件を許容せざるを得なくなってしまったり、交渉自体が流れてしまうこともあり得ます。

タイミングの一つは業績が上げられます。一期赤字でM&Aを決断しても交渉成立時に2期連続赤字の状態であれば、期待していた売却価格にならないことはよくあることです。

また、いたずらに時間を費やしている間に譲渡側の経営者が健康上の問題を引き起こしてしまうこともあります。

経営者には「まだ先のことだから……」「日常業務で忙しいから……」とさまざまな理由はあります。しかし、準備が遅れるほど希望する条件に合った候補者を探すことが難しくなってきます。

2. 経営状況・経営課題の「見える化」をしてみましょう

M&Aを準備するためにはまず、自社の経営状況・経営課題、経営資源等を見える化し、正確に現状把握することから始まります。

把握した自社の経営状況・経営課題等をベースに自社の強みの伸長と弱みを改善する方向性を見つけ、着手することが重要です。その際に経営者の視点に加え顧問税理士、中小企業診断士などの専門家や金融機関に協力を求めることで客観的かつ効率的に把握することが可能になります。また「見える

化」することの効能はM&Aに役立つのみならず、自社の経営改善につながる効果も見込まれます。

3. M&Aの意思決定、信頼できる仲介者等の選定及び仲介契約等の締結

　上記過程を経てM&Aの意思決定がなされ、候補者を探索する必要があるときには仲介者・アドバイザリー（以下、「仲介者等」という）を選定して仲介契約若しくはアドバイザリー契約（以下、「仲介契約等」という）を締結します。

　締結後は基本仲介者等の指導・助言に基づき実行していきますが、仲介者等も必ずしもすべての工程・分野に習熟してない場合もあり得ます。必要に応じて専門家や事業引継ぎ支援センター等のセカンドオピニオンを活用しましょう。

　あわせて、見える化で把握した課題の改善を図り、企業価値の増大を目指していきます。

　仲介者等とのアドバイザー（契約）についてはQ77を、名義株についてはQ12をご参照ください。

〈図表　見える化の例〉

項目	見える化の例
経営者と会社の関係 （会社と個人の関係の明確化）	・事業に供している経営者所有の不動産 ・経営者所有不動産に会社借り入れの担保設定 ・経営者と会社間の貸借関係 ・経営者保証の有無
会計と決算処理 （適正な決算処理）	・「中小企業の会計に関する指針」や「中小企業の会計に関する基本要領」の活用の有無
自社株式	・他の株主も含む保有株式の把握と確認 ・名義株等の有無の確認
貸借対照表	・事業に不要な資産負債の把握（会員権、遊休不動産等） ・時価評価の実施（売掛金、棚卸資産、不動産、有価証券等）
損益計算書	・部門別・商品別損益分析による自社の稼ぎ頭商品の把握 ・不良品率、歩留まり分析による製造工程の課題の把握
知的資産 （自社価値源泉の把握）	・経営者の信用や取引先との人脈 ・従業員の技術や技能、ノウハウ ・知的財産権（特許等）、許認可等を把握。

（宇野）

Q70 譲渡・M&A手続の流れ

 M&Aで会社売却する場合、進める手順と必要事項・留意点を教えてください。

 仲介会社やFA（フィナンシャルアドバイザー）などの支援会社とコンサルタント（仲介）契約した場合には、下記の手順で進めていくことが一般的です。

【株式譲渡の場合の一般的な手順】

① ロングリストの作成と譲受候補企業への初期的打診

② 候補先を絞り込み、ショートリストの作成と候補先の決定

③ 秘密保持契約の締結とIM等による情報開示

④ 譲受側の検討

⑤ 条件交渉と基本合意の締結

⑥ 買収監査（デューデリジェンス）

⑦ 譲渡契約書（最終契約）の締結

⑧ クロージング（資金決済）

1. ロングリストの作成と譲受候補企業への初期的打診

　仲介会社（又は FA）は譲渡会社の営業や事業内容を調査した上で、当該事業の譲受を希望する会社やその事業とのシナジーが期待できる会社を大まかな形でリスト化します（ロングリストの作成）。また、ケースによってはこの段階で譲受候補の企業に対し、興味の有無について初期的に打診する場合もあります。

2. 候補先の絞り込み、ショートリストの作成と候補先の決定

　作成されたロングリストから、地域や規模など一定の基準（ケースによっては初期的な打診の結果）をもとにして具体的な候補先を絞り込んでいきます。こうして絞り込まれた候補先のリストをショートリストと呼び、当面の接触予定先になります。この中から具体的な打診先を支援会社のアドバイザーとともに検討し、打診候補先（譲受候補企業）を絞り込みます。

3. 秘密保持契約の締結と IM 等による情報開示

　仲介会社や FA のコンサルタントは絞り込んだ譲受候補企業に打診するために、譲渡会社の社名が把握できないノンネーム情報（以下、「NN 情報」）と具体的に譲受を検討するための詳細情報を記載した IM（インフォメーション・メモランダム）を作成します。

　コンサルタントは最初に打診候補先に NN 情報を提示して、興味の有無を確認します。打診候補先が NN 情報に興味を持った場合には、秘密保持契約（CA 又は NDA）を締結し、社名を含めた詳細情報が記載されている IM を提供します。

4.　譲受側の検討

　譲受側である譲受希望企業は、条件提示に必要となる情報をIMから入手します。また、条件提示の検討に必要となる情報や質問がある場合には、担当のコンサルタントを通じて譲渡企業から回答を入手します。これら入手した情報を基にして、譲渡側に提示する条件を検討します。

5.　条件交渉と基本合意の締結

　譲受側が譲渡側に提示した条件や意向表明を基に具体的な条件交渉に入ります。条件交渉の結果、買収金額や買収形態（スキーム）など基本的な事項が双方で合意できた場合には、当該合意事項を文書化した基本合意書（LOI）を交わすことが一般的です。基本合意書は法的拘束力を持たせないケースが多く、双方の確認書的な要素が強いものです。

6.　買収監査（デューデリジェンス）

　買収監査（デューデリジェンス）は、譲受側が譲渡企業について、M&Aの実施の可否やその後の統合作業に必要となる情報や問題点を検出するために実施する作業です。譲受側が条件提示に用いたIMや財務情報は、あくまで譲渡側が提示されたものであり、譲受側としてはその情報の妥当性を確認していません。譲受側としては条件提示の前提になっている情報と譲渡企業の内部資料を検証することで、前提となっている情報を確認することになります。仮に前提情報と検証した結果が大きく乖離する場合には、提示条件の修正や、場合によってはM&Aの実施自体が取り止めになることもあります。

　このため譲受側にとっては、過大なリスクや買収金額にならないように、また円滑に統合作業を進めるためにもデューデリジェンスを実施することが

望ましいといえます。

7.　譲渡契約書（最終契約）の締結

　デューデリジェンスの結果を基に、最終的な譲渡条件や譲渡形態（スキーム）を確定させ、譲渡契約書を作成します。双方が契約内容に合意できれば、譲渡契約書を締結します。

8.　クロージング（資金決済）

　クロージングとは、譲渡対象（株式譲渡であれば株式、事業譲渡であれば対象資産）と対価である資金の受渡のことです。譲渡契約を締結し、クロージングが終了することによって、初めて M&A が成立すると言えます。このため、譲渡契約の締結とクロージングを同日に設定したり、同日のクロージングができない場合も可能な限り、クロージング日が伸びないようすることがトラブル防止の観点から重要です。

【仲介における M&A の流れ】

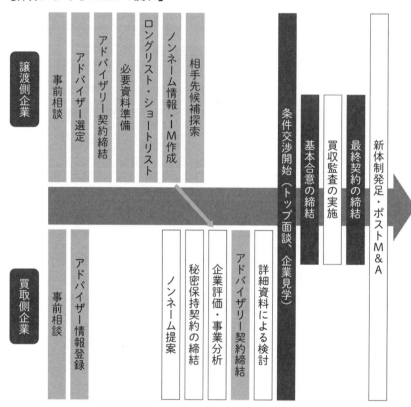

（上原）

Q71 譲受・準備 （M&A 戦略の策定）

Q 　当社は自社の小売り事業成長のため新規拠点進出をしようとしています。そのため M&A を活用しようと考えています。

　また、現在外部委託している商材を内製化して収益向上につなげたいとも考えています。

　どのように考え、どのような準備をしておくべきでしょうか。

A 　譲受側の M&A の目的は「時間を買う」という目的であることがよく言われます。譲受側が自ら経営資源を構築するより M&A を活用して既存で必要な経営資源を保有している会社をグループ化することにより、効率的に事業目的を達成することが可能となります。

　一方、M&A から日も浅い段階でのリストラ等は本来譲渡側が保有していた経営資源の価値を毀損することで、当初予定していた効果が見込めなくなる可能性もあります。

　一度 M&A を実行してしまうと M&A 以前の状況に戻すことは事実上難しいので慎重な検討、決断が必要です。

　M&A 戦略は実は譲渡側より譲受側にとって重要です。譲受側はクロージング以降譲渡側会社の経営責任が発生します。事前の M&A 戦略や見込みの甘さ、M&A 後の PMI（Post Merger Integration）（※）の巧拙によって M&A の成否を左右する可能性がありますので慎重に検討、実行することが求められます。そのためには①自社分析、② M&A の目的の明確化、③幅広い市場調査、④統合後事業計画の事前策定・検討、④自社の財務オプションとの整合性等が必要です。

1.　自社分析

　M&A の目的は経営資源の確保（人材、技術、拠点）等がほとんどですが現状の自社ポジションと今度のあるべきポジションを定める必要があります。あるべきポジションに到達するために、自社に不足している、若しくは不足すると想定される経営資源を自力若しくは他力（M&A）によって獲得することが得策なのかの理解を共有しておく必要があります。

2.　M&A の目的の明確化

　M&A の目的はまず①水平統合、②垂直統合、③事業多角化のための新規参入、④技術力向上が主な目的とされます。

①　水平統合

　こちらは自社の事業領域を同じステージの会社を M&A をすることを企図して行うものです。自社が未参入地域の会社の M&A により規模の拡大を図ったり、自社製品と同様な商材を製造している会社の M&A を実行する場合です。規模拡大することで営業地域の拡大やマーケットシェアを拡大させ、バイイングパワーの増大や物流コストの低減を図り、売上高増大や利益

率向上を企図します。

②　垂直統合

　自社関連事業で特に仕入先や取引先等の分野の会社を M&A するものです。

　対象が関連事業であることが多く、シナジー効果により技術、利益の内製化のためによく用いられる手法です。

③　新規参入

　自社の多角化とリスク分散のため、進出したい会社を M&A するものです。事業精通した人材や拠点、ノウハウなどを一から立ち上げるよりリスクを低減することを目的としています。

④　サプライチェーン維持

　上記の他、最近注目されている目的です。上記①～③はシナジー効果を目的とした攻めの経営戦略ですが、こちらは防御が目的です。現在のサプライチェーンがこのままだと何らかの理由で維持が危ぶまれるために M&A をするものです。例えば、製造に欠かせない部品を納入している仕入先が後継者不在で廃業を検討している場合や有力な取引先が競合会社に買収される可能性がある等自社のサプライチェーンに影響を及ぼすと考えられる場合が想定されます。

3.　幅広い市場調査

　2.の①②④は自社の知見が一定程度活用できることは想定されますが、実は必ずしも業界動向が把握されていないことがあります。一見何も問題のない企業が譲渡候補となることもしばしばあります。自社の情報網を活用する

ことはもちろんですが、取引先や金融機関、顧問税理士、M&A 仲介専門業者から意識して情報を入手することが求められます。③の新規参入分野に関しては知見が薄いことから外部調査機関や金融機関等の支援を受けることも手法の一つです。

　そのうえで候補先を決定して交渉していくことをお勧めします。

4.　統合後事業計画の事前策定・検討

　会社は生き物です。外部からは全ては見えないということはよくあることです。

　2.の目的に基づき進捗していても、具体的な候補先について再度冷静に検討する必要があります。

①　自社進出の場合との比較

　M&A には買収資金の他統合のためのコストもかかります。譲渡側借入金の肩代わりや借入保証、経営人材の派遣、経理管理体制の統合コスト等が当面必要となります。

　それら投資に対する想定回収期間は会社・戦略によってまちまちですが、自力で構築する場合と比較しておくことは必要です。

②　M&A 効果の想定が楽観的すぎないかの検証

　会社経営にはしばしば想定外の事象が発生します。中小企業の M&A だと時折計画を1種類で検討、意思決定しているケースが見られます。しかし、少なくともいくつかのシナリオは想定しておく必要があります。通常は① Best Case、② Normal Case、③ Worst case の3種類程度は用意することをお勧めします。

③　M&A の失敗時のデメリットの検討

　M&A 後、キーマンや重要な従業員が流出するなど想定外の事態にならないように準備をしておくことが重要です。統合後の体制移行は速やかに行われることが譲受側としては基本的に望ましいと考えていると思われますが、あまりに拙速かつ強硬的に実施することで従業員の反発を招いてしまうケースもあります。譲渡側の状態をきめ細かくモニタリングしながら統合作業を実施することも時により必要な場合があります。

5.　自社の財務オプション

　自社の状況や当面の自社事業での投資計画で必要な資金量とあわせた M&A が問題ないものかを検証することも重要な点です。他部門で海外進出計画に資金が必要であった場合なども統合的に考え妥当であることは検証する必要があります。

（※）　PMI（Post Merger Integration）とは M&A 実行後の統合プロセスのこと。PMI については別途 Q75 参照

（宇野）

Q72 M&A の 専門機関・専門家

Q 　後継者を M&A で外部に委ねることを決めました。M&A は初めてで不安です。そのため専門機関と専門家に相談したいと思います。どのような外部の専門家・専門機関がありますか。また、どのような場合で役に立つのでしょうか。また、どのように探せばよいですか。

A 　M&A の専門家・専門機関としては士業（公認会計士・税理士、弁護士等）、金融機関、M&A 仲介・FA 会社、事業引継ぎ支援センターなどがあります。M&A の準備から最終契約条件交渉までそれぞれの部分で、全体若しくは一部の支援をしています。

　顧問税理士や取引金融機関、商工団体にご相談いただくほか、事業引継ぎ支援センターの窓口相談や M&A 仲介・FA のセミナーで探すこともできます。

　そのほかに相手先探索に特化したプラットフォーマーと言われるマッチングサイトも活用が始まっています。

　M&A の意思決定ができた場合に、誰に相談するかは譲渡側・譲受側共に候補先があるかどうかによって異なります。

　最近は事業承継に限らず、中小企業でも M&A が経営手法の一つとして認知されつつあります。そのため当事者同士で初期的な同意はできているものの、互いに M&A は初めてであったり、進め方や手法について不安を持っているケースは増加傾向にあるというのが現場での実感です。そのため相手先探索は省略し、一定程度互いの状況は把握しているが、デューデリジェンスによるリスクの洗い出しや売買価格の考え方、譲渡手法と手続で不安を抱えています。その場合は専門機関・専門家として専門的見地から支援することが求められています。

1. 士業

　税理士を始めとする士業の方々は専門性が高いので、まずはその専門的な知見を活かすことができます。主な士業の概要と事業承継における支援内容は図表 1 にまとめて記載しました。

2. 金融機関

　金融機関は中小企業に日常的に接して経営状況を把握しており、中小企業に対してきめ細かな経営支援等を実施しています。また、金融機関が取引先会社の事業実態を理解し、そのニーズや課題を把握し、経営課題に対する支援を組織的・継続的に実施することが取引先会社の価値向上に資することでき得る立場にあります。金融機関の M&A 自体のノウハウ・支援姿勢には若干のバラツキがみられるところではありますが、昨今金融機関が M&A を支援メニューとして加えるところはかなり増加しており、譲渡代金の融資要請の前に事前相談することは有効であることが多いです。

3．M&A 専門業者等

　M&A 専門業者は主に後継者不在企業に対して候補先探索からクロージングまでを主要支援メニューとしていますが、相談すると相手先が既に決定している状態で支援をする場合があります。候補者探索から支援を受ける場合には Q72 をご参照ください。

4．事業引継ぎ支援センター（公的窓口）

　事業引継ぎ支援センターは全国 47 都道府県に設置された国の事業です。主として事業引継ぎ（M&A、役員・従業員承継）のお手伝いをしています。相談料は何度でも無料で、かつ候補先が決まっているディールやセカンドオピニオンで利用できます。事業引継ぎ支援センターの概要と支援内容については Q73 をご参照ください。

図表1　（事業承継ガイドラインを筆者が再編・加工）

	税理士	弁護士	公認会計士	中小企業診断士
概要	◆日常的に中小企業経営者とのかかわりが深く、決算支援などを通じて経営にも深く関与 ◆事業承継相談先のTOP ◆一部税理士会においては後継者不在の中小企業に対してM&A支援に着手	◆中小企業や経営者の代理人として、経営者と共に金融機関や株主、従業員等の利害関係者への説明・説得を行い円滑な事業承継を進める役割	◆監査及び会計の専門家として財務書類の監査証明業務の他、財務に関する調査や相談に応じており広い見識に基づく支援	◆中小企業のホームドクターとして様々な経営者への対応や経営診断等に取り組み
事業承継での支援	◆事業継承ニーズ掘り起こし ◆相続税に関する助言や株価の評価 ◆生前贈与のやり方や種類株式の発行に対する助言 ◆中小企業会計要領・中小企業会計指針の導入支援	◆法律面全般の検討と課題の洗い出し、フレーム全般の設計、契約書をはじめとする各種書面の作成支援等 ✓株主関係が複雑な場合や、金融機関などとの調整・交渉が必要な場合 ✓M&Aを活用する場合等	◆プレ承継支援 ◆非上場株式の評価・M&Aにおける売却価格資産等の複雑な状況での公正な評価 ◆経営者の個人保証の解除 ◆適正な会計の導入支援	◆事業承継診断やプレ承継支援 ◆ポスト承継支援 ◆M&Aにかかわる支援

（宇野）

Q73 公的機関の活用 (事業引継ぎ支援センター)

Q M&A を検討するにあたり、相手先探しを支援してくれる公的機関として事業引継ぎ支援センター (以下、「センター」という) があると聞きましたが、よくわかりません。概要とどのような支援をしてくれるのか教えてください。また、センターに相談すると費用はいくらぐらいかかりますか。

A センターは、後継者不在の中小企業・小規模事業承継を M&A 等を活用して支援する目的である国の事業です。現在 47 都道府県に設置されています。センターは、親族・従業員承継、再生、創業、廃業等事業承継に関連した相談やトラブルについても幅広く相談に乗り、対応しています。また、後継者不在の企業に対するマッチング支援を実施しています (相談料は無料です)。

1.　センターの概要

　センターは産業競争力強化法に基づき実施されている国の事業です。2011 年から東京、大阪に開設されて以降、後継者問題に課題等を抱える中小企業経営者・小規模事業者に対して事業承継全般のご相談を受け、事業引継ぎ支

援（M&A、役員・従業員承継）を実施しています。

　また、地元の金融機関、士業と連携して、マッチングについて進捗支援を行うほか、登録機関等（※）にはノンネームデータベース（以下、「NNDB」という）を通じて案件情報を提供して相手先探しを促進しています。また、M&Aの経験が少ない士業の育成も実施しているセンターがあります。2018年度には全国で相談者数11,677者、成約923組の支援をしました。

2.　特徴

①　立ち位置

　公的機関ですので、公平、中立、秘密厳守で相談を受けています。

②　受けられる相談

　以下のようなご相談も幅広く受け付けています。
　・事業承継について悩んでいる経営者が何から考えてよいのかわからない
　・役員・従業員に事業承継したいがどのようにしたらよいかわからない
　・M&Aで相手先を探したい（譲渡、譲受両方）
　・事業を成長させるために会社を引き継ぎたい（譲受）
　・相手先と基本的な合意があるがどのように進めてよいかわからない
　・後継者が不在なので廃業したい
等々です。

③　主たる支援対象

　・支援企業規模は小規模企業が中心
　図1にあるとおり、成約している譲渡側事業者の約60％が売上高1億円以下の事業者です。従業規模で見ても45％が従業員数1～5名以下の事業者となっています。

3.　支援方法

支援方法は主に3つの段階に分かれています。

①　一次対応（相談）～方針決定まで

面談を通じて相談者の現状やご要望の相談を受け、方針決定まで助言をします。

②　二次対応（登録機関に橋渡し）

M&A方針の決定した候補先探索が必要な譲渡希望事業者、譲受希望事業者をセンターに登録している登録機関に橋渡しして支援する方法です（センターの相談は無料ですが、登録機関との契約は民間の契約となり、登録機関の費用は有料です）。

③　三次対応（センター自ら引継ぎ支援）

相手が既に決定している相談者や、二次対応で相手先が見つからなかった相談者、後継者人材バンク（廃業予定の事業者と創業希望者をマッチングする支援手法）でセンターがお手伝いする方法です。

主に、マッチングコーディネーターとして士業の皆様と連携支援しています。

（※）　登録機関は登録民間支援機関とマッチングコーディネーター（以下、「MC」という）の総称。それぞれ各センターに登録した支援者を言います。

　　　　登録民間支援機関：金融機関や民間仲介会社等がM&Aをフルサポートできる支援者

　　　　MC：士業法人等小規模マッチングに取り組む支援者

（図1）

（売上高）

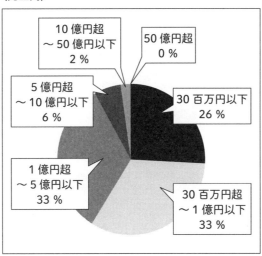

（図2）

（従業員数）

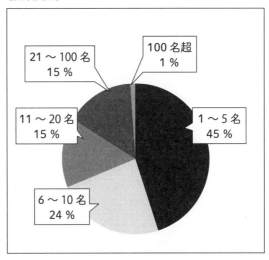

（出所：平成30年度事業引継ぎ支援事業報告書）

表1

	登録民間支援機関	マッチングコーディネーター（MC）	外部専門家	備考
概要	◆M&Aプロセス全般の支援のため、センターに登録したM&Aを主たる業又は業の一部とする会社	◆M&Aプロセス全般の支援のため、センターに登録したM&Aを主たる業又は業の一部とする士業法人等（より小規模な事業者に引継ぎ支援を目的に設置）	◆弁護士、公認会計士、税理士等であって、M&Aプロセスの中で特定課題解決のため、センターが支援を実施する際に活動を要請する専門家	
センターとの連携・支援	◆二次対応	◆二次対応	◆一次対応 ◆三次対応	
	◆仲介契約 ◆FA契約	◆仲介契約 ◆FA契約	◆DD ◆契約書のチェック ◆株価算定 ◆企業概要書の作成　等々	◆仲介契約・FA契約は相談者との民間契約 ◆外部専門家の支援は一部センター負担もあります

（図3）

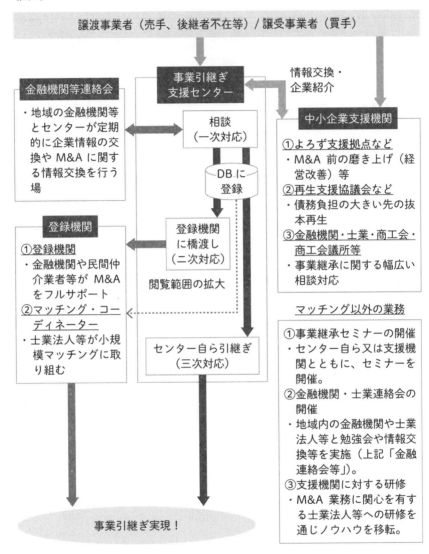

譲渡事業者（売手、後継者不在等）/ 譲受事業者（買手）

金融機関等連絡会

・地域の金融機関等とセンターが定期的に企業情報の交換やM&Aに関する情報交換を行う場

事業引継ぎ支援センター

相談（一次対応）

DBに登録

登録機関に橋渡し（二次対応）

閲覧範囲の拡大

センター自ら引継ぎ（三次対応）

情報交換・企業紹介

中小企業支援機関

①よろず支援拠点など
・M&A前の磨き上げ（経営改善）等
②再生支援協議会など
・債務負担の大きい先の抜本再生
③金融機関・士業・商工会・商工会議所等
・事業継承に関する幅広い相談対応

登録機関

①登録機関
・金融機関や民間仲介業者等がM&Aをフルサポート
②マッチング・コーディネーター
・士業法人等が小規模マッチングに取り組む

マッチング以外の業務

①事業継承セミナーの開催
・センター自ら又は支援機関とともに、セミナーを開催。
②金融機関・士業連絡会の開催
・地域内の金融機関や士業法人等と勉強会や情報交換等を実施（上記「金融連絡会等」）。
③支援機関に対する研修
・M&A業務に関心を有する士業法人等への研修を通じノウハウを移転。

事業引継ぎ実現！

（宇野）

Q74 M&Aの主なスキーム（株式譲渡、事業譲渡、会社分割）

M&Aの主なスキームにはどのようなものがありますか。

それぞれの概要とメリット・デメリット・留意点を教えてください。

M&Aのスキームは様々な手法があります。どの手法を選択するかは譲渡側・譲受側の会社ごとの事情によって異なります。

譲渡代金の受領先や財務内容、業績、許認可、技術の有無、取引口座の重要性等によっても留意が必要です。

一般的には比較的手続が簡易な株式譲渡や事業譲渡を選択されるケースが多いです。

M&Aで主に利用されるスキームには、株式譲渡・事業譲渡・会社分割の手法があります。その中でも株式譲渡と事業譲渡が中小企業のM&Aでは多く利用されています。

1. 株式譲渡

株式譲渡とは、譲渡企業の株主であるオーナー（経営者）が保有する株式

を他の会社（第三者）に売却することで譲渡企業の所有権（経営権）を移転させる取引を言います。株式譲渡は譲渡企業のオーナーと譲受側が譲渡企業の株式を譲渡・売買するだけで成立するため、M&Aの実務手続としては事業譲渡に比べ簡便であるという特徴があります。

　その一方で株式譲渡は譲渡企業を包括的に譲り受けてしまうことから、帳簿外の債務も含めて譲り受けてしまうデメリットが譲受企業側に生じることがあります。なお、株式譲渡取引は譲渡企業のオーナーと譲受企業との間で行われる取引になるため、譲渡対価は譲渡企業のオーナー（株主）が受け取ることに留意が必要です。

2.　事業譲渡

　事業譲渡は、会社の事業の全部又は一部を他の会社に売却する取引を言います。事業譲渡の対象となる「事業」とは、一定の目的のために組織化された有形、無形の財産・債務、人材、事業組織、ノウハウ、ブランド、取引先との関係などを含むあらゆる財産と言われています。また、事業譲渡は契約によって個別の財産・負債・権利関係等を移転させる手続のため、事業譲渡契約書には譲渡対象となる財産を明示して契約が行われます。

　このため、譲受側（買い手）にとっては必要な事業や財産のみを取得したり、また契約の範囲を定めることで、帳簿外の債務（簿外債務、偶発債務など）を遮断することができる点が大きなメリットと言われます。

　一方で個々の財産・負債の移転手続であるため権利関係等を移転させる手続が煩雑で、譲渡側が保有している許認可や取引口座が移転できない等のデメリットがあります。なお、事業譲渡における取引は譲渡企業と譲受企業との間で行われる取引であるため、譲渡対価は譲渡企業が受け取ることに留意する必要があります。

3.　会社分割

　会社分割とは、複数の事業部門を持つ会社（譲渡企業）がその一部門を分割して切り出し、他の会社（譲受企業）に承継させる手法のことを言います。事業譲渡と異なり、会社がその事業に関して有する権利義務の全部又は一部を他の会社に包括的に承継させることができます。ただし、ケースによっては許認可等を承継できないケースもあるため事前の確認が必要です。

　会社分割は譲受側が譲渡対価として金銭を交付することも、譲受会社の株式を交付することも可能であるため、譲受側に資金的余裕がない場合には譲受企業の株式を対価にすることもできます。また、その対価も譲渡企業自身が受け取ることも譲渡企業の株主（オーナー）が受け取ることも可能です。ただし、他の手法と比較すると実務的な手続が煩雑になる点には留意が必要です。

株式譲渡・・・経営者が所有している株式を第三者に売却すること。

事業譲渡・・・事業の全部又は一部を他の会社に売却すること。

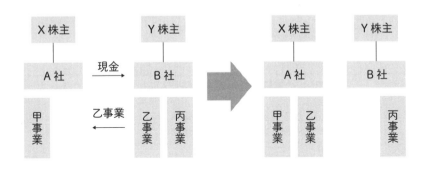

会社分割・・・事業の全部又は一部を分社化した上で、売却する方法

下記は譲渡対価を株式でB社に交付したケース

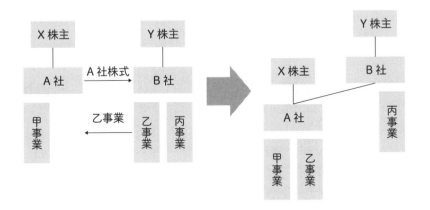

形態	立場	メリット	デメリット
株式譲渡	買い手	・M&Aの実務手続が比較的簡単 ・段階的な取得も可能 ・法人格が別なため、別組織として監理・運営ができる	・買収資金の調達が必要 ・予期せぬ簿外債務や訴訟等があった場合、最終的に買い手企業が負担するリスクがある
	売り手企業	・M&Aの実務手続が比較的簡単 ・会社が存続するため、取引先や雇用関係を維持したまま譲渡できる ・信用力の高い企業に売却すれば、資金調達、事業展開が安定する	・売却資金は会社に入らず、売り手企業の株主に入る
	売り手株主	・株主個人が現金を受け取る ・段階的な売却も可能 ・株式譲渡益に対する税率が低い（約20％の一定税率）	・売り手企業の株主としての経営権を失う

形態	立場	メリット	デメリット
事業譲渡	買い手	・引き継ぐ資産や契約、従業員を限定できるため、簿外債務や不良債権を引き継ぐ必要がない ・買収価格のうちのれん相当額について償却できるため、節税メリットがある	・買収資金の調達が必要 ・個別の資産や契約ごとに移転手続を行わなければならないため、手続が煩雑 ・取引先との契約等（口座など）がうまく引き継げないリスクがある
	売り手企業	・会社が売却代金を手にできる ・一部の事業や資産、従業員のみを譲渡することが可能	・手続が煩雑 ・譲渡時：事業譲渡益が発生する場合、法人税がかかる（法定実効率約30％）
	売り手株主	・不採算部門の売却による企業価値向上（株主価値の向上）が期待できる	・精算時：剰余金の分配に対し、所得税がかかる

形態	立場	メリット	デメリット
会社分割	買い手	・会社の部門ごと事業ごとに譲受けできる ・買い手企業の株式を対価にできるため、資金がなくても買収可能	・実務手続がやや煩雑
	売り手企業	・会社の部門ごと事業ごとに分割譲渡できる	・非公開会社が会社分割を利用したM&Aの買い手になると、売り手企業又はその株主は対価である株式の換金が難しい ・現金を受け取らなくても課税される場合があるなど、税務の取扱いが煩雑である

（上原）

Q75 PMI

Q PMI とはどのようなことを意味していますか。また PMI は買収後に自社グループとなってから取り組めばよいでしょうか。

A PMI は Post Mager Integration と言われ、買収後の事業統合工程を言います。

前述のとおり、譲受側の M&A の目的は「時間を買う」という目的であることが多いです。

M&A 後で譲受側の企業が安定的な収益を計上することができるよう支援することが求められます。

そのためには M&A 後から取り組むのではなく、譲受検討時から前向きに計画、実行することが肝要です。

　PMI は、買収後の事業統合工程全般のことを言いますが、その実施については M&A の検討段階から既に始まっていると言っても過言ではありません。譲受側が「時間」を買い、譲渡企業から安定的な収益を確保し、さらにシナジー効果で利益の拡大を目指すためには M&A 検討段階から統合後の青写真を持っていることが必要です。

　また、財務を含めた各種デューデリジェンスを実施した時に把握した各種の課題や統合後の問題点なども統合工程の中で解決が求められます。

　PMI については確立されたスキーム（方法）や手順などは特にありませんが、一般的には①経営の統合、②オペレーション（人事・組織、業務プロセスや財務会計などの情報システム）の統合、③組織風土の統合の三段階があると言われています。

　「経営の統合」は、両社の経営者が今回の M&A の目的を改めて共有し、数年後のビジョンを新たに作り込むことで、経営理念や経営戦略を一致させていくことです。②オペレーションの統合や③企業風土の統合の実施する基盤になることから、PMI の初期段階で行われる重要な活動と位置づけられます。

　大企業の M&A などでは統合後 100 日を目途に PMI 体制を確立し、統合シナジーの実現を目指して各種の統合活動を行っていくことが一つのモデルケースとして示されているものが多いです。

　一方で、中小企業においては、従業員も少人数で、かつ前経営者との関係も強固で重要であることから、半年から数年をかけて旧経営者から新経営者に引継ぎ期間を設定し、新経営者と従業員の関係を醸成することもあります。また、従業員と同じように取引先との関係も同様に構築することも必要です。経営者交代のタイミングにより旧経営者との関係が断絶若しくは希薄になることで従前の取引条件が変化することもあるので留意が必要です。

（上原）

Q76 デューデリジェンスの役割と基礎

> **Q** 　私が経理として勤務する会社は後継者がいないので、M&A により外部売却する方向にあり、買い手先がデューデリジェンスを行うとのことです。
> 　デューデリジェンスはいつの時点で、何のために行うのでしょうか。
>
> ----
>
> **A** 　デューデリジェンスとは、対象企業等を調査し実態を把握するために行われます。M&A の場面では、買収前に対象となる企業や事業の価値やリスクの評価のために行われることが一般的です。
> 　通常は、譲受企業が譲渡企業に対して行いますが、譲渡企業が事前に想定される論点を把握し、売却事業等の価値を高めるために行うケースもあります。

1. デューデリジェンスの必要性

　M&A の目的は様々ですが、対象会社等を M&A 候補先とすることには理由（魅力）があることが一般的です。例えば、自社事業とのシナジー効果が期待できること、エンジニア等の優秀な人材が確保されていること、業界規制や新規契約が困難な重要な契約や権利を保有していることなどが挙げられ

るでしょう。

　しかし、いざ対象会社等を取得してみたら「想定と違った」「契約内容に欠陥があった」ということでは、M&Aの目的が果たせなくなる可能性が生じます。

　また、会社自体を取得する株式譲渡によるM&Aでは、対象会社の負う責任（義務）も合わせて取得することとなります。「会社の財務諸表が適切に作成されておらず、想定していない多額の簿外債務や債務保証が存在した」「重要な税務リスクや訴訟リスクを抱えていた」ということでは投資する意味は乏しく、またいくら魅力的に見える会社であっても事業として立ち行かなくなる可能性も存在します。

　デューデリジェンスは、このような事態が発生しないよう、対象会社等の実態を調査し、リスクや課題の洗い出しを行うために実施されます。

　また、調査結果を踏まえて、「契約内容の見直しは必要か」「投資の方法（株式譲渡又は事業譲渡）への影響は」「取引価額（企業価値）は妥当か」などが検討されるのが一般的です。

2.　デューデリジェンスの種類

　M&Aの目的が様々なように、会社等が持つリスクも様々です。そのため、対象会社等のリスクや課題を洗い出すためには様々な視点から目的に応じて調査を実施する必要があり、デューデリジェンスもこの視点に応じて様々な種類があります。

　リスクや課題の洗い出しの観点からは、様々なデューデリジェンスを実施することが望ましい一方、これにはコストも、時間や労力も必要となります。そのため、一般的には対象会社等の特徴やM&Aの目的から必要なデューデリジェンスの種類やその深度を決定していくこととなります。

　一般的なデューデリジェンスの種類には以下のものがあります。

種類	調査対象
ビジネス デューデリジェンス	対象会社の経営実態に視点をおいたデューデリジェンス。主に対象会社の属する市場や、そこでのポジション、強み弱み等の分析により、事業上のリスクや M&A によるシナジー効果、PMI（経営統合による統合プロセス）の調査、評価を行います。
財務 デューデリジェンス	財務状況に視点をおいたデューデリジェンス。主に対象会社等の過去の業績や財政状況、キャッシュフローの分析により、「不正な経理が行われていないか」「将来の収益性はどうか」「不良資産はないか」「負債が適正範囲内か」「簿外債務や偶発債務の状況や損失顕在化の可能性」などについて調査します。
税務 デューデリジェンス	税務リスクに視点をおいたデューデリジェンス。主に法人税等の滞納の有無の確認、過去の税務調査状況の把握や税務申告書の主要調整項目の内容の把握により、「将来発生する可能性のある追徴税等税務リスクの有無」について調査します。
法務 デューデリジェンス	法務リスクに視点をおいたデューデリジェンス。主に定款や登記事項の確認、契約書や規定の確認等により、「縦横な契約や取引に法律上問題となる点がないか」等を調査します。最近では労務リスクが重視されています。

（本山）

Q77 M&A の仲介契約と FA 契約の違い

Q 後継者を探しましたが、親族内、役員・従業員にも適任者が見当たりません。ついては M&A で事業継続を図りたいと思いますが、現在候補先にあてがない状態です。候補先を探索する場合、誰に相談したらよいですか。

A 一般的には決まった相手先がいない場合には仲介者若しくはアドバイザーからの支援を受けることが一般的です。仲介者・アドバイザー（以下、「仲介者等」といいます）の選択は、業務範囲や業務内容、活動提供期間、報酬体系、ディール実績、利用者の声等をホームページや担当者から、確認した上で複数の仲介者等に打診、比較検討して決定することが望ましいです。

また、公的相談窓口として事業引継ぎ支援センターにご相談いただいても、信頼できる仲介者等を紹介してもらうことができます。

1. 信頼できる仲介者等の選任

信頼できる仲介者等を選任することが重要です。仲介者等は M&A を支援

する機関で、候補先は民間の M&A 事業者、金融機関、税理士を含む士業専門家等です。身近な相談先として顧問税理士や取引金融機関も挙げられます。主な契約は2種類でそれぞれの機関ごとの指針や取引状況により契約体系が大きく異なる仲介契約とアドバイザリー契約があります。選定の際には仲介者等の担当者との相性や信頼関係の構築ができそうかという点も重要なポイントになります。

　また、契約を締結する際は調印前に充分な説明を納得がいくまで受けることも重要です。特に契約内容や報酬等については後程問題になるケースもあることから確認が必須となります。もし、契約内容等に疑義がある場合には、必要に応じセカンドオピニオンを受けることが有効です。

2.　仲介契約とアドバイザリー契約の違い

・仲介契約：仲介者と譲渡企業、譲受企業との間の契約です。双方の間になって中立・公平の立場から助言を行うため、交渉が円滑に進みやすいという特徴を持っています。
・アドバイザリー契約：アドバイザーが譲渡企業又は譲受企業の一方との間で締結する契約です。契約者の意向が交渉に全面的に反映されるという特徴があります。

　中小企業の M&A では仲介契約が一般的であることが多いと推察されますが、契約者に対する利益相反の観点からアドバイザリー契約のみに限定している支援者もいます。また、弁護士は弁護士法で双方代理は認められていないため、自動的にアドバイザリー契約となります。

3.　仲介者等の役割

　個々の段階については別途 M&A のスキームの中で触れるので詳細は割愛

しますが、一般的には以下のような支援をすることが多いです。また、以下の一部のみサービスを提供している仲介者等もいます。

① 事業評価
② 候補先選定サポート
③ 交渉サポート
④ 基本合意締結サポート
⑤ デューデリジェンスサポート
⑥ 最終契約締結・クロージングサポート

4.　報酬体系

　一般的な報酬は以下のとおりです。別途交通費等の実費やデューデリジェンスの費用が必要な場合があります。また、着手金やリテーナーフィー、基本合意時の報酬は不要として成功報酬のみとしている仲介者等もいます。

・対応開始時：着手金
・対応中：リテーナーフィー（月額報酬）
・基本合意締結時：中間的な報酬で、成功報酬の一定割合としている仲介者等もいます。
・成約時（決済時）：成功報酬、レーマン方式といわれる M&A で一般的に使用される方式を採用しています。一方、最低報酬額を別途定めている仲介者等も多く存在します。

図表　仲介契約

図表　アドバイザリー契約

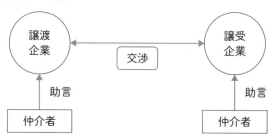

（宇野）

Q78 M&A における 売却価格は

Q M&A で会社売却を意思決定するにあたり、企業価値や売却価格の算定ポイントが知りたいです。また、実際に会社を高く売却するためにはどのようにすればよいのでしょうか。

A M&A の企業価値並びに売買価格は譲渡側と譲受側の交渉によって決定されます。ただし、交渉にあたっての売却価格には一般的にはいくつかの算定方式があり、その間の範囲で決まることが一般的です。特に中小企業で用いられものとして以下の算定方法があります。

① 資産・負債を基礎に算定（時価純資産法、年買法）
② 収益を基礎に算定（収益還元法）
③ キャッシュフローを基礎に算定（DCF 法）

等が一般的です。

　実際に高い価格で売却するためには、これらの算定で株価が高くなるように財務内容を改善し、かつ収益性の向上に努める必要があります。

1. 資産・負債を基礎に算定（時価純資産法、年買法）

　対象会社の資産・負債を時価で評価し直した後の純資産額を株主価値として評価する方法です（時価純資産法）。このためバブル期などに取得した土地やゴルフ会員権などは簿価上の金額より低下するケースが多いことに留意する必要があります。また、売掛金や在庫の金額も同様に時価にすると、回収見込みのない売掛金や販売見込みのない在庫などが評価減されることにより評価額が低下する可能性があります。

　なお、中小企業のM&A時の評価としては、単純に時価純資産額をベースとすることもあれば、これに「のれん」として営業利益又は経常利益の数年分を加算して評価額とする算定方法も使われています（年買法）。この時に用いられる営業利益や経常利益については、過大な役員報酬や役員保険などを調整した正常収益力に調整して利益を加算することに留意が必要です。

　他の算定方法と比較すると算定が容易で、わかりやすいという特徴があります。

2. 収益を基礎に算定（収益還元法）

　将来の獲得が見込まれる収益（税引後利益）を資本還元率で割り戻して株価を算定する方法で、DCF法の簡易版的な計算方法です。ここで用いられる資本還元率は、一般には資本コストと呼ばれるもので、個々の会社の事業の個別リスク（危険率）などを加味して算定されます。留意点とすれば、将来見込まれる収益算定がDCF法より精度が落ちるという点と、見積もり的な要素が強く恣意性が入りやすいという弱点があります。

3. キャッシュフローを基礎に算定（DCF 法）

　キャッシュフローを基礎に株価を算定する代表として、DCF（Discounted Cash Flow）法があります。DCF 法とは、対象会社が将来獲得すると予想されるフリーキャッシュフロー（FCF）を株主資本コストと負債コストの加重平均である加重平均コスト（WACC）で現在価値に割り引いて「事業価値」を算定する方法です。なお、「事業価値」から「株主価値（株価）」を算定するためには、事業価値に非事業資産を加算し、負債を控除しなければなりません。この DCF 法についても将来利益（将来事業計画）をベースに将来キャッシュフローを算定するため、見積もり的な要素が強いという弱点があります。なお、フリーキャッシュフローと収益の大きな相違点としては、減価償却費がキャッシュフローには含まれていますが収益には含まれていません。また、年度の設備投資などがフリーキャッシュフローでは控除されている点が相違しています。

【年買法のイメージ】

中小企業 M&A における企業評価例（時価純資産法＋のれん：年買法）

評価額（※3） ＝ 時価純資産額（※1） ＋ のれん代（※2）

「コストアプローチ」と「インカムアプローチ」の部分的折衷による評価方法

（※1）「薄価」純資産→「時価」純資産への修正

「薄価」ベース B/S ⟹ 「時価」ベース B/S

現預金	500			現預金	500		
売掛金	2,500	負債	6,000	売掛金	2,200	負債	6,000
その他	500			その他	500		
建物	1,500			建物	1,200		
土地	2,500	純資産	1,500	土地	2,200	純資産	600
	7,500		7,500		6,600		6,600

（※2）　のれん代の一般的な考え方

過去の<u>営業利益</u>の●年分
　　　　（①）　　（③）

	201X 年実績 PL	修正後 PL
売上高	15,000	15,000
売上原価	10,000	10,000
売上総利益	5,000	5,000
役員報酬	200 ⇒	700
外注費	400 ⇒	100
減価償却費	0 ⇒	400
・		
・		
販管費	4,000	4,600
営業利益	1,000 ⇒	400

（①）　直近決算期とする場合や、直近 3 期平均とする場合、更にその中から異常値があれば除外する場合がある。

（②）　正常収益力に調整する。これまで役員報酬が過大（過小）、関係会社に割高で業務委託をしていた等あれば修正。

（③）　中小企業では 0 ～ 3 年程度が目安と思われるが、交渉状況、業界及び M&A マーケット動向等によりケースバイケース。

（※3）　評価額　600 ＋ 400 × 3 ＝ 1,800

【DCF 法のイメージ】

・当該企業の資本コストを算出には「WACC」（加重平均資本コスト）を使用

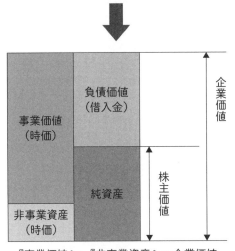

『事業価値』＋『非事業資産』＝ 企業価値
『企業価値』－『負債価値』　　＝ 株主価値

●FCF（フリーキャッシュフロー）
　の算定

営業利益（EBIT）
▲営業利益に対する法人税等

税引後営業利益（NOPAT）
　＋　非現金支出項目（償却費等）
　±　運転資本増減額

営業キャッシュフロー
▲設備投資

・FCF（フリーキャッシュフロー）

●残存価値（TV：Terminal Value）
　の算定

残存価値（TV）＝

$$\frac{継続可能FCF（※）×（1＋継続成長率）}{（割引率－継続成長率）}$$

（※）継続可能FCFの算定が難しい場合には税引後営業利益（NOPAT）で代用することもある。

残存価値（Terminal Value）とは、計画期間終了時点における評価対象企業の事業価値（又は精算価値）。事業が永続することを前提としている場合には上記のような算定に基づき残存価値を算定する。

（上原）

Q79　仲介会社と M&A プラットフォームの特徴

Q　最近、親族内に後継者候補がいないので、M&A プラットフォームで会社を売ったという話をよく耳にします。M&A プラットフォームとは何でしょうか。M&A を扱う会社や組織の種類とそれぞれの特徴について教えてください。

A　M&A プラットフォームはインターネット上で、売り手と買い手が情報交換し、M&A を成立させる手法で、最大のメリットは専門家を利用しない限り費用がほぼかからない（売り手の場合）ことにあります。他方で、コストを負担しても迅速に M&A を成立させたい場合は、フルサービス対応の M&A 仲介会社が利用されます。

1.　事業承継と M&A

　事業承継の場面でも、急速に M&A が利用されるようになってきました。その理由は、親族内、及び会社内に後継者がいないケースが多いためです。

　M&A を検討する場合、主要な検討項目として①費用、②サービス品質かと思います。

①　費用

　日本 M&A センターやストライクなどの大手 M&A 仲介会社に依頼すると 500 万円〜 2,000 万円以上の費用がかかります。

　費用の捻出が難しい場合や売り手企業の事業規模が小さい場合には、日本税理士会連合会の運営する「担い手探しナビ」、国が営む「事業引継ぎ支援センター」、トランビ等の民間の M&A プラットフォームの利用が検討されます。M&A プラットフォームの場合は、専門家を利用しない限り、売り手手数料は無償のケースが多いと思います。

②　サービスの品質

　しかしながら、M&A に際して、M&A 仲介会社を利用するのは一般的な方法です。M&A 仲介会社は、M&A マーケットに広いネットワークを有しているので、売り手、買い手共にスピーディに相手先を探してもらうことができ、売買交渉やデューデリジェンス、バリエーション、売買契約までフルパッケージでしっかりと支援してもらえる場合が多いと言えます。

　M&A プラットフォームの場合は、基本的に自分で対応します。そうはいっても初めてなので専門家に手伝ってほしい、あるいは事業価値の算定をしてほしいなど、個別のニーズに対応できるように専門家群を抱えているので、費用を負担し必要なサービスを受けることも可能です。

2.　M&A プラットフォーム等の特徴

①　M&A プラットフォーム

　M&A プラットフォームとは、主にインターネット上で、売り手と買い手がそれぞれ M&A 情報を掲載し、手軽に、かつ安価なコストで、自分自身で相手先を探せる場所（サイト）です。端的に言うと、売り手は、まずノンネームといわれる情報（対象会社が特定できないように、業種、地域、おおよそ

の年商のみ）を掲載して買い手からの応募を待ち、買い手は、業種や地域を絞った上で希望するM&A候補を探すことができます。売り手と買い手がうまく出会えた場合は、次のステップとして更に詳細な情報を交換して、お互いの希望がマッチすれば売買条件を詰め、最終的に売買契約（M&A）に至りますが、専門家の関与が少なければ少ないほどコストは安価で済むので、中小企業のM&Aに適していると言えます。そうはいっても、多くの中小企業者はM&Aの経験がなく知見が足りない場合が多いので、M&Aプラットフォームを提供する会社や組織は、公認会計士・税理士やM&Aアドバイザリー等、各種専門家と提携していて、マッチングの場の提供だけでなく、売買交渉やデューデリジェンス、バリエーション業務を支援するケースもあります。

②　日本税理士会連合会の担い手探しナビ

　日本税理士会連合会の運営する「担い手探しナビ」は、M&Aプラットフォームの一種ですが、誰でも参加できるわけでなく、税理士を通して行う点に特徴があります。もともとは北陸税理士会が行っていたサービスを好評につき全国版に拡大し2018年10月から運用を開始したもので、システム利用料も無料のため、利用の拡大が期待されています。「担い手探しナビ」は、クライアントを良く知る税理士が関与することで安心感が得られると評価されています。

3.　M&Aを扱う会社や組織のそれぞれの特徴

　M&Aを扱う会社や組織（M&A仲介会社やM&Aプラットフォーム）のそれぞれの特徴と費用のイメージは以下のとおりです。

　M&Aはだらだら時間をかけて行うものではありません。

　期限を設けてスピーディに行う必要があるので、複数の方法によってM&Aを行う場合もあります。

〈M&A 機関の特徴〉

M&A 機関	規模感	最低報酬	提供業務	特徴
金融機関（銀行や証券会社）	売却価額10 億円以上	—	相手先探し、交渉、助言、DD、価格算定など	主に FA 業務を担う
日本 M&Aセンターなど	売却価額数億円以上	500 万円～2,000 万円		専門家を多数抱え、情報量を保有
日本税理士会連合会	売却価額数億円以下	サイト利用は無料	交渉、助言、DD、価格算定は別途	税理士を通じてマッチングの場を提供2018.10.1 ～スタート
事業引継ぎ支援センター		センター相談料は無料		公的相談窓口、全国 47 都道府県に設置
民間のプラットフォーム		無料又は安価		基本的にマッチングの場を提供

（注）　あくまで私見です。

（植木）

Q80　M&A の手取額は

　M&A でかかる費用及び最終的な手取額のイメージを教えてください。

　M&A でかかる主な費用は、専門家（仲介会社等）に支払う手数料、対応する自社従業員の人件費、税金費用等があります。

　手取額を増加させるための方法は、①譲渡代金（キャッシュイン）の値上げ（Q79 参照）及び②費用の削減の 2 つの側面から検討する必要があります。

1.　M&A でかかる主な費用の内容

　M&A でかかる主な費用には、専門家（仲介会社等）に支払う手数料や対応する自社従業員の人件費、譲渡益に対して課される税金費用等があります。

　専門家（仲介会社等）に支払う手数料は、提供を受けるサービスに応じて変動するため、M&A の規模やコストパフォーマンスを考慮し、どのような仲介会社にどの程度の範囲の業務を依頼するかを検討することが重要です。M&A に不慣れな場合には、全般的なサポートを受けることで、対応する自社従業員の人件費を削減でき、結果として全体の費用を抑えることができる

可能性がある点も考慮する必要があります。

　また、譲渡益に対する税金費用の負担額によっても手取額が減少することから、適切なタックスプランニング（Q81参照）を検討することが非常に重要と言えます。

2. 具体的な費用の目安（仲介会社）

　仲介会社の費用相場は、取引金額や提供を受けるサービスの範囲で大きく変動することから、一概にいくらと言えるものではありません。そのため、どのような仲介会社を利用するかを検討する上で、仲介会社の一般的な費目と料金形態を把握する必要があります。

【一般的な M&A 仲介会社の費用相場】

費目	相場	内容
着手金	数十万円〜数百万円	仲介会社の業務着手時の一時金
中間金	数十万円〜数百万円	仲介会社へ支払う中間時の一時金
成功報酬	売却代金に対する割合	M&A 成立（最終契約締結）時の成功報酬

　着手金と中間金は、M&Aが成立しなかった場合でも返金されない費用となります。

　「着手金＋成功報酬」「中間金＋成功報酬」「成功報酬のみ」等、仲介会社によって料金形態及び提供サービスの範囲は様々です。

　手厚いサービスを受ける場合には、仲介会社でも公認会計士等の専門家に対する報酬が発生するため、着手金や中間金が必要となるケースもありますし、これらのサービスをオプションとして追加できる仲介会社もあります。

　また、どの仲介会社でも生じることですが一般的な成功報酬の割合は、売

買代金に応じて変動するため一概には言えませんが、多くの仲介会社が採用するレーマン方式では 5 億円以下の場合、売買金額の 5 ％となります。

【一般的なレーマン方式の料率テーブル】

売却額	料率
5 億円以下の部分	5 ％
5 億円超　10 億円以下の部分	4 ％
10 億円超　50 億円以下の部分	3 ％
50 億円超　100 億円以下の部分	2 ％
100 億円超の部分	1 ％

　仲介会社によって得意とする業種や対応している地域、提供業務のタイプ（仲介型 or アドバイザリー型）が異なりますので、受けたいサービスの費用対効果を考慮し、自社に合った M&A 仲介会社を選ぶことが重要です。

（本山）

Q81 会社分割や退職金支給による節税スキーム

Q 　M&A により、会社の一部の事業のみを譲渡したいと考えています。2017 年度税制改正で会社分割に係る支配関係継続要件が見直されましたが、具体的にどのようになりますか。

　また、退職金を支給することにより節税対策となるといわれますが、支給した場合と支給しない場合の違いがどこにあるか教えてください。

A 　2017 年度税制改正により、会社分割を行った場合の支配関係継続要件が、改正前の「支配株主と分割法人及び分割承継法人との間の関係継続」から「支配株主と分割承継法人との関係継続」のみに改正され、「支配株主と分割法人との関係継続」が不要となりました。その結果、譲渡事業の含み益課税を受けることなく分割による M&A が可能となりました。

　また、退職金を支給することで譲渡代金の一部が譲渡所得から退職所得となることで節税対策になります。

1.　会社分割を利用するケース

　一部の事業を譲渡し、一部の事業（資産）を残したい場合、譲渡対象外の事業を会社分割により簿価で切り出してから譲渡する方法が、2017年度税制改正で可能となりました。

　すなわち、2017年度税制改正により、会社分割を行った場合の支配関係継続要件が、改正前の「支配株主と分割法人及び分割承継法人との間の関係継続」から「支配株主と分割承継法人との関係継続」のみに改正され「支配株主と分割法人との関係継続」が不要となったものです。

　その結果、以下の例のように、含み益を有するB事業（残したい事業）を会社分割によってB社（分割承継会社）として切り離し、M&A対象のA事業を持つA社（分割会社）株式を譲渡するスキームが可能となりました。

　改正前はB社分割時に税制非適格となりB社事業の時価譲渡となったものが、改正後は税制適格となり簿価譲渡（含み益は未実現のまま）が認められることになったものです。

　譲渡しない事業や譲渡対象外の資産に含み益がある場合には、簿価のままの分割が可能になったので、例えば、不動産賃貸業は残したい（不動産に含み益あり）という希望がある場合には、検討すべきスキームです。

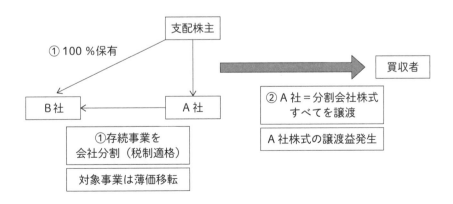

2.　退職金支給による節税スキーム

　個人株主がM&A等で株式を譲渡した場合には、譲渡所得として譲渡益に対し20％の税金が発生しますが、退職金を利用することで、税負担を軽減し、手取り額を増やすことができる可能性があります。また、株式譲渡ではなく事業譲渡とする場合には、事業譲渡代金は譲渡会社に帰属するため、譲渡代金を株主個人に帰属させるには法人税課税後に配当所得課税され、都合2回の課税（法人課税と個人課税）によって個人株主が受け取る対価が大きく目減りするのに対し、退職金の場合は退職所得として優遇税制が利用できるので、個人が受け取る対価は増加します。

　従業員は譲渡先との間で再雇用される機会があったとしても、経営陣は事業譲渡によって退職し将来の生活の糧を失うことが多いため、特に経営陣に対して退職金を支給し譲渡益課税される所得を圧縮した方がメリットになります。

〈株式譲渡〉

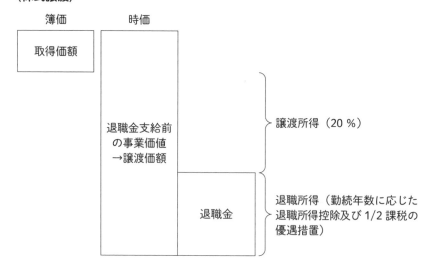

〈事業譲渡〉

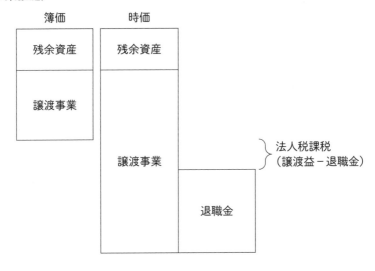

（本山）

Q82 職務分掌・職務権限を考える

Q　当社は、職務分掌・職務権限を明確に定めていないため、会社の重要決定事項はもちろんのこと、経理・人事・総務・営業等の細かい日常業務の最終決定権限も社長である私に集中しています。事業承継の検討を機会に、業務効率化のためにも職務分掌・職務権限を定めたいと考えていますが、留意すべき点を教えてください。

A　職務分掌や職務権限を定める場合、業務効率化のために業務の流れを考慮することも重要ですが、リスクマネジメントの観点にも留意することが重要となります。

自社の許容可能なリスクの範囲と、排除・低減すべきリスクの範囲を検討し、排除・低減すべきリスクに有効な職務分掌や職務権限を定めることで、業務の適正さを確保する仕組みの一つとなります。

1.　職務分掌について

　職務分掌とは、誰（どの部署）が何（どのような職務）を担当し、責任を持っているかを明確にすることです。

　中小企業の大半は、限られた人材の中で組織を運営していることが多いため、職務分掌が明確に定められていないケースもあるでしょう。

　しかし、職務の範囲と責任が明確になることで、職務に対する責任感を持つことができ、また、誰にどの職務を依頼すべきなのかを判断することも可能となることから、業務の効率化が期待できます。

　また、職務分掌を定めることは業務効率化だけでなく、事業運営で生じるリスクを低減させる効果を持たせることにもつながります。

　例えば、経理部（会計）と財務部（資金管理）を分離することで不正などの財務リスクを低減することや、製造や営業に係る部署とクレーム対応部署を分離することで、自社の商品等のトラブルの隠蔽に係るリスクを低減することができる可能性があります。

2.　職務権限について

　職務権限とは、誰（どの役職）がどの決定権限を持っているかを明確にすることです。

　経営者に過度に権限が集中していると、経営者が本来行うべき経営に関する意思決定に時間をかけることができない、決裁の量が増えることでスピーディーな意思決定ができないなど、会社にとってデメリットが生じる可能性があります。

　そのため、適切に権限を委譲し、業務を円滑に進める体制を整備することが重要です。

372   第8章　事業承継の実務〜後継者が不在なとき

　権限を委譲する場合の留意点は、権限と責任の範囲を一致させること、能力に合った権限とすることなどが挙げられます。

　権限の集中は会社の業務効率の低下や決裁能力の低下にもつながりますが、過度な権限委譲も会社業務の混乱を招くことから注意が必要です。

　適切に権限が委譲されると、社員のモチベーションや能力の向上、次世代リーダーの育成等、人材育成によい影響を与える面もあります。

（本山）

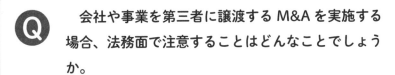

Q83 M&A における法務対応

> **Q** 会社や事業を第三者に譲渡する M&A を実施する場合、法務面で注意することはどんなことでしょうか。

> **A** 親族内承継や従業員承継は、誰を社長とするか、会社の株式をどうするかという、いわば会社内部の対応問題ですが、M&A は社外の他の会社との取引となるため、その交渉内容は多岐にわたり、契約書の作成や契約条件の確定が重要となります。
>
> そのほか、会社が負っている負債やリスクの処理であったり、取引先との取引の移転などが必要となる場合もあり、法的処理を実施する場面は少なくありません。
>
> したがって、専門の弁護士に相談しながら進めることをお勧めします。

1. M&A において法務対応が必要な場面

M&A を進める上において様々な場面で法務対応が必要となりますが、主な場面について解説します。

①　株式・事業譲渡契約

　相手方企業と合意に至った場合に、どのような形で譲渡するかについて契約書の作成が不可欠となります。

②　取引先や許認可・知的財産の承継対応

　相手方企業に会社や事業を譲渡する場合、当該事業において重要な取引先との取引であったり、許認可や知的財産も円滑に承継する必要があります。

③　リスク対応

　会社や事業の譲渡において生じるリスクや、会社において既に発生しているリスクへの対応が問題となることが往々にして生じます。

④　負債処理

　過大な負債を負っている場合に、当該負債をどのような形で処理するかが問題となります。債務超過の規模が大きい場合には、金融負債を残して、その他の事業に必要な資産・負債のみを移転させる場合もあり、特にその場合には金融機関から詐害行為と見なされないように金融機関と協議しながら進めることになります。

⑤　株主対応

　株式譲渡の形式を取る場合には全株主が第三者への譲渡について同意している必要がありますが、反対する株主がいる場合における対応であったり、事業譲渡を実施する場合の株主総会決議への対応が重要となります。

⑥　仲介業者がいる場合の仲介業者との契約

　譲渡先を探す際に、仲介業者を利用する場合には必ずその手数料等の条件を含めた契約書を締結することになります。

⑦　事業譲渡・会社分割等のスキームプラン策定と実施

　株式譲渡以外の事業譲渡、会社分割、合併等の手続を実施する場合には、会社法に規定されている手続を実施する必要があり、どの手続を取ることが最適であるかを含め計画を立案し、実施することになります。

⑧　デューデリジェンス（DD）対応

　相手方企業から、事業や企業の内容について、リスク確認を含めて調査が実施されますので、その場合に法務面の調査に対処することになります。

⑨　トラブル対応

　M&Aにおいては交渉段階のみならず、契約後においても契約の履行の問題を含め、トラブルが生じることが少なくありません。適切かつ迅速なトラブル対応が必要となります。

2.　法務事案に対する対応

　M&Aにおいて様々な法務対応が求められますが、その場合の対応としては、顧問弁護士や専門の弁護士に相談してM&A手続全般について対応する方法が一番良い方法です。近くに専門の弁護士がいない場合には、弁護士以外の税理士等の士業に相談して紹介してもらうか、弁護士会や事業引継ぎ支援センターにて紹介してもらうことができます。弁護士報酬を支払う余裕があまりない場合には、手続全般についてでなくても、契約書だけでも弁護士によるチェックを受けておくと良いと思います。

（髙井）

Q84 株主対応の重要性

Q 　会社を第三者へ譲渡するにおいて、株式譲渡の手続を取りたいと思っておりますが、一人だけ、歴史ある当社を第三者に売却することに反対している株主がおります。説得してもなかなか理解をしてもらえません。また、他の株主のうち、一名の所在がわからず、通知を送っても所在不明で戻ってきてしまいます。このような場合、どうしたらよいでしょうか。

A 　株式譲渡にて会社を第三者に譲渡する場合には、全株式の譲渡が求められるため、反対している株主や所在不明な株主がいる場合には対応が難しくなります。事業譲渡の場合であっても、株主総会の特別決議（議決権の3分の2以上の賛成が必要）を成立させる必要があり、株主対策は重要となります。

　反対株主がいる場合には、譲渡代金の上乗せなどの条件提示によって説得することになりますが、説得に応じない場合には、株式譲渡を進めることができませんので、事業譲渡等の方法にて譲渡することを検討することになります。

　所在不明の株主がいる場合も事業譲渡等の方法を選択する

　ことになりますが、会社が株主総会招集通知等を送付しても5年以上届かない場合には、当該株式を競売手続にかけることができ、相手方企業が競売によって譲り受けるか、又は一旦、譲渡会社の役員等が競売によって取得した上で、他の株式と一緒に譲渡することが可能となります。

　そのほか、株主名簿が整備されておらず、そもそも誰が真の株主であるのかが判明しない場合や、株券が交付されているはずであるのに見つからないという場合もあり、M&Aによる事業承継を決めた早い段階にて、株主名簿の内容や株券の有無を確認しておく必要があります。

1. 株主の特定

　株式譲渡の場合であっても、事業譲渡や会社分割の場合であっても株主の意思確認が必要不可欠であるため、株主が誰であるかを明確にしておく必要があります。会社は株主名簿を作成し、株式が譲渡されれば、当該株主からの申告により株主名簿の書き換えを行っていきますが、同族経営の中小企業においては、誰が株主であるかについてはあまり重要視されていない場合が多いため、株主名簿が作られていなかったり、真の株主が誰かがわからない場合もあります。

　M&Aの手続が進んでしまった後にこの問題が露見したような場合には、対応する時間がない状況となってしまうため、M&Aを実施する方針を決めたら、まず株主名簿を確認してください。なお、会社の税務申告書において税務上の同族認定のために主要株主を記載する必要がありますが、税務申告書は必ずしもきちんと株主名簿と照合して作成されている訳ではないため、一定の資料価値がありますが、一資料にすぎません。問題が生じていたら、

顧問弁護士に相談して対応策を講じてください。

　また、定款において株券を発行する会社とされている場合には、株主に対しては株券が交付されており、株式譲渡の場合にはその株券を相手方企業に交付しなければ当該株式譲渡の効力が生じません。したがって、株券発行会社である場合には、各株主が株券を有しているか否かも早期段階に確認しておく必要があります。

2.　反対株主への対応

　会社や事業の譲渡に反対している株主がいる場合には、原則として、全部の株式の譲渡を実施することで会社を譲渡する株式譲渡は実施できず、株主総会の多数決決議によって手続を進める事業譲渡や会社分割を選択することになります。

　ただし、会社法の規定により、90％以上の大株主はそれ以外の少数株主に対して、強制的に株式を売るよう請求することができますので、そのような場合には当該手続の利用を検討することになります。

3.　所在不明株主への対応

　所在不明株主がいる場合、株式譲渡を実施しようとしても、あとで当該株主が現れて権利主張する可能性が残ってしまうと、相手方企業としては株式譲渡によって事業承継を行うことにリスクを感じることになります。したがって、このような場合には、事業譲渡等の手続を選択することになります。なお、5年以上会社からの通知が届かない場合には、当該株式を競売にかけることができますので、その手続を利用することで対応が可能な場合もあります。いずれにしても弁護士に相談して対応してください。

株主名簿が正確でない場合の対応
※いずれもリスクは残るため、弁護士に相談して進める必要があります。
1. 株主が誰であるかは明確であるが、確認すべき資料（株主名簿）が整っていない場合
　　⇒譲渡企業（株主）において、契約の中で株主が真性であることについて表明保証を行う
2. 確認できる範囲における株主に対して招集通知を送付し、株主総会を開催して、その決議によって事業譲渡や会社分割を実施する

反対株主への対応方法
1. 90％以上の大株主がいる場合
　　⇒特別支配株主による株式売渡請求制度の利用
2. 株主総会決議によって対応できる事業譲渡・会社分割へ変更

（髙井）

Q85　譲渡対象資産に第三者所有資産がある場合の対応

　　会社を第三者へ譲渡するため、譲渡先を探していたところ、メインバンクの紹介でよい譲渡先が見つかりましたが、譲渡対象となっている工場設備のうち、一部の土地と建物が会社名義ではなく、亡くなっている先代社長名義となっておりました。どのように進めたらよいでしょうか。

　　同族経営をしてきた中小企業においては、事業用資産が会社の所有ではなく経営者個人の所有であったり、経営者一族の所有名義や経営者一族が経営している別の会社の名義となっていることがあります。同族経営をしているときは、特に権利主張されることもないため、あまり気にならず、又は全く知らないままで利用してきたような場合もありますが、第三者へ譲渡するにおいては、これらの権利関係について整理し、事業用資産の全てを相手方企業に譲渡する必要があります。

　　当該名義人の第三者から改めて当該資産を買い取った上で、相手方企業に譲渡する手続を行う必要がありますが、その買取り交渉が難航する場合があり、故人名義の場合には相続登記を行った上で対応しなければならないという問題があ

ります。したがって、M&Aを決めた場合には早期に事業用
資産の所有権や所有名義の内容について確認し、問題が見つ
かった場合には、早期に解決対応を行う必要があります。

1.　事業用資産の所有者・所有名義の確認

　事業用資産の中では、他人の所有のものであったり、又は名義が第三者の
名義であったりすることがあります。他人所有のものであれば、会社・事業
譲渡先への売却のため、一旦買い取るか、譲受企業が利用を継続できる状態
とする必要があります。これらの交渉が成立した場合には、会社・事業譲渡
において譲受企業に確実に承継するために、成立した内容を合意書にしてお
く必要があります。

2.　経営者個人名義の資産の対応

　事業用資産において経営者個人名義の資産がある場合には、会社が一旦譲
り受けて会社名義にした上で、事業譲受会社に譲渡する方法が考えられま
す。株式譲渡の場合には、会社資産としておく必要がありますので、このよ
うな方法を取ることになります。他方、事業譲渡の場合には、会社資産につ
いては会社と事業譲受会社との契約とし、個人所有資産については当該個人
が直接に事業譲受会社と譲渡契約を締結する方法も考えられます。税務面や
リスク処理の観点から検討することになります。

　なお、個人名義資産が現在の経営者ではなく、先代であったり、さらにそ
の先代の名義であり、当該名義人は故人となっている場合があります。各故
人において、遺言書や遺産分割契約書が存在する場合にはその内容によって
当該資産の所有権の所在が決まり、新たに判明した所有権者と交渉して、当

該資産を買い取るか又は継続使用の契約を締結することになります。

　故人において遺言書を作成しておらず、遺産分割も実施されていない場合、又は、遺産分割が実施されていても、当該資産の処遇について明確になっていない場合には、改めて相続人全員から承諾を得ることになります。その場合は弁護士に依頼して、戸籍の除籍謄本等から法定相続人を調査し、その所在を探した上で、交渉することになります。

　当該資産が不動産の場合には、遺産分割による登記を行う必要があるため、合意に至った場合には遺産分割書を作成して実印の押印と印鑑証明書を取得し、全員の押印が済んだところで登記手続を実施することになります。

　故人がかなり前の世代であって面識のない相続人が多く、一対一の簡単な話し合いでは早期にまとめることが難しい場合には、家庭裁判所に遺産分割調停を申し立て、裁判所から当該遺産について放棄するのか又は協議に参加するのかを確認してもらいながら手続を進める場合もあります。いずれにしても、早期に弁護士に相談して対処する必要があります。

3.　第三者から利用継続を断られた場合

　事業用資産について第三者から利用の継続を断られてしまった場合、当該事業用資産が事業継続において不可欠であって、他に代替できない場合には、M&Aを進めることはできないことになります。

　ただし、現在の会社が利用を継続することについて、当該事業用資産の所有者が了解している場合には、株式譲渡の方法でのM&Aを実施した場合であれば利用を継続できるのか否かを確認することになります。

　株式譲渡の場合でも利用継続ができない場合（株主が変更するなど実質的事業主体が変更する場合は使わせないというような場合）には、事業譲渡会社の一部は残しながら、そのほかについて事業譲渡を実施するとともに、事業譲渡会社、その株主及び事業譲受会社の合意によって、上記体制をとるこ

とで第三者所有の事業用資産を使用継続できる形とした上で事業承継を進めることも考えられます。

（髙井）

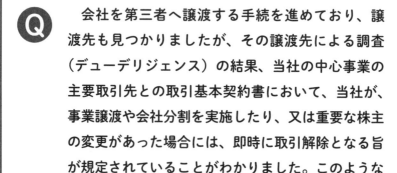

Q86 取引先との契約関係における留意点

Q　会社を第三者へ譲渡する手続を進めており、譲渡先も見つかりましたが、その譲渡先による調査（デューデリジェンス）の結果、当社の中心事業の主要取引先との取引基本契約書において、当社が、事業譲渡や会社分割を実施したり、又は重要な株主の変更があった場合には、即時に取引解除となる旨が規定されていることがわかりました。このような場合、どうしたらよいでしょうか。

A　取引先との取引基本契約書においては、株式を譲渡することによる実質的な経営主体の変更であったり、事業譲渡・会社分割・合併がなされて第三者に会社・事業が譲渡された場合には、取引を解除する旨の規定が入っていることが多くあります。このような規定は、取引基本契約書の書式集（ひな形）にも規定されていることが多いため、そのままそのひな形が利用されて契約書が作成されていることもありますので、早期段階で確認する必要があります。譲受会社においても、デューデリジェンスにおいてはこの点について必ず確認しておりますので、デューデリジェンス実施後において、問題を指摘されて対応を求められることになります。

　　対応方法としては、事前に会社・事業を譲渡することを当
該取引先に説明した上で、書面にて承諾書を取得することに
なります。なお、ライセンス契約においては簡単に契約の承
継を認めてくれない場合もありますので、慎重な対応が必要
となります。

1. 取引基本契約書・ライセンス契約書等における株式譲渡等禁止条項

　取引基本契約書やライセンス契約書においては、その契約の相手方におい
て株式を譲渡するなどして実質的な経営主体（オーナー）が変更となった
り、事業譲渡や会社分割、合併などによって取引先が実質的に変更となる場
合には、即時に契約を解除する旨の契約条項が入っていることが多くありま
す。この契約条項を「チェンジオブコントロール条項」と言います。このよ
うな契約条項は特に重要な事業取引先との契約書に入っていることがあり、
M&Aの相手方企業としては、M&A後に主要取引先との取引ができなくなっ
てしまうリスクがあるため、その対応がなされることがM&A実施の条件と
してくる場合もあります。したがって、M&Aを決めた場合、早期に主要な
取引先との取引基本契約書やライセンス契約書を確認し、当該条項が規定さ
れていないかを確認する必要があります。特に、独占的ライセンス契約にお
いては、ライセンサー（許可を与える方）にとってライセンシー（許可を受
けた方）がどのような企業であり、今後どのような事業運営を行っていくか
については、ライセンス事業上重要事項としていることが多く、M&A先へ
のライセンス契約の承継を拒絶することもあり得ますので、慎重な対応が必
要となります。

2. 対応方法

　契約書に株式譲渡や事業譲渡を禁止する条項があった場合には、事前に当該契約相手方に対して、M&Aの内容を説明して書面にて取引継続の確約を取り付けておく必要があります。

　書面を出したがらない取引先もありますが、そのような場合には、口頭にて承諾を得ていることをM&A相手方企業に説明し、株式譲渡契約書において表明保証事項とする対応が考えられます。さらには、M&A企業担当者を取引先に同行し、面前にて取引継続の意向を確認してもらう対応を行う場合もあります。

3. 取引先から取引継続を断られた場合

　主要取引先やライセンサーから株式譲渡後においては取引契約を解除する旨の意向が示されてしまった場合には、当該取引を外した形でのM&Aを検討することになります。この場合、当該取引先に代替する対応がとれなければ、譲渡対価等の見直しが行われることも少なくありません。

　契約条項の内容や取引の実態に鑑みて、契約違反とならない形態での対応が考えられる場合もあり、顧問弁護士に相談の上で対応策を検討することになります。

（髙井）

Q87 事業譲渡・会社分割スキーム

Q 当社は優良事業のほか、不採算な事業があり、M&Aの相手方企業からは、優良事業のみを引き受けたいという意向を受けています。優良事業さえ承継できれば、不採算事業は閉鎖したいと思っていますが、その承継の方法として、事業譲渡の方法と会社分割の方法の違いを教えてください。

A 複数の事業のうちの一部を譲渡したり、負債や簿外債務等のリスクを承継対象外とするため、M&Aにおいては、しばしば事業譲渡や会社分割が利用されます。株式譲渡の場合には、会社全体を承継することになるため、譲受会社においては過大な負債や簿外債務のリスク負担を負わねばならないため、これらのリスクが大きいと見込まれる場合には、株式譲渡は敬遠されます。

事業譲渡は契約書にて即時に実施することができるため、簡便かつ迅速な手続であり、そのため中小企業のM&Aでは会社分割より事業譲渡が利用されています。他方、会社分割は、会社の組織を2つに分けて新しい会社を設立して移転させる手続であり、事業譲渡と比べると複雑で時間がかかる手続ですが、もともとの会社が有していた地位をそのまま

承継することができることが原則となっていますので、従業員も退社や入社の手続をせずに承継することができ、許認可についても内容によっては一定の条件においてそのまま承継することができる場合があります。

1. 事業譲渡や会社分割スキームを選択する場合

　中小企業のM&Aのほとんどは簡易かつ営業活動に影響の少ない株式譲渡の方法が採用されていますが、複数の事業のうちの一部のみを譲渡する場合であったり、過大な負債や簿外債務、さらには何らかのリスクが生じうる場合においては、株式譲渡で会社すべてを承継してしまうと、これらの負債やリスク処理を譲受会社にて対応することになるため、譲受会社の意向によって、これらの負債やリスクを残してそれ以外について譲渡を受ける形を採用する場合があります。なお、税務についてはQ39を参照してください。

2. 事業譲渡の方法とメリット

　事業譲渡は、事業譲渡契約書を締結した上で、譲渡対価の支払と引き換えに、譲渡対象資産の名義変更手続を行うことになります。

　譲渡を実施する際には株主総会の特別決議（議決権の3分の2以上の賛成が必要）を行うことになりますが、そのほかは簡便な手続にて迅速に実施できることが大きなメリットです。

　従業員は譲渡会社を一旦退職した上で、譲受会社又は譲受会社が用意した新会社に入社することになります。このときの雇用条件も予め事業譲渡契約書において定めておくことになります。取引先との関係においても、譲受会社において商号や屋号を承継したとしても取引主体としてはそれまでとは別

の会社となるため、その旨の説明を行って了解を一つ一つとることになります。ただし、従業員が承継されて担当者が同じであり、商号も承継されて同じ商号であれば、取引先において譲受企業と取引を継続する場合が多く、この点はそれほどデメリットではないと思われます。

　会社分割は、会社の一部について新設会社の形で創設し切り出した上で、当該新設会社の株式を M&A 相手方企業に譲渡する形等によって移転する方法です。新設の会社に分割することについて、株主総会特別決議が必要となる点は事業譲渡と同じです。一つの会社が二つになるため、その債権者にとって不利益が生じるおそれがあり、債権者へ通知等を実施した上で1か月以上の一定期間を経てから手続を行う必要があり、事業譲渡より手続が複雑であり時間がかかることになります。ただし、労働者承継手続により、従業員をそのまま承継することができ、そのほか契約関係や許認可関係が承継しやすい点にメリットがあります。

（事業譲渡）

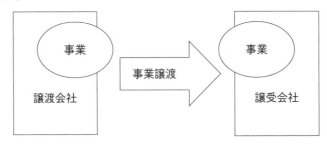

（会社分割）

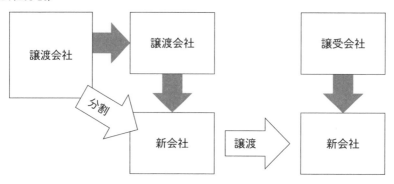

（髙井）

Q88 従業員対応

Q 　親族にも幹部従業員にも後継者候補がいないため、M&A を実施することを決めましたが、一部従業員にそのうわさが広がり、M&A の際にリストラされてしまうのではないか、給与待遇が悪くなるのではないかという質問をしてくる従業員もいます。M&A を実施する際には従業員にはいつの段階においてどのような説明をしたらよいでしょうか。

A 　事業承継によって経営者が誰になるのかについて、従業員にとっても自らの人事面の処遇に影響が生じる可能性があるため、重要な関心事となります。M&A においては、株式譲渡の方式であったとしても他の企業の傘下に入りますので、人事面の対応や給与等の処遇への影響が及ぶ可能性が現実的にありますので、さらに従業員にとっては気になる事柄になります。

　他方、M&A の当初段階ではまだ相手方企業が決まっていないため、従業員に対して具体的な説明ができる段階ではありません。また、従業員を通じて重要取引先や競合他社に M&A を進めている事実が漏洩してしまった場合には、混乱が顕在化してしまい、企業価値も毀損してしまいます。

　　　　そのため、一般的には M&A は一部の幹部従業員や経理担
　　　当従業員などだけに知らされた形で進められ、他の従業員に
　　　は知らせない形で進み、譲受企業と最終合意の契約書締結が
　　　なされた後に説明を行うことが多いと思われます。
　　　　他方、従業員の間で動揺が生じるような事態となった場合
　　　には、早期に対応が必要となります。

1.　M&A を進める上でのスタッフ構成

　M&A を進めるためには、その準備等のため一定の範囲の従業員の協力が
必要となります。社員が 3、4 人の小規模な企業であれば全員が協力して対
応することもあると思いますが、通常は全員ではなく、経理資料を扱うため
に経理担当従業員の協力を得る他は、幹部社員のみが対応することにより、
M&A を実施していることについて外部に情報が流れることを防止していま
す。

　このように M&A に関する情報を一部の従業員のみに限ることは、社内に
おいても、無用なうわさや憶測が生じることを防ぎ、従業員が動揺すること
のないようにするための対応ともなります。M&A の手続が進むにつれて、
協力を仰がねばならない従業員が増えざるを得ないこともありますが、口の
堅い社員を選び、あまり人数が多くならないように対応することになりま
す。

　したがって、M&A にかかる仲介業者との連絡などにも従業員に不審感が
生じないよう配慮が必要となります。

2.　従業員に対する説明

　一部の従業員のみに情報を統制した上で、M&A の相手方との条件交渉が終わり、契約書も締結して条件の内容が確定した場合には、体外的に情報を公開しても問題ない時期となりますので、従業員に対して M&A を行うこととその内容、その譲受会社の概要などについて説明することになります。

　社員を集めての朝礼等の会議を定期的に実施している場合には、その朝礼等にて全社員に向けて説明を行うことが良いと思います。社員に対してばらばらの時期や方法で伝えた場合には、その情報の伝達に時間差が生じたり、情報の内容に違いが生じるなどして、従業員の間で情報に対する不審感が生じてしまうリスクがあります。

　また、朝礼等で説明した後は、労働組合や労働者の代表者等に対して、M&A となった理由やその後の経過等を説明し、M&A 実施についての協力を求めることになります。

　このような経営体制の変更の機において、従業員において今後の身の振り方を考え、退職を決意することも少なくありませんので、十分な説明とその後のコミュニケーションを綿密にとる必要があります。

　なお、情報を一部従業員に限っていたにもかかわらず、途中においてうわさとして M&A を実施している話が社内に漏れてしまった場合には、その程度を見極めた上で、従業員の動揺による混乱を収束する必要性が生じます。こういった状況になってしまったときには M&A 手続の途中であっても M&A を実施していることについて説明し、理解を求めざるを得ません。

3.　M&A における従業員の待遇

　M&A を実施するにおいて、従業員の待遇については交渉項目の一つとなります。以前は、過剰人員となっている場合に、譲受会社から、譲り受け前

に譲渡会社にて一定人数のリストラを実施するよう要請がなされ、それが
M&A実施の条件とされたこともありますが、最近は人手不足の状況にある
ため、むしろ従業員が大量に退職しないことを求められ、契約条件とされた
り、各部門のキーパーソンが継続して勤めることが契約条件に入ることがあ
ります。

　譲渡側においては、従業員の雇用の不安や待遇悪化の不安を解消すべく、
M&A条件交渉段階において授業員の全員雇用と待遇維持を条件とすること
を求めるという対応を検討する必要があります。

（髙井）

Q89 金融機関対応

M&Aの手続を進めていますが、相手方からは、現在の取引銀行との取引は継続せず、相手方のメインバンク取引に集約する予定である意向が示されています。したがって、株式譲渡後に、相手方において、相手方メインバンクからの融資にて既存の借入金は一括弁済がなされる予定です。このような場合、金融機関にはいつの段階でどのような説明をしたらよいでしょうか。

また、M&Aの実行の1か月前に金融機関から従業員賞与用の短期融資を受ける予定です。その融資を受けるときの銀行担当者との面談ではどのように対応したらよいでしょうか。

現時点において融資取引につき、約定返済ができており、また、M&A実施後においても完済できる予定である場合には、まだM&A取引がまとまっていない段階では金融機関に対して積極的に説明する必要はないと思います。しかしながら、約定返済ができずにリスケジュールにて元金の一部と利息を支払っているなどの状況においては、M&A手続との関係で支障が特になければ、早期段階で説明した方がその後の

　　手続が円滑に進むものと思われます。

　　M&Aの最終合意が固まっていたり、合意締結に至った場合には、金融機関には早期にその旨の説明をした方が良い場合もあります。銀行担当者と面談の機会がある場合には、その時点のM&A手続の進行状況によっては説明をした方が、その後の対応が円滑に進む場合もありますが、M&A手続の状況によってはその手続に集中するため、他の関係者へはまだ説明はしないという判断もあり得るところです。

1.　金融機関との取引が正常な場合の対応

　M&A手続を進める場合、状況によっては短期間にて大量の事務作業や交渉を実施しなければならず、その対応に集中する必要が生じます。そのため、情報漏洩防止の観点からも、M&Aに関する説明は限られた範囲内とせざるを得ません。したがって、金融機関においても、正常な取引状況であれば、M&Aについての最終合意書の締結までは積極的に説明をしない対応となることもあります。これは設問のように新たな融資を実施する時点でも、金融機関側から説明を求められるようなことがない限り、対応としては同様であってもやむを得ないと考えます。

　しかしながら、M&Aの最終合意書の締結に至ったり、その合意が確定した場合には、少なくともメインバンクには説明をしておいた方が、その後の手続を円滑に進めることができると思われます。

　他方、最近は金融機関において、事業承継対策として積極的にM&Aの相談を受けたり、M&Aの譲受企業を紹介してくれる場合もありますので、M&Aを実施する上において取引金融機関の支援を受けることを検討してもよい場合もあると思います。この場合には、仲介業者への対応と同じように

資料を提出するとともに、M&A に対する希望内容を説明することになります。

2.　リスケジュールを受けている場合の対応

　他方、資金繰り上の問題などから、金融機関から約定返済ではなく、当面の間は金利のみの返済としたり、元本の一部の返済とするなどリスケジュールを受けている場合には、会社運営上の重要事項については説明すべきであるため、M&A を実施する旨を決断したとき又は、その相手方候補者と協議をもった時点には、少なくともメインバンクには状況の報告をした方が、その後の手続が円滑に進むものと思われます。

　設例では、全額融資返済ができたケースですが、リスケジュールを受けている状況の中小企業においては、事業の毀損が生じている場合もあり、M&A の結果によっては、金融負債全額の返済ができない場合もあり得るため、早い時期から説明し、譲受企業の紹介も積極的に依頼する対応を取った方が望ましいと考えます。

3.　M&A 実施時の対応

　M&A を実施し、株式譲渡先にて既存の融資を全額返済する場合には、当該金融機関との取引はその時点で終了してしまいますが、譲受企業の都合からやむを得ないことであり、その旨を当該金融機関に説明して、前倒し弁済の方法を確認することになります。同時に、その時点をもって経営者保証も終了する手続を依頼することになります。

（髙井）

Q90　債務超過の場合の M&A

　　当社は営業利益をなんとか毎年確保してはいるのですが、貸借対照表においては少し債務超過の状況となっております。したがって、M&A の結果によっては、営業権を高く評価して債務超過でも株式を譲渡できる場合もあるかと思いますが、有望な譲受企業が現れない場合には、M&A を実施しても負債が残ってしまう可能性もあります。このような場合、M&A を進めるには、どのような点に注意したらよいでしょうか。

　　また、過大な金融負債があるため、M&A によっても到底債務超過が解消できない場合は、どうしたらよいでしょうか。

　　中小企業においては、事業内容が良く利益が出ていても、過去の金融負債が残っていて債務超過となっている場合があります。債務超過の額が比較的少なければ、M&A において譲受企業は負債を気にせず、株式を評価し、株式譲渡に応ずる場合もあります。また、負債が少し多い場合には、株式譲渡ができた場合であっても、負債の引き受けの見合いとして株式価値は備忘価格（1 円等）となる場合もあります。

> 　他方、到底債務超過を解消することができないほどの多額
> の負債がある場合には、M&A においては、譲受企業として
> は負債を引き継がず、資産と事業のみを引き継ぐことを希望
> することになり、事業譲渡等の形にて事業が承継されます。
> 譲渡企業としては、従業員を含め事業を譲渡したことで事業
> 承継の目的が達成できますが、負債が残ってしまったため、
> その処理のため、倒産手続等を実施することになります。

1. 債務超過の場合の M&A

　中小企業の M&A においては、多少の債務超過であっても、事業内容が良く、魅力がある場合には、債務超過額を上回る営業権（のれん）価格がついて、株式譲渡にて M&A が成立することもあります。したがって、債務超過であることだけで、M&A を諦める必要はありません。

　ただし、債務超過額が大きかったり、営業権（のれん）がそれほど評価されない場合には、株式価値は備忘価格（1円等）にて、譲渡する形になることも多いものと思われます。この場合であっても、従業員の雇用や事業は継続することとなり、過大な負債の返済義務を免れることができるので、意義は大きいと思います。

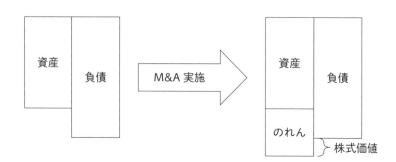

　ところが、金融負債が過大で債務超過額が大きすぎる場合には、事業譲受企業において過大な金融負債の返済負担を負うことができず、金融負債と資産・事業を切り離しした上での事業譲渡等となることになります。この場合は事業譲渡後は譲渡代金によっても完済できない金融負債が残ることとなり、その処理について倒産手続（法的整理や私的整理）を行うことにならざるを得ません。しかし、このような場合であっても、従業員の雇用は確保でき、取引先への迷惑も最小限とすることができることに意義があり、経営者保証ガイドラインの利用によっては、社長の経営者保証の免除を受けることができる可能性もあり、意義があるものと思います。

2.　過大金融債務による債務超過の場合の M&A

　過大金融債務による債務超過の場合は、M&A 実施後において、最終的に全額返済ができない結果となるため（又はそのようなおそれがあるため）、後々に金融機関から当該 M&A が詐害行為であるとして否定されないよう、当初から倒産手続を予定した上で、金融機関に全て情報開示しながら進めることになります。すなわち、金融機関としては、完済できない可能性が高ければ、M&A によってどのような譲渡金額を得ることができるかが、回収額の増減に多大な影響を及ぼすことになるため、事業価値をできるだけ高く評価する譲受企業を探そうとすることもあります。よって、途中からそのよう

な要請を受けて、それまで進んでいたM&A手続が混乱するよりは、当初から手続内容を説明し、金融機関からの意見も踏まえたM&A手続とするようにします。

3.　金融負債処理の方法

　金融機関の負債処理には様々な方法があります。中小企業の金融負債の処理としては、私的整理として中小企業再生支援協議会や特定調停、特別清算手続があり、一般債権を含めて処理する法的整理の方法としては民事再生があります。取引先への影響を考えると、私的整理をまず選択することになります。

　私的整理の進め方においては、M&A手続開始前や開始直後から手続を始める場合と、M&A手続中は会社やその代理人弁護士が逐次説明し、M&Aが終了した後に、事業譲渡代金の分配と残債務免除について対応するために私的整理を行う場合が考えられます。

　いずれの方法であっても、金融債権者間においては平等に扱うことと、会社から不当な資金流出がないことなど資料をもって説明して手続の透明性を確保する必要があります。そして、最終的には会社が破産した場合よりも弁済率が高いことを説明して（経済合理性・清算価値保証原則）、会社を清算することを前提として、資金を債権額按分にて弁済し、弁済後は残債務を免除する内容を求めることになります（Q22 〜 26参照）。

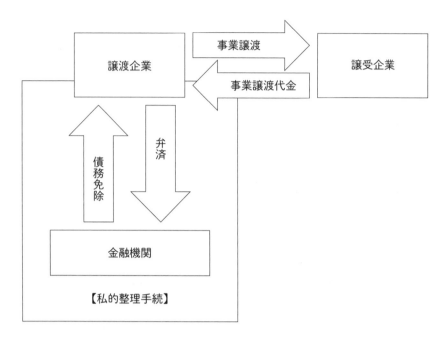

（髙井）

┌─ Column ─┐

第三者承継支援総合パッケージの活用を！
〜 M&A への参入、拡充のチャンス

　日本でも M&A は以前から利用されていました。ただ、一般的には大手企業の救済合併やハゲタカファンドのイメージが染みついているため、大企業同士のもの、譲渡側経営者の経営能力への悪い印象をもたらすもの、M&A された場合には譲受側が譲渡側を一方的に支配し、ケースによってはすぐさまリストラが実行されるのではという不安にさせるものというイメージがあったのではないでしょうか。しかし、10 年前と比較して質・量ともに大きな変化を感じられます。

　M&A が増えている理由の主要なものを 3 つ記します。まず一つ目は対象企業が従来の大企業のみから中堅・中小企業も対象なるという対象企業規模範囲の拡大、二つ目は経営者の高齢化による後継者不在の顕在化による外部環境と M&A に対する経営者の意識の変化、三つ目は中小企業 M&A 支援者の参入と社会的認知が挙げられます。

　ここでは詳述は控えますが、国や地方自治体も M&A の効果効能に着目し、様々な施策を活用してきました。特に事業承継の場面では事業引継ぎ支援センターの設置と活用、事業承継補助金での M&A 型の新設などです。さらに、事業承継面で M&A を活用する施策として 2019 年 12 月 20 日に「第三者承継支援総合パッケージ」（以下、「本パッケージ」という）が経済産業省から公表されました。

　こちらでは黒字廃業を回避するために本パッケージを 10 年間集中実施することが明記され、① 10 年間で 60 万者（6 万者 × 10 年間）の第三者承継の実現を目指すことと、②技術・雇用などの中小企業の経営資源を、次世代の意欲ある経営者に承継・集約することが掲げられています。

　そのため、
　1.　経営者の売却を促すためのルールや官民連携の取組
　2.　マッチング時のボトルネック除去や登録事業者数の抜本増加
　3.　マッチング後の各種コスト削減への取組
が行われます。

　その具体策の中で経営者側と支援者側で特に以下に掲げるような目玉がありますので是非、本パッケージを活用していただきたいと考えます。

　経営者としては ①経営者保証解除パッケージの督促策定と経営者保証を不要とする信用保証制度の創設、②事業引継ぎ支援センターの体制強化による相談体制の拡充、③事業承継補助金の充実化、④後継者教育のための承継

トライアル実証事業の活用が特に有効です。

　支援者としては ①中小 M&A の指針として令和元年度中に予定されている「事業引継ぎガイドライン」の改訂、②事業引継ぎ支援センターと民間プラットフォーマー等が連携し機運を醸成すること、③専門家派遣を通じた承継後の経営指導のために事業承継ネットワークの体制強化等が盛り込まれています。

　本パッケージの政策意図は事業承継の局面で M&A をいかに活用するかが焦点にはなっておりますが、事業承継に限らず M&A の活用指針の改訂や M&A 支援事業への参入支援、手法の提供を実施しますので税理士を含めた士業の皆様にもこの機会を逃さずビジネスチャンスとしていただきたいと考えます。

（出所：経済産業省 HP）

黒字廃業を回避するための第三者承継支援総合パッケージ（10 年間の集中実施）

- ●10 年間で 60 万者（6 万者 / 年 × 10 年）の第三者承継の実現を目指す。
- ●技術・雇用等の中小企業の経営資源を、次世代の意欲ある経営者に承継・集約。

1.　経営者の売却を促すためのルール整備や官民連携の取組

(1) 「事業引継ぎガイドライン」を改訂し、経営者が適正な仲介業者・手数料水準を見極めるための指針を整備。第三者承継を経営者の身近な選択肢とする。

(2) 事業引継ぎ支援センターの無料相談体制を抜本強化し、経営者が気軽に相談できる第三者承継の駆け込み寺に。

2.　マッチング時のボトルネック除去や登録事業者数の抜本増加

(1) 「経営者保証ガイドライン」の特則策定により、個人保証の二重取りを原則禁止。

(2) 「事業引継ぎ支援データベース」を民間事業者にも開放し、スマホのアプリを活用したマッチングなど、簡便なしくみを提供。

3.　マッチング後の各種コスト軽減

○新社長就任に向けた後継者の教育支援や、事業の選択と集中を促す補助金の創設をはじめ、予算・税・金融支援を充実。

（https://www.meti.go.jp/press/2019/12/20191220012/20191220012.html）

（宇野）

第９章

廃業を選択するとき

Q91　廃業の方法

Q　経営者が高齢となっていますが、社長を引き受ける者がおらず、M&A の仲介業者にも相談したのですが、事業の譲渡を希望する企業はいませんでした。したがって、そろそろ、廃業することを考えなければならないと思っております。廃業する場合、どのようにしたらよいでしょうか。

A　廃業とは、事業活動を停止し、従業員に退職してもらい、買掛金や借入金をすべて弁済した上で、最終的には株主総会にて解散決議と清算結了を確認して、その旨の登記がなされることをいいます。

　大前提となるのは、契約関係をすべて終了させることと、在庫など資産をすべて処分し、負債もすべて支払うことができることです。もし、すべて支払ができなくなってしまった場合には、倒産手続により残債務についての処理が必要となります。

1.　廃業とは

　企業は絶えず事業活動を行っていますが、その事業活動の内容は一つ一つ

の取引の集合と言えます。したがって、廃業する場合には、事業活動を終了させるため、一つ一つの契約を終了させる必要があります。現在進めている取引については最後まで対応し、他方、新規の取引は受けないことで、徐々に取引を終了させることになります。これらの取引がすべてなくなった時点が、事業活動が停止する時点と言えます。

　ただし、何年にもわたってしまう取引を受けていて、これを終わらせることを待つわけにもいかない場合もありますので、その場合には、取引先に事情を説明し、一定の損害金を支払った上で、取引を円満に終了させる必要があります。また、当該取引はほとんど下請け先が具体的な作業を対応しているような事情があれば、取引先に対して、当社は廃業せざるを得ないため契約は終了せざるを得ないが、下請け先にその後の取引を引き継がせる形とすることを提案し、契約も取引先と下請け先が直接に締結する形にて迷惑ができるだけ生じない形とするなどの工夫ができれば、検討して対応することになります。

　このような配慮をしながら、契約を終了させ、在庫を処分し、借りていた店舗の原状回復を行った上で明け渡すなどをしていくことになるため、廃業準備期間が長いほど、関係者に迷惑をかけない対応が可能となりますが、他方において、新規取引を終了しますので、廃業のための準備期間が長ければ長いほど固定費を支出し、資金の減少が進むことになります。前記のとおり、資金に余裕をもって廃業しないと、資金が途中でなくなってしまった場合には倒産手続を行わざるを得ません。したがって、今後かかる経費を想定しながら、廃業準備を進めるスケジュールを組むことになります。

2.　廃業準備における要注意事項

　廃業においては資金が不足しないように注意する必要がありますが、直近時の貸借対照表において資産超過となっていても、安心はできません。以下

のような支出事項が生じますので、これらを考慮の上で、資金計画を立てる
必要があります。

①　帳簿価格より実勢価格が少ない資産

　例えば、不動産について取得時の価格が帳簿に計上されていても、実際に
売却処分する場合はもっと安くなってしまったり、さらに売却費用がかかる
ため、手元に入る金額が少なくなる場合があります。

②　簿外債務

　例えば、従業員の退職金など負債項目に計上していなかったり、計上して
いても十分な金額でない場合があります。

③　撤退費用

　例えば、店舗を撤退するためには原状回復費用がかかるため、その費用が
必要となります。

④　在庫等の処分価格への調整

　優良在庫であったとしても、早期に一括して処分する場合には正規の金額
よりかなりディスカウントする必要が生じます。

⑤　清算手続費用

　清算手続を行うために、例えば決算手続を行う際の税理士費用や解散登記
の費用等がかかります。

3.　株式会社の解散手続

　株式会社を解散させるためには、株主総会特別決議にて解散を決議し、そ

の後の清算手続を担当する「清算人」を選任して、それぞれ登記します。また、負債が残らないようにするため、官報にも解散した旨を掲載し、官報掲載日から2か月間は原則として支払行為が禁止されます。

　資産換価が終了し、負債の支払も終われば、最終的に残った資産（現金）は株主が取得することになります。清算人は任務終了の報告のための株主総会を開催し、清算結了の登記を行います。なお、会社の帳簿等はその後においても10年間は清算人が保管しなければなりません。

（髙井）

Q92 債務超過の場合の廃業方法

Q 会社は大幅債務超過で、社長を次に任せる者もおらず、M&A にて事業を引き継いでくれる企業もいません。したがって、できるだけ取引先や従業員に迷惑をかけない方法で廃業をしようと思っております。どこから作業を始めたらよいでしょうか。また、最終的に負債を処理するためにはどうしたらよいのでしょうか。廃業後の老後の生活も心配であり、保証債務への対応についてもどうしたらよいか教えてください。

A 債務超過であって、廃業後に負債が多く残ってしまう場合には、倒産手続を利用して当該負債の処理を行うことになります。倒産手続には、金融負債のみを対象として債務免除を求める私的整理と、取引先の負債も対象として処理を行う法的整理があります。

　私的整理で進める場合は、金融負債以外の負債はそれほど多くなく、新たな取引を行わず、既存の取引のみを最後まで履行する対応の中で、預貯金や売掛金の回収金などで完済できるような場合に、最後に残った金融負債のみの処理を行うことになり、特定調停や特別清算又は地域経済活性化支援機

構の廃業スキームの利用が考えられます。他方、資金が不足
して取引先への支払が現状ではできないような場合には、債
権者平等の下で、取引先も含めて整理する方法として、自己
破産を検討することになります。

　いずれも裁判所の手続であるため、早期段階から専門の弁
護士に相談する必要があります。

1.　債務超過にて廃業する場合の負債処理方法の選択

　債務超過であっても事業が健全であれば、債務と事業を切り離してM&A
手続によって事業を第三者に譲渡し、残った負債を私的整理などで処理する
ことになりますが、事業を譲渡することもできないような場合には、事業を
清算する場合の費用等を見込んだ上で、最終的にどの程度の負債が残ってし
まうのかを見極め、その負債の状況に応じた手続を選択することになりま
す。残る資金が多いほど、円滑な手続を選択することができますので、早期
に専門の弁護士に相談して、早期かつ円滑に廃業を実施することになりま
す。在庫をいかにして高く処理するか、また今後の経費をいかに少なくする
かを検討し、廃業手続を開始する日と完全に事業活動を停止する日程を決め
て対応することになります。さらに、優良店舗を従業員にて引き継ぐような
意向があれば、資産（営業権評価ができる場合には営業権を含む）について
適正価格で当該従業員に対して譲渡する方法にて、店舗の閉店費用を圧縮
し、従業員による第二創業を進めることも検討します。債務超過企業におい
ては、これらの資産処分について、債権者から見て詐害行為とみなされない
ように、資産譲渡処分においては適正価格であることを説明できるよう、相
見積もりを取るなどして資料を残すことがポイントとなります。

　企業が廃業する前提にて負債を処理する方法として、裁判所が選任した管

財人によって処理する自己破産のほか、依頼した弁護士が主導して負債処理を円滑に進めながら、最終的には債権者との協議によって負債を処理し、会社を清算する私的整理、つまり、特定調停や特別清算があります。ただし、これらの話し合いによって負債を処理する私的整理は、話し合いでまとめなければならないため、債権者数が最大でも20社くらいが限度であり、多くの一般取引先に対して多額の負債が残ってしまう場合には、裁判所の管理下にて手続を進める破産を選択せざるを得ません。

なお、負債が金融負債のみであり、メインバンクの支援を得ることができる状況であれば、会社の金融債務をその保証債務と一緒に処理する方法として、地域経済活性化支援機構の廃業支援のスキームを利用することも考えられます。

2. 各手続の内容

会社を清算し、負債を最終的に処理する手続の内容は以下のとおりです。

①　破　　産

負債がどんなに多くても、また税金や従業員への未払給与などどのような内容であっても対応が可能です。裁判所は申立てがあれば、第三者の弁護士を破産管財人に選任し、その後は破産管財人が財務処理や債権者対応を行います。なお、前社長は破産管財人に協力しなければなりません。残務処理が終了して資金が残っていれば、管財人によって債権者に対して配当が行われます。

税金と従業員への未払給与は他の債権に対して優先して支払がなされる債権ですが、会社に資金が残っていなければ全額の支払ができずに破産手続は終了します。ただし、従業員の未払給与の一部については立て替えて支払ってもらえる制度もあります。

②　特別清算

　特別清算も裁判所の手続ですが、管財人は選任されず、会社の清算人が手続を行うことになります。通常はすべての債権者と平等な弁済率での弁済条件にて合意し、その合意の履行をもって終了することが多く、債権者と協議の上で合意を得る手続となることから私的整理に分類されています。一般債権者も対象とすることができ、全員の賛成がとれない場合には多数決によって決めることもできます。なお、他の私的整理と同様に、税金や従業員の退職金など優先債権が残ってしまっていて全額返済ができない場合には、他の金融負債等への支払がまったくできないことになるため話し合いの余地がなく、利用ができません。

③　特定調停

　特定調停は裁判所が間に入って話し合いにて負債を処理する手続であるため、会社が再建する場合のほか、廃業する場合にも利用ができます。特定調停にて保有資金をもって平等に返済した後に債務免除してもらうことで、その後は資産も負債もない会社となるため、通常の清算手続を実施することになります。

④　地域経済活性化支援機構

　時限立法により設置されている機関です。現在は保証債務を経営者保証ガイドラインによって処理することと会社を清算することを一体として実施する場合にのみ支援しています。金融負債のみを対象とするため、それ以外の負債が残ってしまう場合は利用できません。

残った負債の内容	手続の内容
① 租税や従業員未払給与 ② 金融負債 ③ 取引先への債務	破産
① 金融負債 ② 取引先への債務（多数かつ多額）	破産
① 金融負債 ② 取引先への債務（少数）	特定調停 特別清算
① 金融負債	特定調停、特別清算、地域経済活性化支援機構

3. 経営者保証への対応

　負債が残ってしまう形にて廃業した場合、その保証人には保証債務の履行が求められます。金融負債の経営者保証については、「経営者保証ガイドライン」が制定されており、誠意をもって会社を整理した場合には、その保証債務についても特定調停などの私的整理において一定条件の下で免除してもらえる可能性があります。さらに、状況によって、華美でない自宅や将来の生計費をも残した状態で保証債務の免除を受けることもあり得ます。専門の弁護士に相談して対応することになります。

（髙井）

Q93 廃業の税務

> **Q** 当社は小売業を営む会社ですが、営業赤字が続き債務超過の状態です。私も年をとり後継者もいないので、私の代で廃業しようと思っています。廃業の方法、税務上の取扱いを教えてください。
>
> **A** 資産超過か債務超過かによって廃業の方法は異なります。税務上は、債務超過の場合の債務免除益に対する課税問題等に留意する必要があります。

1. 廃業のポジション

　会社の損益計算書が営業赤字、かつ、貸借対照表が債務超過（下記左下のセル）で、営業黒字又は資産超過になる可能性がない場合は、廃業を想定することになります。

　なぜなら、営業赤字の継続によって債務超過額を拡大させないためです。

〈方向性の検討〉

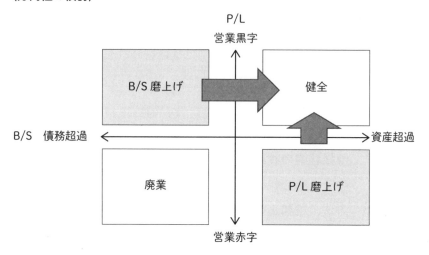

2. 廃業の方法

　会社は、法（準拠法）によって人格を与えられた存在なので、清算手続は設立した際の法に従います。債務超過の場合の清算手続は、会社法の特別清算手続又は破産法の破産手続です。

　他方でRevicの特定支援制度や特定調停スキーム（廃業支援型）による清算も可能です。また、代表者や親族の債務があって、清算前に当該債務の免除によって債務超過が解消できる場合は、会社法の普通清算手続により清算できます。

　特別清算手続や破産手続のように裁判所が関与する手続と比べると、普通清算手続は簡便な手続なので、この方法は一般的に利用されます。

　清算手続の詳細は、Q92を参照ください。

〈再生・清算の方法〉

事業再生	法的整理	民事再生
	私的整理	REVIC
		中小企業再生支援協議会
		その他

清算	法的清算	破産法
	会社法	
	私的整理	REVIC
		特定調停スキーム

会社法：債務超過の場合→特別清算　資産超過の場合→普通清算（※）

（※）事前の債務免除により、資産超過になるケース含む

3. 廃業と税務

　廃業時の税務は、資産超過（普通清算手続）か債務超過（特別清算手続か破産手続）で相違点があります。

(1) 同じ点

　いずれの場合も、それまでの事業年度と同様に損益法が適用されます。しかしながら、清算中という性格に鑑み、準備金と引当金、圧縮記帳と特別勘定、特別償却と税額控除、所得の特別控除等の税務特例は認められません。

(2) 違う点

　資産超過の場合は、解散日前の事業年度と基本的に同じです。
　債務超過の場合は、従前の清算所得課税と整合をとるため、期限切れと

なった欠損金についても損金算入が認められています（法法59②③）。

（3）　留意点

①　資産超過の場合は、残余財産（債務を弁済した後の財産）を株主に分配
　しますが、資本金等の額を超える部分はみなし配当となるため、所得税の
　源泉徴収を失念しないように注意します。

②　債務超過の場合は、債務超過部分について債権者から債務免除を受ける
　ため、債務免除益が計上されます。青色欠損金の損金算入で足らない場合
　は期限切れ欠損金の損金算入で減殺します。

　下記例の場合、債務免除益90に対して、青色欠損金の損金算入は50し
かないので、次に期限切れ欠損金50のうち40を損金算入し、債務免除益
を減殺します。

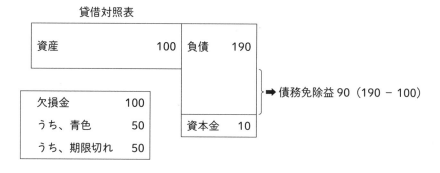

（植木）

| Column |

円滑な廃業の利点

　廃業というと、後ろ向きなイメージしか浮かばないかもしれませんが、円滑な廃業手続によって、関係者を含め円満な結果をもたらすこともあります。専門家のアドバイスを受けながら、問題点を整理し、廃業手続を進めることによって、経営者の手元に残る資金も異なります。

　事業活動を突然にやめて廃業する場合に比べて、問題点を整理しながら、廃業手続を進めて行く場合の利点としては以下のような点が考えられます。

① 　従業員がこれまでのノウハウや取引先の支援の下で独立することで（第二創業）、取引先等の関係者へ迷惑をかけることを最小限にすることができ、廃棄すべき事業用資産を適正価格で譲渡することにより資金的に効果があった

② 　賃借店舗の明け渡しにおいて、同業者を紹介したところ、そのままの状態で借りてくれることになり、原状回復費用がかからずに済んだ

③ 　在庫を大量に安価で処分するのではなく、適正価格にて処分することができた

④ 　発注者や下請け先への調整によって、仕掛かり中の仕事に穴をあけずに済んだ

⑤ 　過大な債務超過であっても、早期に私的整理を実施することで「経営者保証ガイドライン」の適用を受けることができ、保証人は破産を免れることができた

（髙井）

索　引

〈執筆者紹介〉

植木　康彦（うえき　やすひこ）

Ginza 会計事務所　公認会計士・税理士

有限会社 GK コーポレートアドバイザリー　パートナー

y.ueki@ginzakaikei.co.jp

1962 年新潟県柏崎市生まれ、明治大学商学部卒業

高野総合会計事務所パートナーを経て、Ginza 会計事務所創立（代表）

現在は、事業再生、事業承継、M&A、財務・税務 DD、価値評価、税務支援
等の業務、及び経営者の参謀役に注力。

事業再生研究機構理事

本山　純（もとやま　じゅん）

Ginza 会計事務所　公認会計士

有限会社 GK コーポレートアドバイザリー　コンサルタント

jj@ginzakaikei.co.jp

2010 年公認会計士試験合格。

有限責任監査法人トーマツにて法定監査・IPO 支援業務後、現在は、Ginza
会計事務所にて事業再生、事業承継、M&A、財務・税務 DD、価値評価、ク
ライアント支援業務等に従事。

2011 年に長男を出産し、ママ会計士として奮闘中。

中越　強（なかこし　つよし）

税理士法人中越・藤澤会計事務所　税理士

有限会社 GK コーポレートアドバイザリー　コンサルタント

nakakoshi@nf-tax.com、nakakoshi@ginzakaikei.co.jp

1974 年東京都生まれ。

税理士法人、上場メーカー経理部勤務を経て、2018 年税理士法人中越・藤澤会計事務所を設立。

法人全般の税務・会計に加え、相続税やオーナー会社の事業承継対策にも注力している。

髙井　章光 (たかい　あきみつ)

髙井総合法律事務所　弁護士

1992 年司法試験合格、1995 年第二東京弁護士会弁護士登録。あさひ法律事務所（現あさひ法律事務所、西村あさひ法律事務所）アソシエート弁護士勤務、須藤・高井法律事務所パートナーを経て、髙井総合法律事務所開設（代表）。

企業法務、企業組織再編実務、企業再建実務、中小企業関係実務など幅広く業務を行っているほか、『ケーススタディ事業承継の法務と税務』（ぎょうせい、2018 年）など事業承継に関する書籍や記事を多数執筆。

現在、日本弁護士連合会日弁連中小企業法律支援センター副本部長、中小企業政策審議会臨時委員（経済産業省）、「事業引継ぎガイドライン」改訂委員会委員（中小企業庁）、事業引継ぎ支援事業の評価方針検討会委員（中小企業基盤整備機構）、日本商工会議所経済法規専門委員会委員など務める。

榑林　一典 (くればやし　かずのり)

OAG 税理士法人　税理士

1965 年山梨県生まれ。半導体商社勤務を経て、現在、OAG 税理士法人マネジメント・ソリューション部部長、税理士。

専門誌への寄稿や講演活動のほか、経済産業省「新たな組織法制と税制の検討会」委員、「事業再生研究機構」理事、「全国事業再生・事業承継税理士ネットワーク」幹事などの委員を務める。

宇野　俊英 （うの　としひで）

1989 年株式会社三菱銀行（現、株式会社三菱 UFJ 銀行）入行。中小、中堅企業の法人融資を主に担当。1997 年、事業会社に転じ、ベンチャー投資、M&A を経験後　独立系のベンチャーキャピタルでフロント、バック部門を経験。2007 年より安田企業投資株式会社（保険会社系ベンチャーキャピタル）で　ベンチャー投資、バイアウト投資に従事。

2015 年 7 月独立行政法人中小企業基盤機構で事業引継ぎ支援事業全国本部プロジェクトマネージャーに就任。（現任）

2016 年株式会社 UNO ＆パートナーズ設立。代表取締役に就任。（現任）

上原　久和 （うえはら　ひさかず）

上原公認会計士事務所　所長

公認会計士。関西学院大学商学部卒。2002 年に北國銀行入行後、有限責任監査法人トーマツ、東京商工会議所に設置されている東京都事業引継ぎ支援センターの統括責任者補佐を経て 2017 年 7 月より中小機構　中小企業事業引継ぎ支援全国本部のプロジェクトマネージャーに従事。

ゼロからわかる事業承継・M&A 90問90答

2020年4月30日　初版第一刷発行　　　　　　　　　　（著者承認検印省略）
2021年3月16日　初版第二刷発行

　Ⓒ　編著者　　植　木　康　彦
　　　著　者　　髙　井　章　光
　　　　　　　　榑　林　一　典
　　　　　　　　宇　野　俊　英
　　　　　　　　上　原　久　和

　　　発行所　　税 務 研 究 会 出 版 局

　　　　　　　週刊「税 務 通 信」発行所
　　　　　　　　　　「経 営 財 務」

　　　代表者　　山　根　　　　毅

　　　郵便番号100-0005
　　　東京都千代田区丸の内1-8-2 鉄鋼ビルディング
　　　振替00160-3-76223
　　　電話〔書 籍 編 集〕03（6777）3463
　　　　　〔書 店 専 用〕03（6777）3466
　　　　　〔書 籍 注 文〕
　　　　　〈お客さまサービスセンター〉03（6777）3450

────── 各事業所　電話番号一覧 ──────

北海道 011（221）8348　　神奈川 045（263）2822　　中　国 082（243）3720
東　北 022（222）3858　　中　部 052（261）0381　　九　州 092（721）0644
関　信 048（647）5544　　関　西 06（6943）2251

＜税研ホームページ＞　https://www.zeiken.co.jp

乱丁・落丁の場合は，お取替え致します。　　　　印刷・製本　日本ハイコム株式会社

ISBN 978-4-7931-2543-0